뇌연집

이 책은 2020년도 정부(교육부)의 재원으로 한국고전번역원의 지원을 받아
수행된 '권역별거점연구소협동번역사업'의 결과물임.

This work was supported by Institute for the Translation of Korean Classics - Grant funded by the Korean Government.

한국고전번역원 한국문집번역총서/이화여자대학교 한국문화연구원

뇌연집 5

雷淵集

남유용 지음
南有容

이은영 옮김
이주해
하지영
홍학희

일러두기

1. 이 책의 번역 대본은 한국고전번역원에서 간행한 한국문집총간 제217~218집 소재 《뇌연집(雷淵集)》으로 하였다. 번역 대본의 원문 텍스트와 원문 이미지는 한국고전종합DB(http://db.itkc.or.kr)에서 확인할 수 있다.
2. 내용이 간단한 역주는 간주(間註)로, 긴 역주는 각주(脚註)로 처리하였다.
3. 한자는 필요한 경우 이해를 돕기 위하여 넣었으며, 운문(韻文)은 원문을 병기하였다.
4. 맞춤법과 띄어쓰기는 한글 맞춤법과 표준어 규정을 따랐다.
5. 이 책에서 사용한 부호는 다음과 같다.

   ( ) : 번역문과 음이 같은 한자를 묶는다.

   〔 〕 : 번역문과 뜻은 같으나 음이 다른 한자를 묶는다.

   " " : 대화 등의 인용문을 묶는다.

   ' ' : " " 안의 재인용 또는 강조 문구를 묶는다.

   「 」 : ' ' 안의 재인용을 묶는다.

   『 』 : 「 」 안의 재인용을 묶는다.

   《 》 : 책명 및 각주의 전거(典據)를 묶는다.

   〈 〉 : 책의 편명 및 운문·산문의 제목을 묶는다.

차례

뇌연집 제10권

소차 疏箚

뇌연집 제11권

소차 疏箚

계사 啓辭

응제문 應製文

서 序

뇌연집

제9권

소차 疏箚

양주의 유생들을 대신해 사천서원[1]의 사액을 청하는 소
을묘년(1735, 영조11)[2]

代楊州儒生 請沙川書院賜額疏 乙卯

삼가 아룁니다. 신 등이 살펴보건대 자고이래로 절의(節義)로 이름난 선비가 한둘이 아니었습니다만 그 요체인즉 마음으로 자기 분수 안에서 마땅히 해야 할 일을 하고자 했을 뿐, 임금에게 은혜를 구하고 후세에 명예를 얻고자 한 적이 없었습니다. 그러나 밝은 임금으로부터 지극한 격상(激賞)을 받고 사림(士林)으로부터 흠모와 숭상을 받지 않은 적 또한 없었던 것은 한 세상을 독려한 행동이야말로 나라 다스릴 때 마땅히 우선시해야 하는 바이고, 도리를 쥐고 선을 좋아하는 마음이야말로 모든 백성이 다 같이 지니고 있기 때문 아니겠습니까.

우리 열성조(列聖朝)의 다스림은 특히나 강상(綱常)을 부지하여 바로 세우는 것을 중시하였습니다. 충현(忠賢)을 모신 사당이 도처에 이어져 있고, 은혜로운 편액을 하사받아[3] 사전(祀典)[4]에 열거된 곳도

1 사천서원 : 경기도 양주군 은현면 봉암리에 있는 서원이다. 배향하고 있는 인물은 남을진(南乙珍)으로, 본관은 의령이며, 고려 공민왕 때부터 조선 태조 때까지 살았다. 정몽주(鄭夢周)·길재(吉再) 등과 교유하였으며, 고려가 망하자 사천현 봉황동에 은거하였다. 후에 태조가 그를 조정으로 불렀으나 불응하였고, 사천백(沙川伯)에 봉하였으나 이 역시 받지 않고서 적성(積城)의 감악산(紺嶽山) 석굴에 들어가 은거하였다.

2 을묘년(1735) : 남유용이 38세 되던 해이다.

3 은혜로운……하사받아 : 사액, 즉 사(祠)나 원(院) 등의 명호를 하사하는 것을 말한다. 여기에서는 서원의 명호를 임금이 정하고 현판을 내려준 것을 말하고 있다.

이루 다 헤아릴 수 없으니, 숙고(肅考 숙종) 대에 이르기까지 여한을 남긴 곳[5]이 거의 없었습니다. 무릇 탁월하여 칭송될 만한 절의를 남긴 사람이라면 혹 연신(筵臣)[6]의 상주에 기인하건 혹 유생의 청에 기인하건 또 혹은 성심으로 직접 재단하시건, 은혜로운 상을 더해주면서 일찍이 연대(年代)의 멀고 가까움으로 구애받은 적 없었으니, 우선 그 가운데 한두 가지를 들어 말씀드리겠습니다.

멀리로는 이제묘(夷齊廟)[7]와 사현사(四賢祠)[8]에서부터 가깝게는 정몽주(鄭夢周)를 숭의전(崇義殿)[9]에 배향하고 길재(吉再)를 금오산(金鰲山)에서 제사 지낸 일까지,[10] 이 모두 숙고 때 있었던 일로 멀게는

4 사전(祀典) : 나라의 제사를 지내는 예전(禮典)이다.

5 여한을……곳 : 사액 받지 못한 곳을 말한다.

6 연신(筵臣) : 임금과 신하가 모여서 국사를 자문하고 주고받는 자리에 참석하는 신하이다.

7 이제묘(夷齊廟) : 청성묘(淸聖廟)를 말한다. 백이와 숙제를 모신 사당으로, 황해도 해주시 수양산 기슭에 있다. 1687년(숙종13)에 이제묘로 건립되었고 1701년(숙종27)에 사액되었다.

8 사현사(四賢祠) : 진(晉)나라의 동양(董養), 당나라의 하번(何蕃), 송나라의 진동(陳東)·구양철(歐陽澈) 네 태학생을 함께 배향한 사우(祠宇)로, 문묘 동쪽에 있었다. 사현사 건립에 대한 논의는 1683년(숙종9) 1월부터 이루어졌으나, 다음 달 4일 계성묘(啓聖廟)의 건립과 겹치므로 가을까지 미루기로 결정하였다. 그 뒤 흉년 등의 이유로 미루다가 1721년(경종1)에 공사를 시작하여, 1725년(영조1)에 완성하였다.

9 숭의전(崇義殿) : 고려 태조와 혜종(惠宗) 이하 현종(顯宗)까지의 일곱 왕을 추모하기 위하여 세운 전각으로, 1397년(태조6)에 창건되었다. 고려의 명신 복지겸(卜智謙)·신숭겸(申崇謙)·유검필(庾黔弼)·서희(徐熙)·강감찬(姜邯贊)·정몽주 등을 배향하였다.

10 길재(吉再)를……일까지 : 금오서원을 말하는 듯하다. 야은(冶隱) 길재는 고려가

수천 년 전이요 가깝게는 수백 년 전의 인물들입니다. 숙고의 마음인즉 대략 우리가 찬탄하며 칭찬하는 바는 그들의 정충(精忠)과 굳센 절개인데, 세월이 오래 지날수록 그 풍모와 명성은 더욱 아득히 멀어지니, 상을 내려 숭상하는 의전(儀典)을 더욱 급히 시행해야지 늦추어서는 안 된다고 여기셨던 것입니다. 그래서 이 일을 다급하게 시행하시며, 다른 시대의 사람이자 이전 왕조의 신하라는 이유로 다르게 보시지 않았던 것입니다. 이 일로 온 나라 신하와 백성들이 고무되고 감동하며, 대성인의 행동이 범상함을 넘어서는 것이 천 배, 만 배나 된다는 것을 알았습니다.

신 등이 삼가 듣기로 길재 당시에 또 한 명의 고려의 유신(遺臣) 남을진(南乙珍)이라는 사람이 있는데, 그가 의로움을 지키며 굽히지 않은 것이 실로 길재와 백중을 겨룰 만하다고 하였습니다. 남을진은 개국 원훈(元勳) 좌의정 남재(南在)[11]의 숙부입니다. 몸으로 왕씨(王氏)를 섬겨 참지문하부사(參知門下府事)가 되었고, 왕씨의 정권이 어지러워지자 관직을 버리고 양주(楊州)의 사천현(沙川縣)[12]으로 돌아가

망할 징조를 보고 고향인 경상북도 구미 선산(善山)으로 내려와 금오산 아래 낙동강가에 숨어 살면서 조정에서 벼슬을 주어도 받지 않고 절개를 지켰다. 조정에서 절의를 가상히 여겨 정려를 내려주고 금오산 아래에 길재의 사우(祠宇)를 지어주었다. 서원은 1572년(선조4)에 창건되었고 1575년(선조7) 사액서원으로 승격되었다. 그 뒤 김종직(金宗直), 정붕(鄭鵬), 박영(朴英), 장현광(張顯光)을 추가 배향하여 선현 배향과 지방 교육의 일익을 담당하였다. 금오서원에는 숙종의 어필 오언구(五言句)가 걸려있다.

11 남재(南在) : 1351~1419. 본관은 의령, 초명은 겸(謙), 자는 경지(敬之), 호는 구정(龜亭)이다. 1371년(공민왕20)에 진사가 되었고, 이후 이성계의 세력에 가담하였다. 위화도 회군 후 회군공신에 봉해졌고, 개국 공신 1등에 녹훈되었으며 영의정을 지냈다. 조선 태조의 묘정(廟庭)에 추가 배향되었다. 시호는 충경(忠景)이다.

농사를 지었습니다. 태조께서 혁명하실 때 이르러 남재에게 친히 하문하시기를,

"경의 숙부는 어디에 있소?"

하시니, 남재가 사실대로 답하였습니다. 이에 태조께서 더욱 간곡히 그를 부르셨으나 을진은 더욱 완강히 이를 거절하였고, 머리를 풀어 헤치고서 감악산 산중으로 모습을 감춘 뒤 나무 바위와 무리가 되어 세상과 인연을 끊었습니다. 태조께서는 그의 뜻을 끝내 빼앗을 수 없음을 아시고, 그의 거처 사방을 빙 둘러 봉한 다음 사천백(沙川伯)이라는 봉호를 내리셨습니다. 당시 사람들은 이 일을 영화롭다 여기며 주나라 무왕(武王)이 기자(箕子)를 봉한 것에 견주었고, 의로움을 흠모하는 무리들은 바위 벼랑에 그의 형상을 새기어 대대로 전하였습니다. 옛날의 명유(名儒) 조식(曺植)[13]이 이를 위해 유사(遺事)를 저술하였는데, 지금 그의 문집에서 고증해 볼 수 있습니다.

지금 남을진이 세상을 떠난 지도 300년이 넘었지만 사람들의 경모는 아직도 시들지 않아서, 서로 의견을 모으고 힘을 합하여 사천 땅 경계에 사당을 지었으며, 제사 지내는 일도 세월이 흐를수록 더욱더 게을리하지 않고 있습니다. 사대부 중 경기 동쪽을 지나는 이들은 반드시 그의 옛터를 찾아와 그의 초상화를 보고 숙배하고, 허리 굽은 늙은이들도 탄식하며 떠나지 못하니, 남긴 풍모와 의열(義烈)이 사람을 감동케

12 사천현(沙川縣) : 경기도 양주시 은현면과 동두천시 일대에 있던 현이다.

13 조식(曹植) : 1501~1572. 이황과 함께 영남 유학의 지도자로, 본관은 창녕, 자는 건중(楗仲), 호는 남명((南冥)이다. 오로지 처사로 자처해 학문에만 전념했으며, 61세 되던 해에는 지리산에 산천재를 짓고 죽을 때까지 그곳에 머물며 강학에 힘썼다. 《남명집》이 전한다.

하는 것이 이와 같건만, 얻지 못한 것은 오로지 조정에서 내린 몇 글자의 은액(恩額)뿐입니다.

오호라. 우리나라 개국 초기에 왕씨를 위해 충성으로 목숨을 바침으로써 절의를 온전히 한 자로 정몽주와 길재 이외에도 또 장령(掌令) 서견(徐甄)[14]과 처사(處士) 원천석(元天錫)[15]이 있는데, 그들에 대해서는 관직을 추증하고 시호를 하사하고 정려(旌閭)하고 사당을 세워주는 일 등 모두 빠짐없이 거행하였습니다. 남을진이 세운 큰 절개도 이 몇몇 신보다 못하지 않을진대, 성조의 정포(旌褒)의 의전[16]인즉 유독 몇몇 신하들만 못하니, 아마도 그 이유가 있을 것이옵니다.

노혁(盧奕)[17]이 비록 어질었으나 그의 아들이 노기(盧杞)[18]가 되지 않게 하지는 못하였고, 남을진이 비록 어질었으나 그 후손이 남곤(南袞)[19]이 되지 않게 하지는 못하였습니다. 남곤은 기묘사화(己卯士禍)

14 서견(徐甄) : ?~? 본관은 이천, 호는 여와(麗窩)이며, 1391년(공양왕3)에 사헌장령(司憲掌令)이 되었기에 장령이라 부른 것이다. 정몽주가 살해되고 이성계와 조준·정도전 등이 실권을 장악하자 간관 김진양 등과 함께 유배되었다. 조선 개국 후 청백리로 뽑혔으나 끝내 벼슬에 오르지 않았다.

15 원천석(元天錫) : 1330~? 치악산에 들어간 고려 말의 은사로, 자는 자정(子正), 호는 운곡(耘谷)이다.

16 정포(旌褒)의 의전 : 효자·충신·열녀나 나라에 큰 공이 있는 사람에게 정문(旌門)을 지어주어 포상하는 것을 말한다.

17 노혁(盧奕) : ?~755. 당나라 때 인물로 안녹산이 낙양으로 쳐들어왔을 때 조복(朝服)을 입은 채 순절하였기에 숙종(肅宗)이 후에 예부 상서로 추증하고 정렬(貞烈)이라는 시호를 내렸다. 《충의전(忠義傳)》에 수록되기도 하였다.

18 노기(盧杞) : 노혁의 아들로, 당 덕종(德宗) 때 정승이 되었으나 권력을 전횡하여 정치를 문란하게 만들었다.

19 남곤(南袞) : 1471~1527. 남곤은 중종 때 기묘사화를 일으켜 조광조(趙光祖) 등

를 일으킨 간신으로서 이미 선류(善類)[20]에 의해 주멸되었고, 그의 저술과 문장들은 모두 없애 내다 버렸습니다. 그러므로 선조의 덕을 드러내 알린 글이 있다 하더라도 세상에 드러날 방도가 없었을 것이며, 다른 후손들마저도 남곤의 일로 인해 침몰된 채 평민과 다를 바 없게 되었을 터이니, 비록 그 선조의 어진 행적이 어두워진 채 세상에 밝혀지지 않은 것이 있다 하더라도 천폐(天陛)[21]의 깊고 엄숙한 땅에 어찌 스스로 닿을 수 있었겠나이까?

오호라. 남을진이 임금에게 충성을 다한 절개는 그 후손의 어질고 불초함으로 인해 애당초 더해지거나 줄어들지 않을 것이며, 나라에서 절개를 높이는 도리는 그 후손의 어질고 불초함을 가지고 경중을 논해서는 안 될 것입니다. 그럼에도 형편에 얽매어 차일피일 이전 의론만 따르다가 마침내 파묻어버린 채 아무도 말하는 사람이 없는 지경에 이르렀으니, 어찌 더욱 슬퍼하지 않을 수 있겠습니까!

전하께서 즉위하시던 초기에 도내어사(道內御史) 이정응(李挺膺)[22]이 많은 선비들의 공송(公誦)[23]을 채집하여 을진의 일에 대해 사실에 근거하여 진언하면서, 속히 서원의 액호(額號)를 하사해 주실 것을

신진 사림파를 숙청하고 영의정까지 지낸 인물이다. 죽은 뒤에 사림파의 탄핵을 받아 시호와 관작을 삭탈당했다.

20 선류(善類) : 착한 무리라는 의미인데, 일반적으로 자신과 같은 당(黨)의 사람들을 가리킨다.

21 천폐(天陛) : 임금이 계신 궁궐을 말한다.

22 이정응(李挺膺) : 1681~1728. 자는 원례(元禮)로, 1723년(경종3)에 증광문과에 합격하여 설서(說書)·문학(文學)·집의(執義)를 거쳐 담양 부사를 역임했다.

23 공송(公誦) : 누군가를 칭송하거나 천거하는 공론을 말한다.

주청하였습니다. 이 일이 해당 관아로 하부되었지만, 담당 신하가 그저 옛날의 상례를 따를 줄만 알았지 의리(義理)를 깊이 생각할 줄 모른 탓에 나라에서 인륜을 돈독히 하고 세속을 장려하는 법도가 그만 가로막혀 시행되지 못하고 말았습니다. 이것이 신 등이 탄식하고 가슴 아파하면서 시간이 오랠수록 더욱 그치지 못하고 있는 까닭입니다.

신 등은 모두 남을진이 살던 향리의 후생들로서, 대개 지각이 생긴 이래로 그의 풍모를 듣고 사모해왔습니다. 전하께서는 또한 현자를 높이고 의로움을 좋아하시어 우리 숙고의 뜻을 능히 이을 수 있으니, 신 등의 주청에 대해 그 절의가 어떠했는지를 물으셔야지 그 시대의 멀고 가까움을 따져서는 안 될 것이옵니다. 신 등은 외람되이 지금 이때를 놓쳐서는 안 된다고 생각하여 감히 유생들을 이끌고 전하께 명을 청하였사옵니다. 전하께서는 남을진의 어진 행적이 많은 선비들에게 존숭되어 마땅하다는 것을 깊이 살피시어, 담당 부서에 밝히 명하여 빛나는 편액을 특별히 내려주심으로써 하읍(下邑)의 선비들로 하여금 애모의 정성을 이룰 수 있도록 하여 주시옵소서. 또 후세로 하여금 이 일을 보고 떨쳐 일어날 수 있게 해주신다면 큰 바람 이길 길이 없겠나이다. 신 등은 간절히 바라는 마음을 감당할 길 없습니다.

영월의 유생들을 대신하여 팔현서원[24]의 사액을 청하는 소

병진년(1736, 영조12)[25]

代寧越儒生 請八賢書院賜額疏 丙辰

삼가 아룁니다. 신 등이 삼가 생각하기로 나라를 다스리는 업무 중 교화를 돈독히 하는 것보다 우선시해야 할 것은 없습니다. 그러나 백성을 교화할 때 집집마다 찾아다니며 간곡히 깨우칠 수 없기에, 늘 명절(名節 명예와 절의)로 이름난 선비를 존숭함으로써 온 천하가 바람에 움직이듯 교화가 퍼지게 하여[26] 경박한 풍속을 면려하는 일에 힘써 왔던 것입니다. 천하에서 더불어 선(善)을 행하기 어렵기로 완악한 무리보다 더한 자가 없고, 더불어 악을 행하기 쉽기로 나약한 무리보다 더한 자가 없습니다. 맹자께서 말씀하시기를, "백이(伯夷)의 풍도를 들으면 완악한 사내는 청렴해지고 나약한 사내는 뜻을 세운다."[27]라

24 팔현서원 : 《연려실기술(燃藜室記述)》 권4 〈단종조 고사본말(端宗朝故事本末)〉에 다음과 같은 기록이 보인다. "숙종 임오년에 강원도 선비들이 상소하여 육신 사당에 배향하기를 청하였고, 갑신년에 경기도 선비들이 상소하여 선산이 있는 양주(楊州)에 서원을 세우기를 청하였다. 예조에서 아뢰어 정려를 명하고 이조 판서의 증직과 충숙(忠肅)의 시호를 내렸다. 영조 임자년에 영월 선비들이 팔현사(八賢祠)를 육신 사당 옆에 세웠는데 팔현은 김시습(金時習)·남효온(南孝溫)·원호(元昊)·권절(權節)·이맹전(李孟專)·조려(趙旅)·정보(鄭保)·성담수(成聃壽)이다."

25 병진년(1736) : 남유용이 39세 되던 해이다.

26 온……하여 : 《서경》 〈대우모(大禹謨)〉에 순임금이 고요(皐陶)에게 "나로 하여금 내가 바라는 대로 다스릴 수 있게 하여 온 천하가 바람에 움직이듯 교화되니, 이는 바로 너의 아름다운 공이다."라고 한 말이 나온다.

고 하였으니, 이것이 곧 그 증험이 아니겠습니까?

황명(皇明)의 인종(仁宗) 황제와 우리 숙종 대왕께서는 이 도(道)를 가지고 사람들을 일으키셨습니다.[28] 방효유(方孝孺) 등 여러 현자들이 의(義)를 위하여 죽은 지 또한 수십 년이 되었으나 천하에 감히 그들의 의를 말하는 자가 없고, 성삼문(成三問) 등 여섯 신하가 충절을 위해 목숨을 바친 지 또한 200년이 되었으나 나라 사람 중 감히 그 충절을 말하는 이가 없습니다. 오로지 이 두 성인[29]만이 그들의 고심 어린 충정을 밝히 드러내심으로써 억조창생의 마음을 움직이고, 그들의 굳은 절개를 정포(旌褒)하심으로써 억조창생의 기운을 격발하였습니다. 이때 이르러 눈먼 자는 앞을 보았고 절름발이는 뛰었으며, 귀신은 그 소리에 응하였고 날짐승 들짐승은 날아오르고 춤을 추었으니, 이것이 곧 선제 선왕[30]께서 백성들을 크게 감복시킬 수 있었던 까닭입니다.

27 백이(伯夷)의……세운다 : 《맹자》 〈만장 하(萬章下)〉에 나오는 문구이다.

28 황명(皇明)의……일으키셨습니다 : 명나라 인종(仁宗)은 명나라 4대 황제 홍희제(洪熙帝) 주고치(朱高熾)이다. 명나라 성조(成祖) 주체(朱棣)가 연왕(燕王)으로 있을 때 정변을 일으켜 건문제(建文帝)를 죽이고 스스로 왕이 되자, 방효유(方孝孺)는 '연적찬위(燕賊簒位)' 네 글자를 크게 적어 연왕의 행위를 비판했다. 분노한 성조는 방효유를 처형하고 아울러 십족을 멸했다. 방효유가 죽고 나서 20여 년 뒤에 성조의 아들 인종 주고치가 방효유를 설원(雪冤)하고, 예부에 명해 건문제의 구신(舊臣)과 연루된 가족들을 모두 사면하여 원래 자리로 돌려놓도록 하였다. 한편 1676년(숙종2)에 호서의 유림 등이 성삼문 옛집 근처에 사당을 세우고 사육신을 같이 모실 것을 청하자 나라에서 녹운서원(綠雲書院)이라 하였고, 1769년(영조45)에는 노은서원(魯恩書院)으로 사액 받았다. 1691년(숙종17)에 관직이 회복되었고, 영조 때에 이조 판서에 추증되고 충문(忠文)이라는 시호가 내려졌다.

29 이……성인 : 명나라 인종과 조선 숙종을 가리킨다.

30 선제 선왕 : 선제는 명나라 인종을, 선왕은 조선 숙종을 가리킨다.

신 등은 영월 사람이라 머리가 채 마르기도 전부터 향리의 부로(父老)들로부터 여섯 신하의 이름을 들어와 그들을 흠모할 줄 알았습니다. 자라서 그분들을 모신 사당을 찾아가 보았으나 보이는 것이라곤 사당 앞의 초목만 늠름하여 생기 가득한 모습뿐이었고, 동쪽으로 장릉(莊陵 단종의 능)을 바라보니 소나무와 측백나무만 울창하고 검패(劍珮)[31] 소리가 들리는 듯하였습니다. 안개구름이 아득한 사이를 오가며 맴돌 때면, 언제나 흐느껴 눈물짓고 방황하며 떠나지 못하곤 하였습니다.

그 후 선배들이 남긴 글을 읽어보고서 여섯 신하와 같은 때에 이른바 여덟 현자가 있어 우뚝 홀로 행한 절조가 자못 여섯 신하와 백중지세임을 알게 되었는데, 유독 침원(寢園)[32] 옆에서 제사 받지 못하고 있으니, 이는 그 죽을 때의 이유가 다르다고 여겨서입니까? 신 등은 몰래 이를 원통하게 여기어 전하께 호소하오니 전하께서는 귀 기울여 주시옵소서.

신 등이 삼가 살펴보건대, 선정신(先正臣) 이이(李珥), 선정신 성혼(成渾),[33] 문경공 신(文敬公臣) 신흠(申欽),[34] 문간공 신(文簡公臣) 이

31 검패(劍珮) : 고관들이 허리에 찬 검과 드리운 구슬이다.

32 침원(寢園) : 임금의 무덤을 말한다.

33 성혼(成渾) : 1535~1598. 본관은 창녕(昌寧), 자는 호원(浩原), 호는 묵암(默庵)·우계(牛溪), 시호는 문간(文簡)이다. 백인걸(白仁傑)의 문하에 들어가 학문을 익혔으며 20세에 한 살 아래의 율곡과 도의의 벗이 되었다. 좌의정에 추증되고 1681년(숙종7)에 문묘에 종향되었으며, 파주의 파산서원(坡山書院) 등에 제향되었다.

34 신흠(申欽) : 1566~1628. 본관은 평산(平山), 자는 경숙(敬叔), 호는 상촌(象村), 시호는 문정(文貞)이다. 영의정을 지냈고, 문장가로 이름났다. 저술로 《상촌집》이 있다.

수광(李睟光),[35] 고(故) 부제학 신(副提學臣) 이준(李埈),[36] 장령 신(掌令臣) 윤순거(尹舜擧)[37] 등이 저술한 잡지(雜志) 가운데 단종(端宗) 말 광묘(光廟 세조의 묘호) 초에 필부의 뜻을 지켜 몸을 고결히 하여 스스로를 지킨[38] 사람이 여덟 명 있다 하였으니, 처사 신(處士臣) 김시습(金時習)[39]은 미친 척하면서 중이 되어 이리저리 떠돌며 돌아오지 않았고, 처사 신 남효온(南孝溫)[40]은 상소를 올려 소릉(昭陵)[41]을 복원해달라 청하였으나 응답을 얻지 못하자 종신토록 벼슬길에 오르지 않았다가 연산군 때 육시(戮屍)를 당했으며,[42] 직제학 신(直提學臣) 원호

35 이수광(李睟光) : 1563~1628. 본관은 전주이며, 선조 및 인조 때 사람으로 벼슬은 이조 판서를 지냈다. 《지봉유설(芝峯類說)》의 저자로 널리 알려져 있다.

36 이준(李埈) : 1560~1635. 본관은 흥양(興陽), 자는 숙평(叔平), 호는 창석(蒼石) 또는 유계(酉溪), 시호는 문간(文簡)이다. 저서에 《창석문집(蒼石文集)》이 있다.

37 윤순거(尹舜擧) : 1596~1668. 본관은 파평(坡平), 자는 노직(魯直), 호는 동토이다. 의령 현감을 지냈다. 저술로 《동토집》이 있다.

38 스스로를 지킨 : 원문의 '자정(自靖)'은 스스로 편안히 지조를 지킴을 이르는바, 《서경》 〈미자(微子)〉의 "스스로 편안히 지조를 지켜 사람마다 스스로 선왕에게 뜻을 바치리라.〔自靖, 人自獻于先王〕"라고 한 기자(箕子)의 말을 원용한 것이다.

39 김시습(金時習) : 1435~1493. 본관은 강릉(江陵), 자는 열경(悅卿), 호는 매월당(梅月堂)이다. 생육신(生六臣)의 한 사람으로, 세조(世祖)의 왕위 찬탈 소식을 듣고는 3일간 통곡하고 보던 책들을 모두 모아 불사른 뒤 스스로 머리를 깎고 승려가 되어 산사를 떠나 전국 각지를 유랑하였다.

40 남효온(南孝溫) : 1454~1492. 본관은 의령, 자는 백공(伯恭), 호는 추강(秋江)·행우(杏雨)·최락당(最樂堂)·벽사(碧沙)이다. 김종직(金宗直)의 문인이며, 김굉필(金宏弼)·정여창(鄭汝昌) 등과 함께 수학하였다. 생육신의 한 사람이다.

41 소릉(昭陵) : 단종의 생모인 현덕왕후(顯德王后)의 능이다.

42 연산군……당했으며 : 1498년(연산군4) 무오사화 때, 김종직의 문인으로 고담궤설(高談詭說)로써 시국을 비방했다는 이유로 남효온의 아들을 국문할 것을 청하였고

(元昊)[43]는 두문불출하고 손님도 거절한 채 살면서 앉을 때는 반드시 노릉(魯陵)[44]을 향해 앉았습니다. 교리 신(校理臣) 권절(權節)[45]은 광묘께서 국사를 말하는데도 술 취한 척 대답하지 않았고, 끝내 다시 미친 척하며 벼슬에 나아가지 않다가 죽었습니다. 처사 신 조려(趙旅)[46]는 일찍이 태학(太學)에서 유학하였는데, 제생에게 읍하고 돌아가 죽을 때까지 나오지 않았습니다. 정언 신(正言臣) 이맹전(李孟專)[47]

이듬해에는 윤필상(尹弼商) 등이 김종직의 문인이라는 이유로 미워하여 그의 시문을 간행할 수 없다고 주장하였다. 1504년 갑자사화 때에는 소릉 복위를 상소한 것을 난신(亂臣)의 예로 규정하여 부관참시하였다.

43 원호(元昊) : ?~? 본관은 원주, 자는 자허(子虛), 호는 관란(觀瀾)・무항(霧巷)이다. 생육신의 한 사람이다. 단종이 죽자 삼년상을 입었고, 삼년상을 마친 뒤 고향인 원주에 돌아와 문밖을 나가지 않았다. 이로 인해 다른 사람들은 원호의 얼굴을 볼 수가 없었다. 앉을 때 반드시 동쪽을 향해 앉고, 누울 때는 반드시 동쪽으로 머리를 두었는데, 단종의 능이 자기 집의 동쪽에 있기 때문이었다.

44 노릉(魯陵) : 단종의 능이다. 단종이 폐위되어 노산군(魯山君)에 봉해졌으므로 노릉이라고 한 것이다. 1698년(숙종24)에 위호를 회복하여 묘호를 단종으로, 능호를 장릉(莊陵)으로 하였다.

45 권절(權節) : 1422~1494. 본관은 안동, 자는 단조(端操), 호는 율정(栗亭), 시호는 충숙(忠肅)이다. 1477년(세종29) 친시 문과에 급제하여 집현전 교리를 역임했다. 문집에 《율정난고(栗亭亂稿)》가 있다.

46 조려(趙旅) : 1420~1489. 본관은 함안, 자는 주옹(主翁), 호는 어계(漁溪), 시호는 정절(貞節)이다. 세조가 즉위하자 고향으로 돌아와 서산 아래에 은둔하였는데, 후세에 이 산을 백이산(伯夷山)이라고 불렀다. 숙종 대 서산서원(西山書院)에 김시습 등과 함께 제향되었고, 후에 이조 판서에 추증되었다.

47 이맹전(李孟專) : 1392~1480. 본관은 벽진(碧珍), 자는 백순(伯純), 호는 경은(耕隱)이다. 1453년(단종1) 수양대군이 단종을 보좌하는 황보인(皇甫仁)・김종서(金宗瑞) 등 대신을 죽이고 정권을 탈취하여 시국이 소란해지자, 이듬해에 벼슬을 버리고 고향인 선산으로 돌아가서 귀머거리・소경이라 핑계하고는 은둔하여 친한 친구마저

은 두 눈이 보이지 않는다는 핑계를 대면서 30년 동안 문밖을 나오지 않다가 죽었습니다. 처사 신 정보(鄭保)[48]는 변란 소식을 듣고 눈물을 흘렸다가 거의 간신들에 의해 무고한 죽임을 당할 뻔하였는데, 광묘께서 그가 정몽주의 후손이라는 말을 듣고 특별히 용서해주시고 멀리 귀양 보냈습니다. 처사 신 성담수(成聃壽)[49]는 관직에 임명되었으나 받들지 아니하고 어부와 낚시꾼들 사이에 몸을 숨겼습니다. 이것이 그 대략입니다.

대저 선현들께서 하신 말씀이 구차하지 아니하니, 혹은 백세(百世)의 스승이라 칭하고,[50] 혹은 한 시대의 온전한 절개라 칭하면서 후세에

사절하고 30여 년이나 문밖에 나가지 않았다. 나이 90여 세에 죽었다.

48 정보(鄭保) : ?~? 정몽주의 손자이고 정종성(鄭宗誠)의 아들이다. 1456년(세조 2) 6월에 단종 복위 사건이 일어나자, 인척이 되는 한명회(韓明澮)에게 사육신의 무죄를 주장하였으나 들어주지 않자 천추의 악인이라고 욕설을 퍼부었다. 한명회가 그해 12월 그를 난언죄(亂言罪)로 고발하여 죽음을 받게 하였으나, 세조는 그가 고려 충신 정몽주의 손자임을 감안하여 죄질을 한 등급 감하여 연일(延日)에 유배시켰다. 그 뒤 단성으로 이배되었다가 간사한 무리들의 참소로 그곳에서 죽음을 당하였다.

49 성담수(成聃壽) : ?~1456. 본관은 창녕, 자는 이수(耳壽), 호는 문두(文斗), 시호는 정숙(靖肅)이다. 부친인 교리 성희(成熺)가 당질인 성삼문의 단종 복위 사건에 연루되어 극심한 고문을 받고 귀양 갔다가 돌아와서 죽으니, 이에 파주의 어버이 묘밑에서 은둔하였다. 명문의 자제로 자처하지 않아 시골 사람들이 농사꾼처럼 보았고, 겨우 무릎이 들어갈 정도의 토상(土床)에서 거처하였다.

50 혹은……칭하고 : 율곡 이이가 김시습을 일컬어 한 말이다. "절의를 세우고 윤기를 붙들어서 그의 뜻은 일월과 그 빛을 다툴 만하고, 그의 풍도를 들은 이는 나약한 사람도 자립할 것이니, 백세의 스승이라 하여도 지나친 말이 아닐 것이다. 애석한 것은 시습의 영특한 자질로써 학문과 실천을 갈고닦았다면 그의 성취를 어찌 다 헤아릴 수 있었으랴."《栗谷全書 卷14 金時習傳》

남긴 기록들을 보면 자못 고증하여 믿을 만한 것들입니다. 신 등이 또 국조의 옛 법식을 살펴보니, 정몽주와 길재(吉再)는 왕씨(王氏 고려 왕조)의 옛 신하로서 모두 사당 제사를 받고 있었습니다. 정몽주는 죽어서 그 절개를 지켰고 길재는 살아서 그 절개를 온전히 하였으니, 성조(聖祖)의 뜻인즉 이 두 신하의 행적이 비록 다르지만 모두 섬기는 자들을 위해 절개를 다 바쳤기로 높이고 보답하는 은전에 차이가 있어서는 안 된다고 여기셨던 것이 아니겠습니까? 또한 세 인자(仁者)의 행동이 달랐으나 부자께서는 아울러 '인(仁)'으로써 칭하였으니,[51] 이는 그 마음의 편안함을 얻고 의명(義命)에 해를 끼치지 않는다면, 죽음이 반드시 사는 것보다 훌륭하지 않고 사는 것이 반드시 죽음에 부끄럽지 않은 까닭이 아니겠습니까? 이와 같다면 여덟 현자와 여섯 신하는 이른바 "입장이 바뀌면 모두 같다."[52]라는 경우이니, 생사로써 그 보답을 달리해서는 안 됨이 분명합니다. 그렇기 때문에 단종이 복위된 후에 선왕께서 여덟 신하의 충성을 추록(追錄)하여 혹 관직에 추증하거나 혹 시호를 하사하거나 혹 정려를 내리거나 하여, 그들을 높이고 드러냄이 여섯 신하에 비해 차이가 없었던 것인데, 미처 이르지 못한 것은 오직 사당

51 부자께서는……칭하였으니 : 《논어》 〈미자(微子)〉에 보이는 내용이다. "미자는 은나라 주왕으로부터 떠나 버렸고, 기자(箕子)는 노예가 되었으며, 비간(比干)은 바른 말을 하다가 죽었다. 공자께서 말씀하셨다. '은나라에 세 사람의 인자가 있다는 것은 이를 말한다.'"

52 입장이……같다 : 《맹자》 〈이루 하(離婁下)〉에, 우왕(禹王)과 후직(后稷)은 태평한 세상을 만나 자기 집 문 앞을 세 차례나 지나가면서도 들어가지 않을 정도로 천하의 일에 부지런하였던 반면, 안자(顏子)는 혼란한 세상을 당하여 누추한 골목에서 거처하였다고 전제한 뒤에, "우왕과 후직 그리고 안자가 서로 입장이 바뀐다면 모두 상대방처럼 행동하였을 것이다."라고 말한 내용이 나온다.

을 세우는 일 한 가지뿐이었습니다.

지금 신 등이 함께 글을 지어 나란히 호소하는 것은, 전하께 선대를 잇는 아름다운 뜻을 깊이 바라기 때문입니다. 엎드려 바라옵건대 신도(神道)는 기류(氣類)로써 구한다[53] 하였습니다. 성왕(成王)이 주공(周公)을 묻고서 말하기를 "반드시 필(畢)에 묻음으로써 문왕(文王)을 따르게 하겠다."[54]라고 하였고, 범방(范滂)이 말하기를 "원컨대 신을 수양산(首陽山)에 묻어 백이와 숙제를 따라 노닐게 해달라."[55]라고 하였습니다. 만약 죽은 사람에게 지각이 있다면, 여덟 신하의 충심으로 위로는 선왕을 가까이할 수 없고 아래로는 여섯 신하와 노닐 수 없는데

53 기류(氣類)로써 구한다 : 《주역》 〈건괘(乾卦) 문언(文言)〉의 "같은 소리끼리 서로 응하고 같은 기운끼리 서로 찾나니……이것은 각자 자신에 맞는 성향을 따르는 것이다.〔同聲相應 同氣相求……則各從其類也〕"라는 말에서 나온 것이다.

54 성왕(成王)이……하겠다 : 《사기》 권33 〈노세가(魯世家)〉에 나오는 말이다. "주공이 풍(豐)에서 병이 들어 죽음을 앞두고 말하기를, '반드시 나를 성주(成周)에 묻어서 내가 감히 성왕을 떠나지 않겠다는 것을 분명히 해달라.' 하였다. 주공이 죽자 성왕 역시 겸양의 마음에서 주공을 필(畢) 땅에 묻어 문왕을 따르게 함으로써 성왕이 감히 주공을 신하로 여기지 않았음을 밝혔다."

55 범방(范滂)이……해달라 : 범방은 이응(李膺)·두밀(杜密)과 함께 당시 선류(善類) 중의 명사로 꼽힌다. 환제(桓帝) 때 황문북사옥(黃門北寺獄)에 연루되어 중상시(中常侍) 왕보(王甫)가 심문하기를 "경은 자기들끼리 서로 천거하여 번갈아 이빨과 입술의 관계를 맺으며 마음에 맞지 않는 자가 있으면 보이는 대로 배척하였는데, 그 뜻은 무엇인가?" 하자, 범방이 하늘을 우러러 개탄하기를 "옛적에 선을 따르는 자는 스스로 많은 복을 구했는데 오늘날 선을 따르는 자는 처형되는 재앙에 빠지는구나. 원컨대 나를 수양산 곁에 묻어 위로는 하늘을 저버리지 않고 아래로는 백이·숙제에 부끄럽지 않게 해 달라." 하니, 왕보는 그 의기에 감동하여 형틀을 풀어줬으며, 결국 범방은 무사히 풀려났다고 한다.

제아무리 향기로운 제수가 있다고 한들 기꺼이 감응하여 이를 즐거워하겠습니까? 옛날 선왕 때 경연 신하들이 여섯 신하의 사당이 선침(仙寢 능)과 너무 가깝다고 건의하며 마땅히 조금 먼 곳으로 옮겨야 한다고 하였습니다. 그러자 선왕께서는 두보(杜甫)의 "제갈공명 사당이 늘 곁에 있어, 군신이 한꺼번에 제사를 같이 받드네.〔武侯祠屋長鄰近, 一體君臣祭祀同〕"[56]라는 시를 읊으시며 옮기지 말 것을 명하셨으니, 사림(士林)에서는 지금까지도 이 일을 전하며 미담으로 여기고 있습니다. 신 등이 삼가 아뢰옵건대 여섯 신하가 기왕 장릉 옆에서 철식(餟食)[57]을 얻고 있다면 여덟 신하 역시 마땅히 함께 제사 지내야 하니, 이 논의는 결단코 그만둘 수가 없습니다.

그렇기는 하지만 사당을 세우는 일에 유사(有司)의 경비를 번거롭게 할 필요는 없습니다. 신 등의 고향 사람들 중 부자는 재물을 내고 가난한 자는 힘을 내어 삼가 이미 몇 묘(畝)의 제궁(祭宮)을 경영한 뒤 여덟 사람의 신위를 배열하였습니다. 진실로 전하의 덕의(德意)에 힘입어 선포해주신 두 글자 화액(華額)을 받을 수만 있다면, 사당 짓는 일은 그것으로 족합니다.

엎드려 바라옵건대, 예관(禮官 예조)에 밝은 조서를 내리시어 속히 거행하심으로써 국가에서 절의를 숭상하는 뜻을 밝히시고, 사람들의 의를 흠모하는 마음에 부응해주신다면 그 지극한 다행은 이길 길이 없겠나이다.

56 제갈공명……받드네 : 두보의 〈옛 터에서 회포를 읊다〔詠懷古跡〕〉 중 네 번째 수이다.

57 철식(餟食) : 제향(祭享)과 같은 뜻이다.

신 등이 도처에 사원(祠院)을 짓는 것에 관해 새로이 조정의 금령(禁令)이 내려왔다는 것을 모르는 바 아니나, 다만 이 사당의 완공이 금령 이전에 있었음을 유념해주소서. 이미 완공된 후에 그것을 금하여 사림의 바람을 끊어놓는 것이 어찌 그대로 두고 정표(旌表)함으로써 백성들을 교화하고 면려하는 것만 하겠습니까? 엎드려 바라옵건대 성심으로써 재단하시어 상격(常格)에 얽매이지 않으신다면, 지금 세상의 속인들을 면려하는 것이나 후세에 충성을 권면하는 것이나, 그 힘을 얻음은 더더욱 몇만 배에 이를 것입니다. 신 등 간절히 바라는 마음 감당할 길 없사옵니다.

사간원 정언을 사직하는 소[58] 신유년(1741)[59]

辭司諫院正言䟽 辛酉

엎드려 아룁니다. 못난 신하가 성대한 때를 만나, 과거에 급제하던 날 친히 발탁해주시는 은총을 입고 일월과도 같은 용안을 우러르게 되었기에, 도를 지키며[60] 기꺼이 섬기고자 하는 마음이 속에서 절로 우러났습니다. 그러나 스스로 생각하옵건대 타고난 본성이 나약하고 졸렬한데다 또한 병치레가 잦은지라, 환도(宦途)에 나아가 벼슬하는 것은 본디 기대하던 바 아니었고, 그저 산골 마을에서 관직 생활하며 본분에 따라 직분을 받듦으로써 성조에서 맡긴 목민(牧民)의 직책에 조금이나마 걸맞기를 바랐을 따름인데, 뜻하지 않게 사간원[61]이라는 영광스러운 직책에 제수되어 급히 내천(內遷)[62]하라는 명령을 따르게 되었으며, 역마로 급히 부르신다는 은혜로운 유지가 이어 또 멀리서 전해졌습니다. 신은 어명을 듣고 몹시도 황공하여, 감격스럽고도 두려

58 사간원……소 : 이 상소와 관련된 기록은 《영조실록》17년(1741) 1월 16일 조에 보인다.

59 신유년(1741) : 남유용이 44세 되던 해이다.

60 도를 지키며 : 원문의 '秉彝'는 상도(常道)를 지켜 떳떳한 성품을 지닌다는 말이다. 《시경》〈증민(烝民)〉에 "하늘이 여러 백성을 내시니 사물이 있음에 법칙이 있도다. 백성이 떳떳한 성품을 갖고 있는지라 이 아름다운 덕을 좋아 하도다.〔天生烝民, 有物有則. 民之秉彝, 好是懿德〕"라고 하였다.

61 사간원 : 원문의 '미원(薇垣)'은 사간원의 별칭이다.

62 내천(內遷) : 관찰사나 수령 같은 외직에 있던 사람이 내직 곧 중앙 관직으로 옮겨 옴을 말한다.

운 마음에 어찌해야 할 바를 몰랐습니다.

신이 이 직책에 어울리지 않는다는 것을 스스로 너무나 잘 알고 있기에 무모하게 이 명에 응하는 것은 의리상 할 수 없으나, 은혜를 입고 직분을 두려워하는 마음에 감히 바깥에서 편히 드러누운 채 지낼 수 없기에, 병든 몸을 겨우 일으켜 말을 타고 올라와 사차(私次)에 나아가 엎드렸습니다. 그러나 도중에 흔들리고 까부라져서 옛날 병이 도지고 말았으니, 지금 증상을 보아서는 실로 스스로 힘쓸 도리가 없습니다. 이에 어쩔 수 없이 보잘것없는 정성을 대략 드러내어 급히 짧은 소장을 올리나니, 엎드려 바라건대 자애로우신 성상께서 소신의 그릇이 이 직책에 걸맞지 않음을 살피시고, 소신의 병든 몸으로는 용을 써도 일어나기 어렵다는 것을 가련히 여기시어, 신에게 새로 제수하신 직명을 급히 체차하심으로써 한편으로는 관방(官方)을 무겁게 하시고 한편으로는 천한 본분을 편안케 해주시옵소서.

신이 분수를 헤아려보고 병세를 가늠해보건대 (분수로도 병세로도) 모두 어명을 받들 도리가 없거니와, 이 두 가지 이외에도 또 머뭇거리며 감히 나아가지 못하는 이유가 있기에 지금 죽음을 무릅쓰고 한번 아뢰고자 합니다.

송(宋)나라 신하 구양수(歐陽修)가 말했습니다.

"천자가 옳다고 해도 간관(諫官)은 그릇되다고 하고, 천자가 그릇되다고 해도 간관은 옳다고 한다. 대전 계단 앞에 서서 천자와 더불어 시비를 다투는 자가 바로 간관이다."[63]

63 천자가……간관이다 : 이 내용은 구양수의 〈범 사간에게 올리는 편지〔上范司諫書〕〉에 보인다. 내용에 약간의 출입이 있다. "천자가 옳다고 하면 간관은 그릇되다

이로써 보건대 간관이 임금을 섬기는 책임인즉 오로지 시비를 다투는 것을 직무로 삼을 뿐입니다. 그런데 근자에 삼가 듣자니 전하의 조정에서는 오로지 시비를 없애는 일만 직무로 삼고 있다고 하옵니다. 대각(臺閣)에서 올린 말이 일단 시비에 관계되었다 하면 서로 경계하면서 금기로 삼고, 입 벌려 정사를 논할 때도 오로지 성지만을 두려워하고 성지만을 따르면서 요행히 득죄하지 않기만을 바란다고 합니다. 정말 이와 같다면 간관 된 자가 어찌 사람들의 힘을 빌려 전하를 섬길 수 있을 것이며, 전하께서는 또한 간관을 두어서 무엇 하시렵니까?

시비란 천리(天理)의 공변됨이라, 똑똑하고 어리석고 잘나고 못나고를 막론하고 모두 이 마음을 가지고 있습니다. 사람의 마음은 한순간도 꺼지거나 없어질 수 없으니, 시비라는 것 역시 한순간도 사라질 수 없습니다. 신은 옛날 성후(聖后)들이 묻기를 좋아하고 비근한 말을 살피기 좋아하며, 양단을 쥐고서 백성에게 그 가운데 것을 적용하였다[64]고 들었지, 시비를 논하는 신하들의 입을 막아버리고서 다스렸다는 말은 들어보지 못하였습니다. 전하의 영준한 자태와 학문의 공력(功力)은 뭇 왕들을 뛰어넘는데, 어찌하여 이 이치만은 밝히 보지 못하시

하고, 천자가 반드시 행하라고 하면 간관은 반드시 행할 수 없다고 말합니다. 궁궐 계단 앞에 서서 천자와 더불어 시비를 다투는 자가 바로 간관인 것입니다."

64 옛날……적용하였다 : 《중용장구》 제6장에 "순 임금은 묻기를 좋아하고 비근한 말을 살피기 좋아하고, 남의 나쁜 점은 감추어주고 착한 점은 선양하고, 두 끝을 잡아 백성에게는 중용을 적용하였으니, 이것이 순 임금이 된 까닭이리라.〔舜好問而好察邇言, 隱惡而揚善, 執其兩端, 用其中於民, 其斯以爲舜乎〕"라는 구절이 있다. 자신의 정확한 판단력으로 여러 사물의 두 가지 상반되는 것의 중도를 헤아려서 적절하게 활용한다는 뜻이다.

는 것입니까?

전하께서는 그저 조정의 기상이 무너지는 것을 보고 적절히 조절하는 방법을 힘써 행했던 것일진대, 지혜를 써서 아랫사람을 제어함에 좋아하는 일을 일으키기도 하고 싫어하는 일을 일으키기도 하여[65] 왕로(王路)가 평탄치 않았고, 기회만 살피고 용납되기만을 구함에 마음을 해치고 일을 해치기도 하여 선비들의 절조가 날로 무너지고 있습니다. 식견 있는 자들은 몰래 탄식하며 세도를 근심하고 있으나, 대각(臺閣)을 돌아봐도 마치 벙어리 의원이 병을 살피면서 병이 고황(膏肓)에 든 것을 알지 못하는 것은 아니나 입으로 말하지 못하는 것처럼 하고 있으니, 신은 몰래 이를 근심하고 있습니다.

지금의 급선무는 곧고 강직한 선비를 얻어 간관으로 둔 다음 마음을 비우고 귀를 기울여서, 위로는 간쟁하는 기풍을 열어 성총을 이끌어내고, 아래로는 기강을 엄숙히 하여 삐뚤어진 관풍(官風)을 크게 바로잡음으로써 전하의 정성을 다하여 정치에 힘쓰는[66] 다스림에 조금이나마 보탬이 되게 하는 일이라고 생각합니다. 그러나 신처럼 나약한 사람이 대단(臺端)[67]에 아무렇게나 충원된다면, 이는 결코 신이 감당할 수

65 좋아하는……하여 : 《서경》 〈홍범(洪範)〉에 "편벽됨이 없고 기울어짐 없이 왕의 의를 따르고, 혼자만 좋아하는 일을 일으키지도 말고 왕의 도를 따르며, 혼자만 싫어하는 일을 일으키지도 말아 왕의 길을 따르라."라는 말이 보인다.

66 정성을……힘쓰는 : 원문의 '勵精'은 '여정도치(勵精圖治)' 즉 정성을 다하여 정치에 힘쓴다는 뜻으로 《어제상훈(御製常訓)》에 보인다. 이 책은 1745년(영조21)에 영조가 선왕의 덕을 선양하고 후대 왕을 경계하기 위해 지은 훈서(訓書)인데, 그 조목은 첫째 경천(敬天), 둘째 법조(法祖), 셋째 애민(愛民), 넷째 돈친(敦親), 다섯째 조제(調劑), 여섯째 숭검(崇儉), 일곱째 여정(勵精), 여덟째 근학(勤學)으로 되어 있다.

있는 바가 아닐 것입니다.

신은 대대로 녹을 받은 가문 출신으로 살아서 성명한 시대를 만났으니, 오직 전하께서 시키시는 일이라면 물속에 뛰어들든 불더미를 밟든 도의상 마다해서는 안 될 것입니다. 그러나 이 직임에 있어서만은 스스로 깊이 헤아려보아 맡긴 일에 보탬이 되지 않을까 두려운데다가 또한 대각에 기롱을 끼칠까 부끄러워, 이렇게 머뭇거리며 감히 나아가지 못하고 있습니다. 성명하신 전하께서 깊이 살펴주시어 속히 해면하시고, 자리를 보고 사람을 뽑음으로써 간언하는 직책을 다할 수 있도록 하여 주신다면, 공사(公私) 모두에 있어 크나큰 다행이겠나이다.

67 대단(臺端) : 대각(臺閣)의 말단이라는 뜻으로, 사헌부와 사간원의 간관(諫官)을 통틀어 이르는 말이다.

사헌부 지평을 사직하고 겸하여 김진상[68]을 도헌[69]으로 특별히 배수하실 때의 연교[70]를 개하[71]하여 주실 것을 청하는 소

辭司憲府持平 兼請改下金鎭商特拜都憲時筵敎疏

삼가 아뢰옵나이다. 신이 근자에 외람되이 간원(諫院)에 발탁되었기에 사직을 청하는 주본(奏本)[72]에 품은 생각을 간략히 부록하였는데, 은혜로운 비답(批答)을 받아 굽어 가납해주심을 입었습니다. 신은 진실로 감격스럽고 황공하옵나니, 개미처럼 하찮은 정성이 호천(昊天)에 우러러 도달할 줄은 스스로 생각지도 못하였습니다. 그 후 며칠

68 김진상(金鎭商) : 1684~1755. 본관은 광산, 자는 여익(汝翼), 호는 퇴어(退漁)이다. 김만채(金萬埰)의 아들이다. 김진상을 대사헌에 배수한 것에 관한 기록은 《영조실록》 17년(1741) 3월 12일에 보인다. "특지(特旨)로 김진상을 발탁하여 대사헌으로 삼았다. 김진상이 고향에 살면서 벼슬하지 않았으며, 무릇 직명(職名)이 있을 때도 단지 의리를 끌어대어 겸손하게 사양하고 한번도 시사(時事)를 언급하지 않았다. 임금이 언제나 그의 조용하고 깨끗한 성품과 편당에 들지 않는 것을 칭찬하였는데, 이때 이르러 전교하기를, '절후가 추운 뒤에야 송백(松柏)은 시들지 않는다는 것을 알게 된다. 김진상이 신축년·임인년 이후로 이편에도 물들지 않고 저편에서도 미움을 받지 않았으며, 글을 올려 아뢰는 즈음에도 끝내 그런 버릇이 없었다.' 하고, 마침내 이런 명이 있었던 것이다."

69 도헌 : 대사헌을 가리킨다.

70 연교 : 경연 자리에서 내리는 임금의 명령을 말한다.

71 개하 : 헌사(憲司)의 상소에 대하여, 임금이 비답을 다시 수정하여 내리던 일이다. 개비(改批)라고도 한다.

72 사직을……주본(奏本) : 바로 앞에 실린 〈사간원 정언을 사직하는 소〉를 가리킨다.

있다가 본원(本院)이 계문(啓文)을 빠트린 일과 국좌(鞫坐)[73]에 진참(進參)하는 일로 하루 동안 두 차례나 천패(天牌 임금의 소패)를 받들었습니다. 신이 비록 지극히 우매하나 어찌 옛사람이 멍에를 멜 때까지 기다리지 않았던 뜻[74]을 유념치 않았겠나이까. 그러나 소신이 감히 함부로 나아가지 못했던 데는 대개 그럴 만한 이유가 있었습니다.

신이 처음 부름을 받고 도성에 들어왔을 적에 풍문으로 듣기를, 대신(大臣)이 연석(筵席)에서 직접 품주(稟奏)한 내용 중에 '대각(臺閣)은 믿을 만하지 못하다'는 말이 있었다고 하였습니다. 사람들이 더러 신에게 권하기를 마땅히 이를 가지고 인혐(引嫌)해야 한다고 하였습니다. 그러나 신은 결단코 대신이 한 말이 아닐 것이라고 생각했으니, 어찌 대신으로서 임금에게 대각을 믿지 말라고 권하는 자가 있겠습니까? 필시 전한 자의 망령된 말일 것입니다. 신이 올린 첫 번째 상소에서 대략 이를 거론하며 혐의로 삼지 않았던 것은 신이 이 말을 믿지 않았기 때문이었습니다. 그러나 후에 이런 말을 전하는 자가 더욱 많아졌는데, 정말로 사실이었으며 허황한 말이 아니었습니다.

아아! 지금 대각에 있는 자들이 그저 신 등과 같은 무리에 지나지 않으니, 사람을 제대로 가려 뽑지 못했다고 말할 만합니다. 하지만 대신들이 진실로 이러한 상황을 근심하고 있다면 곧바로 대각을 잘

73 국좌(鞫坐) : 국청좌기(鞫廳坐起)의 줄임말이다. 국청은 모반·대역·강상죄 등 중요범죄를 신문하기 위해 임시로 설치한 특별재판기구이다. 개설과 폐지는 왕명에 따랐다. 좌기는 관청의 으뜸 벼슬에 있는 이가 출근하여 업무를 관장하는 것을 이른다.

74 멍에를……뜻 : 왕의 소명을 받고 급히 달려가는 것을 말한다. 《논어》〈향당(鄉黨)〉에 "왕의 부름을 받으면 수레에 멍에를 멜 때까지 기다리지도 않고 뛰어갔다."라는 말이 나온다.

가려 뽑지 않으면 안 된다고 말하면 될 터인데, 지금에 와서 대각은 믿을 만하지 못하다고 말하다니, 대저 기왕에 그 자리에 임용해놓고 믿을 만하지 못하다고 말한다면 전하의 눈과 귀가 어찌 가려지지 않겠습니까?

그렇기는 하나 만약에 신 등의 기개와 절조, 위의와 풍모[75]가 먼저 사람들을 두려워하게 만들었다면 대신이 감히 이런 말을 하지는 못하였을 터, 스스로를 돌아봄에 부끄러운 것이 얼굴이 벌게지는 정도에 그치지 않습니다. 이것이 신이 거듭 부름을 받고도 거듭 감히 나아가지 못한 이유입니다. 그런데 뜻밖에도 하늘처럼 커다란 성상의 도량으로 처벌이 예감(例勘)[76]에 그쳤고, 채 열흘도 되지 않아 수서(收叙)[77]하라는 명을 입었으며, 또 얼마 되지 않아 사헌부의 직임을 내려주셨습니다. 내려주신 은혜가 이 정도에 이르렀으니, 신이 어찌 감당하겠습니까. 의리와 분수로써 헤아려보건대 힘껏 달려 나가 어명에 응해야 마땅할 터이나, 다만 신이 이 직책에 감히 나아가지 못하는 사정은 전에 말씀드린 것과 다르지 않습니다. 비록 부끄러움을 안고서 한번 나아가고 싶어도 공의(公議)는 또 어찌한단 말입니까?

게다가 원래부터 앓아온 병이 봄 들어 더욱 극심해져 위가 답답해지면서 불이 나는 것 같고, 아래가 꽉 막히면서 몸이 습해집니다. 한기와 열기가 몸속에서 교차하고 온갖 뼈마디가 다 병들어 있어, 지금의 증상

75 위의와 풍모 : 원문은 '風裁'인데, '풍'은 바람처럼 매서운 위의요 '재'는 시비선악을 감별함이다. 옛날 법관 즉 사헌부 관리의 강직하고 엄숙한 모습을 이른다.

76 예감(例勘) : 전례에 따라 조사하여 처리함을 말한다.

77 수서(收叙) : 벼슬을 내린다는 뜻이다.

을 보건대 두어 달 사이에 기동할 가망이 실로 없습니다. 그런데 본부가 맡은 일이란 몹시도 중하고 또한 긴박한 것들이라, 병들고 용렬한 몸으로 단 하루라도 헛되이 차지하는 것을 용납할 수 없습니다. 엎드려 비옵나니, 자애로우신 성상께서 신의 직명을 속히 해면하시고, 신이 전후로 저지른 포만(逋慢)의 죄를 다스리심으로써 신의 사사로운 본분을 편한케 해주시고 조정의 기강을 엄숙히 하여 주시옵소서.

신은 바야흐로 면책을 바라고 견책을 청하기에도 겨를이 없는 와중이라 본디 망령되이 시사를 언급하기에 마땅치 않으나, 구구한 우견(愚見)이 있어 감히 감추어둘 수가 없습니다.

삼가 듣자니 일전에 전(前) 부제학 김진상(金鎭商)[78]을 특별히 사헌부의 수장으로 임명하셨다고 합니다. 제지(除旨)가 내려옴에 그 누군들 우러러 듣지 않았겠습니까마는, 경연 자리에서의 하교인즉 성상께서 세상을 권면하는 본래 뜻에 어긋남이 있는 듯합니다. 원래 김진상은 행의(行誼)가 청렴 고결하고 언의(言議)가 맑고 곧아, 지난날 나아와 임금을 섬겼을 적에는 반드시 선(善)을 펼치고 삿됨을 막아 조정을 드높이면서 결코 망설이거나 영합하면서 세도를 상하게 하지 않았습니다. 오직 일찌감치 벼슬길에서 물러나 세상일에 관심을 끊었기 때문에 장독(章牘) 사이에 언론(言論)의 시시비비에 대해 언급하지 않았던 것이니, 이는 형편이 그렇게 만든 것이요 애당초 부득이한 일이었습니다.

지금 전하께서 관직에 발탁하도록 특명을 내리신 것이 말속(末俗)을 격려하려는 성의(盛意)에서 나왔다면, 그의 청수(淸修)하여 쉬이 나아

78 김진상(金鎭商) : 37쪽 주68 참조.

가지 않으려 하는 절개를 장려하여 뭇 신하들에게 분명히 보여주어야 마땅할 것입니다. 그런데 삼가 포상(褒尙)하는 하교를 보건대, 특별히 그가 이편에도 물들지 않고 저편에서도 미움받지 않았음을 높이 사 풍헌(風憲 사헌부)의 수장으로 제수하셨습니다. 이는 김진상의 본말(本末)에 있어 꼭 들어맞지도 않을뿐더러, 또한 이로 인해 말로에 구차히 영합하려 드는 습속을 열게 될까 봐 두려우니, 신은 속으로 이를 안타깝게 여기고 있습니다.

또 풍헌의 직임이라면 시정에 대한 논의를 주관하면서 삐뚤어진 관풍을 고치고, 풍속을 바로잡고, 억울한 자를 신원하는 것입니다. 그러니 그 직분은 '물들지 않았고 미움받지 않는다〔不染不惡〕'라는 네 글자로 다 감당할 수 있는 바가 아니며, 도리어 뭇 신하들로 하여금 성지를 망령되게 헤아리면서, 성상께서 더 이상 언론에 대한 시시비비를 대각에 기대하지 않으신다고 여기게 하기에 딱 좋을 뿐입니다.

이것이 세도(世道)와 국체(國體)에 관계되는 바는 작지 않습니다. 임금이 숭상하는 바는 백성의 마음이 향하는 근본인지라, 한마디 말에 마음이 움직이면 억조창생이 혹 기운을 더할 수도 있고 백관이 혹 해이해질 수도 있습니다. 하물며 근세 이래로 사대부의 풍속과 교화, 기개와 절조가 날로 사라져가고, 온 세상이 이에 쏠려 모두가 이익을 보고 움직이며, 더 이상 명의(名義 명분과 의리)가 가히 두렵고 행검(行撿 점잖고 바른 품행)이 가히 귀함을 알지 못합니다. 이러한 때에 전하께서 고요히 물러나 있는 신하를 특별히 칭찬함으로써 백성들에게 숭상하는 바를 내보이신다면, 이것이 비록 한 가지 일에 지나지 않으나 실로 성화(聖化)를 밝힐 것이고, 어명으로 베푸신 문사는 응당 성대히 빛날 것입니다.

삼가 바라옵건대 성명하신 주상께서는 전날의 연교(筵教)를 가져오도록 명하셔서 몇 마디 어귀(語句)를 고치시옵소서. 오로지 그의 청수하여 쉬이 나아가지 않으려 하는 절개를 포상하고 은총으로 발탁하는 뜻을 밝게 드러내심으로써 왕언(王言)에 결점이 없게 하여 사풍(士風)이 한 번 떨쳐지게 하소서.

신은 이 일로 인하여 다시 한 말씀 감히 바치고자 하나이다. 저 '여기서, 저기서, 물들다, 미움받다'[79] 등의 글자들은 전하께서 사륜(絲綸 임금의 조서)에 적어서는 안 될뿐더러 연충(淵衷)[80]에 담아두어서도 안 됩니다. 현명하신 임금께서 세상을 다스리실 때 대공지정(大公至正 크게 공변되고 지극히 올바름)의 도가 절로 있는 법, 어찌 심중에 피차(彼此)를 둘 수 있겠습니까? 응당 옳은 것을 옳다고 하고 응당 그릇된 것을 그릇되다고 하면 그만이거늘, 또 어찌 반드시 이편에 물든 자를 그릇되었다고 여기고 저편에 물든 자를 옳다 여기며, 저편에 미움받는 자를 못났다고 여기고 이편에 미움받는 자를 어질다고 여겨야 하겠습니까? 우매한 신이 생각하기로 이와 같이 한다면 피차의 모습만 더욱 드러나고, 물들고 미워하는 습속이 더욱 자라날 뿐이니, 차라리 의리가 있는 곳에 나아가 직접 논하여 따르거나 바꾸거나 하느니만 못합니다. 또한 원컨대 성명하신 주상께서 유의하여 재결하여 주시옵소서.

79 여기서……미움받다 : 앞에 나온 "이편에도 물들지 않고 저편에서도 미움받지 않았다.〔不染于此, 不惡於彼〕"를 다시 인용한 것이다.

80 연충(淵衷) : 깊은 마음이란 뜻인데, 여기서는 임금의 마음을 높여 부른 말이다.

시사를 논한 소

論時事疏

정언(正言)으로 있을 때 지었다.

삼가 아룁니다. 신은 바야흐로 아비의 병환[81]으로 인해 미처 면직을 청할 겨를도 없는 처지인지라 어찌 말씀 아뢰어 마땅할까마는, 기왕에 생각한 바가 있어 성상께 한 번 들려드리고자 하오니 성명(聖明)하신 주상께서 재결하여 주시옵소서.

엎드려 생각하건대, 하늘이 성충(聖衷)을 열어 〈대훈(大訓)〉[82]을 크게 내리시니, 국론(國論)이 이로 말미암아 약간 안정되고, 조정의 기상이 이로 말미암아 조금 편안해졌습니다. 엎드려 생각하건대, 전하께서 수년 동안 쌓아오신 고심도 이때 이르러 조금은 풀어지셨을 것입니다. 그러나 무궁한 것은 의리(義理)이고 만회하기 어려운 것은 세도(世道)입니다. 원하옵건대 전하께서는 국론이 약간 안정되었다고 해서 미진한 것들에 연연해하지 마시고, 조정의 기상이 조금 편안해졌다고 해서

81 아비의 병환 : 남유용의 부친 남한기(南漢紀, 1675~1748)는 이해에 이미 70살이 넘었다.

82 〈대훈(大訓)〉 : 영조가 당쟁의 폐해를 일소하고 신임사화의 원흉을 처벌하기 위하여 내린 훈유문(訓諭文)으로, 1741년에 간행되었다. 영조는 숙종 이후 갈라지게 된 노론과 소론 간의 당쟁으로 많은 유혈 참극이 빚어지고 자신도 그 와중에 참변을 당할 뻔했던 지난 일을 통감하고, 이와 같은 당쟁을 일소하고 그들의 원흉인 김일경(金一鏡)과 목호룡(睦虎龍)의 처형을 위해 이를 내린 것이다. 끝에는 이 훈유문을 완성한 뒤에 올린 어제고묘문(御製告廟文)과 백성에게 반포한 반교문(頒敎文)이 덧붙여져 있다. 《奎章閣韓國本圖書解題 史部 詔令·奏議類 詔令》

장구한 염려를 소홀히 하지 마시옵소서. 명절(名節 명예와 절조)에 더욱 힘쓰시어 조정을 위하여 근골을 세우시고, 언로(言路)를 더욱 넓혀 한 시대의 정신을 고무하심으로써 영구한 왕업을 건립하소서.

신이 삼가 엎드려 생각해보니, 열성조 이래 염치로써 신하를 가르쳐 길러 그 익힌 것이 점차 풍속을 이루게 됨에, 선비 중에 자중하는 자들은 종종 명예를 좇지 않고 이익으로 옮겨가지 않으며, 나라의 완급(緩急)과 더불어 그 이해(利害)를 함께했습니다. 근세 이후로 조정에서 사람을 쓰는 데 한 가지 법도가 있는데, 그 법도라는 것인즉 남을 거스르지 않는 것을 방편으로 삼는 것이었습니다. 일신을 위한 계책으로도 심히 적합하고 시의(時議)에도 부합하기 쉬워서, 형벌로써 그것을 금지한다고 하여도 그만두지 않았습니다. 더구나 전하께서 작록(爵祿)으로써 앞에서 사람들을 유인하고, 형벌로써 뒤에서 사람들을 내몰다 보니, 온 세상이 한데 휩쓸리듯 오로지 이익만을 좇으며 거의 명의(名義)가 대체 무엇인지조차 알지 못하게 되었습니다. 아아! 이들이 모두 전하께서 더불어 나라를 다스리는 자들이라니, 사람을 길들여 기르는 기술이 이처럼 황폐한 지경에 이르러서는 안 될 것이옵니다.

송나라 때 왕조(王朝)[83]가 재상이 되었을 때 장사덕(張師德)[84]이 두

83 왕조(王朝) : 송나라 진종(眞宗) 때의 정승인 왕단(王旦, 957~1017)으로, 태조(太祖)의 어휘(御諱) 단(旦)을 피해 조(朝)로 바꿔 쓴 것이다. 그는 특히 사람 보는 안목이 뛰어나 훌륭한 사인들을 많이 추천하였으며 진종 밑에서 12년 동안이나 재상이 되어 정치를 보필하였다.

84 장사덕(張師德) : 978~1026. 송나라 진종(眞宗) 때에 진사 1등으로 급제하였다. 그의 부친인 장거화(張去華)는 북송 때 두 번째로 장원으로 급제한 인물로, 10명의 아들 모두 높은 관직에 올랐으나 특히 장사덕이 아버지의 뒤를 이어 장원 급제함으로써

번이나 그 집 문을 찾아왔는데, 왕조가 어떤 사람에게 말하기를,

"안타깝구나. 장사덕이 뜻밖에 두 번이나 내 집 문을 찾아오다니."[85]

라고 하고는 끝내 그를 등용하지 않았습니다. 대개 조사(朝士)가 당시 재상을 대함에 있어 경계해야 할 바의 엄격함이 이와 같았거늘, 지금은 그 반대입니다. 사대부들이 사귀고 쫓아다니고 상대방을 마음을 헤아리고 경영하는 것 모두 나아가 벼슬을 얻고자 하는 계략이 아님이 없습니다. 조명겸(趙明謙)[86]과 이명곤(李明坤)[87] 같은 사람은 이름난 가문 출신인데, 평범한 걸음으로 천천히 나아간다 한들 마땅치 않을 것이 무엇입니까? 그럼에도 권세 있는 가문과 친압해 어울리며 영예로운 벼슬을 힘써 차지하여 온 세상이 조롱하고 욕하는데도 전혀 부끄러운 줄을 몰랐으니, 한미한 가문 출신으로 벼슬길에 나아가기를 구하는 자를 도리어 어찌 나무랄 수 있겠습니까.

아버지의 뒤를 이었다.

85 장사덕이……찾아오다니 : 권세 있는 사람의 집을 두 번 방문한 것만으로도 선비가 조행(操行)을 잃을 수 있음을 비유한 말이다. 송나라 왕단(王旦)이 일찍이 어떤 관료에게 "내가 평소 임금에게 '장사덕(張師德)은 명문의 자제로 선비의 조행이 있다.'라고 아뢰었는데, 뜻밖에도 나를 두 번이나 찾아와서 장원급제했으니, 참으로 애석한 일이다. 영화란 운명에 달린 것이므로 조용히 기다려야 하는 것인데, 만약 빨리 진출하려고 한다면 어떻게 되겠는가."라고 하였다. 《宋史 卷282 王旦列傳》

86 조명겸(趙明謙) : 1687~? 본관은 임천(林川), 자는 백익(伯益)으로, 대사간·병조 참판·지의금부사 등을 역임한 문신이다. 마전 군수 조시형(趙時馨)의 증손으로 할아버지는 인천 부사 조현기(趙顯期)이고, 아버지는 좌랑 조정강(趙正綱)이다.

87 이명곤(李明坤) : 1685~? 본관은 경주로, 해주 판관, 영월 부사 등을 지낸 인물이다. 그의 조부는 이경억(李慶億)으로 대사헌·경기도 관찰사·좌의정 등을 역임했고, 부친은 이인엽(李寅燁)으로 이조 판서·홍문관 대제학 등을 역임했다.

다투고 경쟁하는 풍속이 일단 자라나자 요행을 바라는 문이 열리어, 청선직(淸選職)[88] 하나, 요관직(要官職) 하나만 비어도 너도나도 자기가 얻으리라 여깁니다. 송곳 끝만 한 이익인데도 아침저녁 사이에 선후를 겨루고, 겨자씨만 한 다툼인데도 술 마시는 사이에 은혜와 원한을 맺기도 합니다. 오호라! 사풍(士風)이 이와 같을진대 무엇으로써 임금을 섬기겠습니까.

옛날 송나라 진종(眞宗)이 신료들의 나아가 벼슬하기를 구하는 세태를 근심하자 왕증(王曾)이 진언하였습니다.

"조급히 경쟁하는 것을 억누르고 담담하고 고요한 것을 숭상하면 아마도 나아가기를 어려워하고 물러나기를 쉬이여기는 신하를 얻을 수 있을 것입니다."[89]

엎드려 바라옵건대, 전하께서는 이 말을 깊이 음미하시어 단정한 선비를 가까이하심으로써 풍절(風節)을 격려하시고, 부화하고 조급한 무리를 멀리 내침으로써 무너져가는 습속을 만회하시옵소서.

신이 삼가 보건대 근자에 조정에는 기휘(忌諱)하는 항목이 너무 많아서, 대각의 신하들이 한마디 말을 하고 한 가지 일을 논하려고 하면 동쪽 서쪽에서 견제하고 좌우에서 방해합니다. 말이 일단 시비를 건드리기만 하면 곧 성지(聖旨)가 듣기 싫어하는 바라 여기면서 말을 하려

88 청선직(淸選職) : 청환(淸宦)의 후보자에 드는 것으로, 청환은 봉록은 많지 않으나 명예롭게 여겨졌던 홍문관, 예문관, 규장각 등에 속한 벼슬을 가리킨다. 학식과 문벌을 갖춘 인물에 한해 허용되었다.

89 조급히……것입니다 : 《송사(宋史)》 권310 〈왕증전(王曾傳)〉에 보이는 말인데, 문자에 약간의 출입이 있다. 원문에는 "抑躁競崇恬靜, 庶幾得難進易退之臣"으로 되어 있으나 《송사》에는 "惟陛下抑奔競而崇恬靜, 庶幾有難進易退之人矣."으로 되어 있다.

다가도 죄를 짓게 될까 봐 두려워하고, 일이 일단 득실에 관계되기만 하면 이는 지금 사람들이 깊이 꺼리는 바라 여기면서 논하려다가도 혹 비위를 거스를까 봐 두려워합니다. 붓을 댔다가도 이내 멈추고, 힘을 다 소진해가며 내용을 안배합니다. 그러다 상주할 때가 되면, 인물을 논한즉 개미처럼 하찮은 내용이라 해도 기세등등하게 그 사람을 공격하고, 시폐를 말한즉 옴처럼 세세한 내용이라 해도 통곡하며 말을 늘어놓으며, 연초전(煙草廛)에서 시끄럽게 다툰 일 같은 것까지 모두 주장에 올려 성청(聖聽)을 어지럽힙니다. 그러나 국체를 떨어트리고 무너트려 관계되는 바가 지극히 큰일에 대해서는 보지 못한 척 올리지 않습니다.

근자에 한 번신(藩臣 지방 감사(監司)의 별칭)이 변방에 급한 업무가 있는 것도 아닌데 아무 때나 숙명(肅命)하고 창졸간에 청대(請對)하니, 그 거조가 해괴할뿐더러 또한 후일의 폐단과도 관계가 있습니다. 심지어 대신까지 나서서 차자를 올려 그 일을 논하였으나, 언관들의 의론은 잠잠한 채 들리지 않고 있으니, 이 또한 대각이 직분을 다하지 못한 것이라 기강이 장차 무너질 조짐입니다. 엎드려 바라옵건대 전하께서는 성인의 도량을 더욱 넓히시어 기휘하지 않는 문을 여시고, 간언을 받아들이는 길을 넓히심으로써 우직한 직언이 들어오고 조정의 체모가 엄숙해지게 하소서. 명절에 힘쓰지 않고 언로가 넓지 않은 것이 본디 오늘날의 커다란 근심거리인데, 그 근본을 궁구해본다면 어찌 그 모두가 성상께서 자신을 돌아보고 반성하시는 단서가 되지 않겠습니까?

전하께서는 날마다 경연을 여시고 아침저녁으로 강송하시면서, 성체가 편안치 않을 경우가 아니면 혹여라도 거르거나 폐하는 일이 없으니, 성상의 학문이 넓지 않은 것도 아니요, 성상의 뜻이 부지런하지 않은 것도 아니지만, 이로써 배움을 좋아하는 실질을 다하기에는 부족합니다.

신이 듣건대 전하께서 더불어 강론하는 자는 유독 한두 유신(儒臣)뿐이라고 하던데, 저 유신들은 대저 모두가 장구(章句)나 따지는 말단의 학업에만 열중할 뿐, 성현의 모훈(謨訓)[90]에 대해서는 반드시 흠뻑 젖어있고 관통해있다고 할 수 없습니다. 그러니 설령 정성껏 간언하여 임금을 보좌하려는 마음이 있다 하더라도 짧은 시간 동안 어찌 그 심오한 뜻을 해석하여 자문에 대비할 수 있겠습니까? 경연사(經筵事)는 자리에 엎드려 피곤한 기색을 드러내고, 특진관(特進官)은 허리를 구부리고 자는 척하면서 그저 형식만 갖추어 고사(故事)에 응하는 데 그칠 뿐이니, 어찌 일찍이 보좌하고 이끄는 공이 있어 우리 전하로 하여금 성심이 충만해지도록 할 수 있겠습니까.

전하께 엎으려 바라옵건대 재야(在野)에 버려진 선비들을 초치(招致)하시되 직무로써 번거롭게 하지 마시고, 달리 국(局) 하나를 설치해 그들을 두심으로써 뜻을 오로지 진강(進講)하는 데만 집중하게 하소서. 또한 여러 유신들에게 명하여 사서오경(四書五經)의 뜻을 밝히 드러내게 하시되 한(漢)나라 때 전문 박사들에게 각각 맡은 학문이 있던 것처럼[91] 한 사람이 책 하나씩 전공하게 하시고, 그들로 하여금

90 모훈(謨訓) : 제왕의 훌륭한 가르침과 말씀으로 《서경》의 〈대우모(大禹謨)〉·〈고요모(皐陶謨)〉와 같은 편장을 이른다.

91 한(漢)나라……것처럼 : 한나라 무제(武帝) 때 동중서(董仲舒)의 건의로 유교를 숭상하는 정책을 펼치면서 처음으로 오경박사의 학관(學官)을 세웠다. 《역경》은 양하(楊何), 《서경》은 구양(歐陽), 《시경》은 한영(韓嬰), 《예기》는 후창(后蒼), 《춘추》는

마음을 다해 강구하고 정신을 오로지하여 토론하게 하심으로써 성학에 보탬이 되게 하소서. 주상께서 장차 《주역》을 강하고자 하시면 역학(易學)으로 진대(進對)[92]하게 하시고, 《춘추》를 강하고자 하시면 춘추학(春秋學)으로 진대하게 하시며, 다른 책도 마찬가지로 하소서. 비록 진강이 아니라 할지라도 경전을 고증하거나 교정하는 일이라면 반드시 해당 학(學)의 학사를 불러들여 하문하심으로써 그들로 하여금 연원(淵源)을 고찰하여 논하고, 의지(義旨)를 탐구, 토론하게 하신 후, 잘한 자는 권면하시고 잘못한 자는 징계하소서. 또 때에 맞추어 동궁을 시강(侍講)하도록 하고, 동궁의 관원 중 결원이 생겼을 시 이들로써 충원하신다면, 그것이 도의(道義)를 규풍(規諷)하는 데 분명 이익되는 바 있을 것이옵니다. 오직 성상께서는 마음에 깊이 담아두소서.

신이 또 엎드려 생각해보니 동궁 저하의 입학례(入學禮)[93] 기일이 내년 봄입니다. '입학'이란 제왕 학문의 근원이요 국가 문교의 으뜸인지라, 매우 성대한 예식이라 할 수 있습니다. 박사의 직임은 태학사(太學士)가 실로 맡고 있는데, 고사를 내리 고찰해보건대 가장 적격인 사람으로 뽑았으니, 이는 그 예식을 중히 여겼기 때문입니다. 신이 삼가 보건대 전 판서 이재(李縡)[94]는 경술(經術)에 정통하고 예의(禮儀)에 밝아 그 숙덕(宿德)과 아망(雅望)이 사림의 으뜸이니, 신이 생각하기

공양(公羊)을 박사로 삼았다.

92 진대(進對) : 군주를 알현하고서 물음에 대답하는 것을 말한다.

93 입학례(入學禮) : 성균관 입학례를 말한다.

94 이재(李縡) : 1680~1746. 호는 도암(陶菴) 혹은 한천(寒泉)이고 자는 희경(熙卿)이다. 노론 준론(峻論)의 대표적 인물로, 영조 등극 후 노론이 집권하자 대제학·이조 참판을 지냈으며, 용인의 한천(寒泉)에 은거하면서 후학을 양성하였다.

에 전하께서 동궁을 위해 박사를 뽑아 그 예식을 돕고자 하신다면 마땅히 이 신하보다 나은 자가 없을 것입니다. 이 또한 재결해주실 것을 바라나이다.

사방에 전대(專對)[95]하는 직책은 본디 신중하게 가려 뽑아야 마땅한데, 서장관(書狀官)의 직임인즉 실로 규찰하는 책임을 관장하는 것이라, 청렴하고 강직함이 족히 스스로를 지킬 만하고, 당당한 위의와 풍모가 족히 사람들을 복종시킬 만한 자가 아니면 사명(使命)에 욕을 끼치고 다른 나라에서 모욕을 받지 않은 자가 드무니, 결단코 신중히 가려 뽑아야 마땅할 것입니다. 서장관 권현(權賢)[96]은 일개 용렬한 무리일 뿐인지라 명령이 내려온 날부터 듣는 이들이 대부분 놀라 비웃었으니, 강토를 나간 후 그 일행을 어찌 제어하겠습니까? 마땅히 변통하여 사행의 일을 안정되게 해야 할 것입니다. 신 감당할 길 없습니다.

95 사방에 전대(專對) : 전대(專對)는 나랏일을 담당하여 잘 처리하는 것을 말한다. 공자(孔子)가 말하기를 "《시경》 삼백 편을 모두 읽고서도 사방에 사신으로 나가 나랏일을 담당하여 잘 조처하지 못하면 아무리 많은 글을 읽었다 해도 소용이 없다." 하였다. 《論語 子路》

96 권현(權賢) : 《영조실록》17년(1741) 6월 24일 조에 "권현을 서장관으로 삼았다." 라는 기록이 보인다.

홍문관 부수찬을 사직하는 소 을축년(1745)[97]

辭弘文館副修撰疏 乙丑

엎드려 아뢰니다. 신은 타고난 성품이 본디 어리석고 우매한데, 외람되이 근신(近臣)의 반열에 오르고도 맡겨 쓰고자 하신 뜻에 보탬이 되지 못한 채 성명(聖明)을 저버렸으니, 그 허물을 논하자면 중벌을 받아 마땅할 것입니다. 그러나 하늘과 같은 성덕으로 망극하옵게도 인자하게 덮어주시었고, 누차 가르치고 꾸짖으시는 뜻을 보이시며 이어 너그러이 용서해주셨습니다. 전후로 관직(館職)에 복귀시켜주신 은혜가 두세 번에 그치지 않았으니, 신이 비록 지극히 우매하다고는 하나 어찌 감격에 겨워 분발하여 힘씀으로써 만분의 일이나마 보답할 길을 찾을 줄 모르겠나이까.

그러나 병들어 있는 정황이 절박하여 직분을 오래도록 맡는 것이 불가능한지라, 매번 제지(除旨)를 받을 때마다 영광보다는 실로 두려움이 앞섰습니다. 이토록 안타까워 마음 졸이는 사정을 하소연할 곳 없던 차에 일전에 경연 중에 삼가 듣자니 삭록(削錄)했던 제신들을 환록(還錄)한다는 명이 있었는데, 신의 이름 또한 그 사이에 끼어있었습니다. 그리고 이어서 관직(館職)의 은혜로운 제수가 내려왔으니, 신은 황공하고 두려운 마음에 어찌해야 할 바를 몰랐습니다. 신처럼 하자 많고 천한 사람이 일을 빈틈없이 처리하는 성명한 조정에서 어떻게 이런 은혜를 얻게 되었는지 정말로 모르겠습니다.

97 을축년(1745) : 영조 21년으로, 남유용이 48세 되던 해이다.

지금 내려주신 직책은 자리가 (임금과) 가깝고 책임이 무거워서 신처럼 어둡고 비루한 자가 가히 논의될 수 없다는 것은 지금 논할 겨를조차 없습니다. 다만 지난번 내리신 처분의 칙려(飭勵)가 엄중하였는데, 비록 시일이 조금 오래되어 지금 이러한 수록(收錄)의 은전을 내려주셨다고는 하나, 이는 성상의 자애롭게 덮고 두루 미치시어 하나의 사물도 버리지 않으시려는 덕의(德義)에서 나왔을 따름입니다. 그러나 신이 지고 있는 죄명(罪名)은 그대로인지라, 가끔 스스로를 돌아보며 두렵고 떨려 흘린 식은땀이 아직도 마르지 않았으니, 어찌 감히 총애를 믿고 편안히 관직에 나아감으로써 영화를 탐하고 죄과를 잊었다는 기롱을 자초할 수 있겠습니까?

신이 지금 올리는 말씀은 감히 이 한 몸의 염치를 위해서가 아니라 실로 분의(分義)상 감히 편치 않은 바가 있어서입니다. 정말 신으로 하여금 좋은 기회를 타고 올라가 청함(淸啣)을 함부로 연모하면서, 마음으로는 분의상 편치 않음을 알면서도 차마 그렇게 하도록 내버려 두신다면, 이것이 어찌 신하가 성신(誠信)으로써 주상을 섬기는 도리이겠으며, 또한 어찌 전하께서 신에게 이 직책을 명한 뜻이겠습니까? 신이야 언급하기 부족하다 하더라도 장차 경악(經幄 경연(經筵))에 욕을 남기게 될 것이옵니다.

엎드려 생각하옵건대, 성명하신 주상께서 자애와 인의로써 아래 사람들을 긍휼히 여기시고, 무릇 아래 사람들의 사정이라면 비춰 살피지 않으심이 없사오니, 신의 위급한 심정이야 의당 불쌍히 여겨 살피셨을 터, 신이 구구절절 하소연할 필요는 없을 것이옵니다. 그러나 고질병으로 고생하고 있는 상황이야 신이 스스로 아뢰지 않는다면 전하께서 어떻게 굽어살피실 수 있겠나이까?

신은 본디 담벽(痰癖)[98]을 앓고 있사온데, 요 몇 년 이래로 갈수록 병이 깊어졌습니다. 대개 그 연원인즉 오로지 피가 통하지 않고 화(火)가 막혀 생겨난 것이라, 정신을 조금만 피로하게 하면 기(氣)가 곧바로 막혀 뭉쳐버립니다. 그래서 문자를 읽어야 하는 것에 관계된 일이라면 일체 집어던졌던 것인데, 만일 억지로 읽으려고 하면 바로 관격(關格)[99]이 생기는지라, 사람이 될지 귀신이 될지 순식간에 결판날 판이었습니다. 거기다가 머리에 열이 나고 경련이 일기도 하며, 양쪽 귀에서 모두 소리가 나, 가까이 앉아 이야기 나누면서도 혹 가는 귀가 먹은 듯 잘 듣지 못합니다. 설령 신에게 다른 상황이 없다 하더라도 이와 같은 병세로 어찌 대전에 들어가서 고문(顧問)의 반열에 끼어 수를 채우기를 바랄 수 있겠나이까?

자질구레하고 지리멸렬한 정황들은 본디 성상의 귀를 우러러 어지럽히기에 부족하거늘, 고통을 호소하느라 말을 가리지도 못하였으니, 신 더욱 죽을죄를 지었기로 황공하기 그지없사옵니다. 하지만 거듭 부르심을 입고도 몸을 움직일 길이 없어, 궐 밖을 찾아와 간략히 문자를 올리는 것이니, 엎드려 비옵건대 자애로운 성상께서 굽어살펴주심을 내려주시어 신에게 새로이 내린 관직명을 급히 해면하도록 허락해 주시고, 또 유사(有司)에게 더 이상 검의(檢擬)[100]하지 말도록 명하심으로써 물러나 이전의 허물을 반성하고 훗날 잘못에 걸려드는 일을

98 담벽(痰癖) : 담이 가슴과 옆구리에 고여 발생하는 벽병(癖病)이다.

99 관격(關格) : 먹은 음식이 갑작스럽게 체해 대소변도 잘 보지 못하고 정신을 잃는 경우를 말한다.

100 검의(檢擬) : 인재를 골라 뽑아 벼슬에 추천하는 일을 말한다.

면할 수 있도록 하여 주신다면, 그 천만다행함을 신은 이길 길이 없겠나이다.

서연에서 〈보부전〉[101]을 강할 것을 청한 소

請書筵講保傅傳疏

신이 궁료(宮僚)[102]의 말단에서 봉직하면서 외람되이 권강(勸講)의 반열에 끼었사온데, 매번 동궁 저하께서 경연에 임하여 송독하는 것을 바라보면 음절이 크고 낭랑하였으며, 사이사이 한두 마디 논변할 때면 곧잘 정리(正理)에 부합하였는지라, 신 등은 물러나 서로 경하하며 잠 못 이루기까지 하였습니다. 그러나 타고난 자질이 아무리 아름다워도 반드시 보익(輔翼)에 있어 제대로 된 도(道)를 얻은 연후라야 바야흐로 때로 민첩해지는 공(功)[103]을 다그칠 수 있습니다. 그런데 신처럼 학술이 황폐하고 비루한 자로는 예지(睿智 세자의 총명함)를 이끌어내기에 부족하기에 언제나 이 때문에 부끄럽고 두려워하며 기쁨이 근심으로 바뀌곤 하였습니다.

엎드려 생각하옵건대 동궁 저하의 《소학(小學)》 강독이 불과 하루 이틀이면 끝날 수 있어서 앞으로 공부가 장차 사서(史書)에 미치게

101 〈보부전〉: 한나라 가의(賈誼)가 지은 것으로 알려진 《신서(新書)》의 편명이나, 《신서》는 작자의 진위문제가 논란이 되고 있다. 또 《대대예기(大戴禮記)》 제48편의 편명이기도 한데, 〈보부편〉은 주로 고대 왕태자에게 가르치던 예를 기술하고 있다.

102 궁료(宮僚): 세자시강원에 속한 보덕(輔德) 이하의 벼슬아치를 통틀어 이르던 말이다.

103 때로……공(功): 《서경》 〈열명 하(說命下)〉에, 은나라 부열(傅說)이 고종에게 "배움은 마음을 겸손하게 하고, 힘써서 때로 민첩하게 하면 그 닦여짐이 올 것이니, 이것을 진실로 유념하면 도가 그 몸에 쌓일 것입니다."라고 말한 내용이 보인다.

될 예정이니, 역대의 치란득실(治亂得失)을 부지런히 공부하는 것이 실로 급선무일 것이옵니다. 그러나 어리석은 신이 생각하기로 치란득실이 비록 눈앞에 일목요연하게 정리되어 있다 하더라도, 다스려지고〔治〕 어지러워지고〔亂〕 얻고〔得〕 잃는〔失〕 그 근본을 밝게 이해한 연후라야 선이 법도가 될 수 있고 악이 경계가 될 수 있을 것입니다. 그렇지 않다면 강(講)하지 않은 것이나 마찬가지입니다.

치란득실의 근본이란 무엇을 말하는 것입니까? 삼대(三代 하(夏)·은(殷)·주(周)) 때 세자를 가르치던 법도가 바로 이것이었습니다. 《소학》이라는 책에 갖추어지지 않은 것이 없지만, 저하를 가르치고 기르기 위해 지어진 책은 아닌지라 수용하는 방법을 말함에 있어서는 딱 들어맞는 뜻이 부족하기도 합니다. 그래서 반드시 비슷한 부류를 통해 다른 데로 미루어 나아가고,[104] 한 모퉁이를 보고 다른 것을 구해야만[105] 비로소 효과가 있는데, 이는 아마도 나이 어린 저하께서 쉽게 할 수 있는 일은 아닐 것입니다. 이 책에 이어 또 장차 사서를 섭렵하느라 세월을 보내게 된다면, 저하께서는 삼대 때 세자를 가르치던 도에 대해 끝내 듣는 바가 없을 터, 그렇게 되면 조기에 교유하는〔早諭〕 방법[106]이 너무

104 비슷한……나아가고 : 원문은 '觸類而推之'이다. 《주역》〈계사전 상(繫辭傳上)〉에 이르기를, "이끌어 펴나가고 부류에 따라 응용하여 적용하면 천하의 능사(能事)를 다 마칠 수 있다.〔引而伸之, 觸類而長之, 天下之能事畢矣〕"라고 하였다. 여기서 촉류방통(觸類旁通)이라는 말이 나왔는데, 비슷한 것을 통해 다른 것까지 유추해가는 방법을 말한다.

105 한……구해야만 : 원문은 '反隅'이다. 이 또한 어떤 것을 미루어 다른 것을 유추하는 것을 뜻한다. 《논어》〈술이(述而)〉의 "한 귀퉁이를 들어서 말해주었는데 다른 세 귀퉁이를 유추해 내지 못하면 더 이상 가르쳐 주지 않는다."에서 나온 말이다.

엉성한 것 아니겠습니까.

어리석은 생각으로 《소학》의 강의가 끝나고 사서(史書)가 아직 시작되기 전에 〈보부전(保傅傳)〉 한 편을 서연에서 강독하였으면 합니다. 날마다 주공(周公)과 태공(太公 강태공)이 성왕(成王)을 가르쳤던 내용을 입으로 강하고 귀에 젖고 마음으로 체험하고 몸으로 실천한다면, 한 글자 한 구절 일용에 있어 스스로에 딱 들어맞는 일이 아님이 없을 것이며, 우리 저하로 하여금 예전에 이른바 〈입교(立敎)〉와 〈명륜(明倫)〉[107]이란 것이 그저 나로부터 미루어 나가는 것이고, 국가의 치란득실 역시 모두가 나의 몸을 근본으로 삼는다는 것을 알게 할 수 있을 것입니다. 그렇게 된다면 전에 이미 읽은 것[108]이 바야흐로 그 뜻을 드러낼 것이고, 뒤에 장차 읽을 것[109]이 공력을 발휘하기 쉬울 것입니다. 이것이 보필하여 기르는 도에 있어 어찌 큰 도움 됨이 없겠나이까?

비록 그렇기는 하나, 이는 신이 감히 망령되이 말하는 것이 아니라 실로 주자(朱子)께서 하신 말씀입니다. 주자께서 기유년에 올린 봉사(封事) 제 6조에 태자를 보필하는 도를 갖추어 논하였사온데, 오로지 〈보부전〉을 근본으로 삼으면서 말씀하시기를,

106 조기에……방법 : 가의(賈誼)의 〈보부전(保傅傳)〉에 "천하의 운명은 태자에게 달려 있으며, 태자가 선하게 되는 것은 조기에 교유(敎諭)하고 주변 인물을 가려서 두는 데 달려 있습니다. 교육이 제대로 되고 주변 인물들이 바르면 태자가 바르게 되고, 태자가 바르게 되면 천하가 안정될 것입니다."라는 내용이 보인다.

107 〈입교(立敎)〉와 〈명륜(明倫)〉 : 《소학》 내편(內篇)의 편명이다.

108 전에……것 : 《소학》을 말한다.

109 뒤에……것 : 역사서를 말한다.

"이는 천하의 지언(至言)이요, 만세토록 바뀌지 않을 정론(定論)이다."[110]

라고 하셨습니다. 아성(亞聖)이신 주자께서 태자를 보익하는 방책을 논하셨으니, 의당 그 상세하고 간곡한 마음에 최고의 것을 다 인용했어야 할 터인데, 오로지 이 편만을 취하여 제일법문(第一法門)으로 삼았으니, 이는 가의(賈誼)의 말이 실로 선왕의 유의를 전하고 있기 때문입니다. 그가 가르침을 세운 근원을 논해보자면 효인예의(孝仁禮義)를 벗어나지 않고, 조목의 완전함을 말해보자면 용모와 말투의 미세함, 의복이나 기용의 세밀함에 이르기까지, 세심하고 곡진하며 모두 법도가 있습니다.

거처할 때는 반드시 바른 선비를 가까이하고 삿된 자를 멀리하도록 하였으며, 강송할 때는 반드시 선왕을 높이고 사부를 근엄히 모시도록 하였으며, 끝에서는 삼대의 도를 갖춘 훌륭한 점을 반드시 본받고, 진(秦)나라의 무도한 포악함을 반드시 경계하라 하였습니다. 그 글은 간략하나 모든 것을 아우르고, 그 뜻은 창대하나 적실하니, 저하를 보익할 도구를 구한다면 이밖에 다른 법이란 없습니다. 또한 이 〈전〉은 글자가 수천 자에 불과해, 이를 강독하고 온습(溫習)하는 시간을 계산해보아도 스무날 정도의 공부면 충분하나 실효의 두드러진 이익으로 말하자면 다른 책으로 바꿀 수 없으니, 이른바 일은 반이요 공은 배라는 말이 여기에 해당될 것입니다. 원컨대 전하께서는 마음에 깊이 담아두소서. 신 간절한 마음 이길 길이 없어 삼가 주자의 봉사 중 제 6조를

110 이는……정론(定論)이다 : 이 글은 주희의 〈기유년 의상봉사[己酉擬上封事]〉에 나온다.

베껴 적어 소장에 부록(附錄)하여 바칩니다. 공경히 지시를 기다리겠사옵니다.

세자시강원 겸문학을 사직하는 소
辭世子侍講院兼文學疏

아뢰옵니다. 신이 갑작스럽게 천은을 입어, 관직에서 벗어나 편히 지내면서 탕약으로 부친의 병을 간호하는 데만 전념할 수 있었으니, 아래 사람을 보살펴주시는 인자하심, 그 은덕에 감사하고 우러르는 마음 끝이 없사옵니다. 그런데 어제 뜻밖에도 갑자기 성지를 받았는데, 신을 춘방(春坊 세자시강원) 겸임으로 삼으신다는 내용이었습니다. 이제 막 은혜로운 체차(遞差)를 입었는데 곧바로 총애로운 제수까지 외람되이 얻고 보니, 황공하옵고도 감격스러워 어찌할 바를 모르겠습니다. 다만 이번에 제수된 직임은 경악(經幄 경연(經筵))을 출입하는 사람이 아니고서는 겸임한 자가 없었으니, 정례(政例 인사행정의 준례)가 그러합니다.

신이 어리석고 비루한 자질로 그릇되이 성상의 돌아보심을 입어 근자에 비록 관직(館職)을 더럽히긴 하였사오나, 구구한 사의(私義)로 헤아려보아 실로 두렵고 위축되어 절대 감히 무릅쓸 수 없는 바가 있기에 그 간곡한 사정을 다 펼쳐 아뢰어 신엄(宸嚴 임금)을 범한 끝에 마침내 성명하신 주상의 살펴주심을 입어 하찮은 뜻을 이룰 수 있었습니다. 대개 신이 감히 이미 관직을 거쳤다고 자임하지 못하는 것은 신에게 하찮으나마 지키는 바가 있기 때문이요, 또한 온 조정 사람들이 다 같이 살펴 알고 있는 바이기도 합니다. 그러므로 지금 이 자리를 탐하는 것은 신의 분수 밖의 일인지라, 비유하자면 자신에게 걸맞지 않은 옷을 입고[111] 명분 없는 대접을 받는 것과 같을 것입니다. 설사 모른

체하고 함부로 받아들이면서 이 몸을 구차히 영화롭게 한다 한들, 이 마음이 편해질 수 없음은 어찌한단 말입니까?

이치상 반드시 사양해야 하므로 헛되이 관직을 지니고 있을 수는 없습니다. 소명이 내려왔기에 궐 밖으로 달려가 간략히 문자를 들이며 지극히 간절한 뜻을 우러러 호소합니다. 엎드려 바라옵건대 성명하신 임금의 자애로움으로 특별히 살펴 헤아려주시고, 시종일관 은혜를 더해주시어 신의 직책을 속히 바꾸어주소서. 이로써 관방(官方)을 무겁게 하고 사의를 편안케 하여 주신다면, 그 다행함은 이길 길이 없겠나이다.

111 자신에게……입고 : 복장이 그 사람의 신분에 어울리지 않으면 재앙이 이른다는 뜻이다. 《춘추좌씨전(春秋左氏傳)》 희공(僖公) 24년에 나오는 내용이다. 정(鄭)나라 자장(子臧)이 송(宋)나라로 망명 갔을 때 물총새 깃털을 모아 만든 관을 좋아하였는데, 정나라 문공(文公)이 이 소문을 듣고 미워하여 자객을 보내 죽이게 하였다. 이에 대해 군자가 말하기를 "복장이 걸맞지 않은 것은 몸의 재앙이다. 《시경》 〈후인(候人)〉에 '저 사람이여, 그 의복이 걸맞지 않았다.'라고 하였으니, 자장의 복장이 자신에게 걸맞지 않았도다.〔服之不衷, 身之災也. 詩曰, '彼其之子, 不稱其服.' 子臧之服, 不稱也夫〕"라고 하였다.

비망기[112]를 거두어들이고 신료들을 불러 접견할 것을 청하는 소

請收還備忘引接臣僚疏

헌납(獻納)으로 있을 때 지었다.

삼가 아뢰옵니다. 신은 몇 년 동안 고질병을 앓아왔는데, 또 올여름 무더위를 겪고 보니 갖가지 위중한 증세가 한꺼번에 번갈아 가며 공격하는 터에 자리에 드러누운 채 숨이 끊어질 듯 거의 죽어가는 지경이었습니다. 그러다 얼드려 들으니 저녁에 빈청(賓廳)[113]에 비망기를 내리셨는데, 거기에 감히 들을 수 없는 성교가 있어 삼사(三司)[114]에서 청대(請對)하는 일까지 생겼다고 하였습니다.

112 비망기 : 임금의 명령을 적어서 승지에게 전하는 문서를 이르던 말이다. 《영조실록》 21년(1745) 9월 11일 기사에 보인다. "임금이 군민(軍民)에게 하유(下諭)하는 비망기를 써서 내렸는데, 천백 마디 누누이 한 말 중에, '황조(皇朝)에 존복하려는 마음이 도리어 유생들을 무날(誣捏)한 결과가 되었으니, 대단히 통한스러워서 진실로 남면한 즐거움이 없다.'라고 하였다. 정원(政院)에서 연달아 작환(繳還)하였으나 허락하지 않았고, 구대(求對)하였으나 역시 허락하지 않았다. 약방 제조 김약로(金若魯)가 승지와 사관을 인솔하고 궁궐 문을 밀치고 곧바로 들어갔으며, 영상·우상이 뒤따라 들어가서 일제히 소리를 높혀 간절히 아뢰니, 임금이 말하기를, '내가 평소에 존주(尊周)하던 정성이 이 사람들에 의하여 무너지게 되었으니, 오늘날 조정의 모양이 흐트러진 머리카락 같아서 진실로 수습할 수가 없다. 나는 원량(元良)으로 하여금 나라를 다스리게 하고 경 등이 보좌하는 것을 보려고 한다.' 하였다." 남유용의 이 글은 이 당시에 올린 상소문이다.

113 빈청(賓廳) : 궁중에 있는 대신이나 당상관들이 모여서 회의하던 곳이다.

114 삼사(三司) : 언론을 담당한 사헌부·사간원·홍문관을 합쳐 부르던 호칭이다.

신은 마침 간언하는 직분을 맡고 있는데, 한 가닥 숨이 아직 끊기지 않았는지라 의리상 감히 집안에서 편히 드러누워 있지 못하고 그 즉시 병든 몸뚱이를 이끌고 대궐로 나아왔습니다. 그러나 힘겹게 움직이고 난 뒤 숨이 겨우 붙어있는 지경이 되어 죽음이 장차 임박한 것이 더 이상 사람이라 할 수 없었으니, 입궐하여 천폐(天陛)에 숙배하고, 사람들을 따라 연석에 오를 희망은 만분의 일조차 없습니다. 신 같은 신하라면 차라리 빨리 죽느니만 못한지라 땅에 엎드려 두려움에 떨며 부월(鈇鉞) 아래 처형되기만을 공손히 기다릴 뿐이옵니다. 신은 이미 입조하여 경광(耿光 임금)을 모실 수 없게 되었으니 군주를 사모하는 견마(犬馬)의 정성도 스스로 다 바칠 길이 없을 듯하여 부득이하게 죽음을 무릅쓰고 덧붙여 아뢰옵니다.

지금 이 비망기의 내용을 신이 비록 자세히 듣지는 못하였으나, 대략 엎드린 채 그 사이의 몇 단락 글귀를 들었사온데, 이것이 어찌 전하께서 입으로 꺼내실 수 있는 말씀이겠으며, 신 등이 어찌 감히 귀로 들을 수 있는 말씀이겠습니까? 신은 전하께서 격노하신 것이 무엇 때문인지 모르겠습니다. 만약 정말로 뭇 신하들이 제대로 가르침을 받들지 못한 데서 말미암았다면, 전하께서는 응당 조용히 신하들을 불러들여 만나시고 성지를 분명히 알게 하신 후 벌을 줄 만하면 벌주시고 용서할 만하면 용서하면 그만입니다. 대성인이 '느낀 바에 따라 순응하는'[115] 도는 본디 이와 같아야 마땅할 것입니다. 그런데 지금은 그렇지 않아,

115 느낀……순응하는 : 《맹자》 〈이루 하(離婁下)〉에 "성현의 마음은 편벽되고 치우치는 바가 없어서, 느낀 바에 따라 응하여 각각 도를 다함이다.〔聖賢之心無所偏倚, 隨感而應, 各盡其道〕"라는 말이 보인다.

갑자기 범상치 않은 가르침을 내리시고 폐절(閉絶)하겠다는 뜻을 분명히 드러내심에, 공경들은 면대를 구하여도 명을 얻지 못하고 있고, 사인들은 이리저리 뛰어다니며 미처 밥도 먹지 못하고 있습니다. 위아래가 꽉 막혀있고[116], 대소 신료들은 의심하며 두려워합니다.

신 등과 같은 시종신(侍從臣) 이하 모든 신하가 성상의 뜻이 어디 있는지 알지 못하고, 여항의 백성들은 망령되이 서로 추측하며 불안히 소요하고 있으니, 이것이 어찌 성명한 조정에 있을 수 있는 일이겠습니까? 오늘날 세도와 나라의 기강이 날로 쇠미해져 거의 남아있지 않으나, 뭇 신하들이 의지하며 두려워하지 않는 것은 바로 성명하신 주상께서 위에 계시면서 도를 간직한 채 백성을 다스리시고, 여러 방면으로 민심을 진정시켜 주시는 덕분입니다. 그런데 불행히도 근자에는 성지를 부지런히 행하심이 차츰 처음에 미치지 못하며, 두 번 잘못하는 것과 노여움을 남에게 옮김[117]이 이만저만 자주 반복되는 것이 아닌데 오늘에 이르러서는 그 극에 달하였습니다. 온 나라의 신하와 백성이 서로 놀라움과 당혹스러움을 고하면서, 쓸쓸히 삶을 즐기는 마음을 잃고 말았습니다. 천지와도 같은 전하의 어지심과 부모와도 같은 자애로움으로 어찌 차마 이렇게 하실 수 있습니까? 어찌 차마 이렇게 하실 수 있습니까?

신은 병중에 이러한 이야기를 듣고서 그저 그날로 즉시 죽고 싶었으

116 위아래……막혀있고 : '否塞'은 《주역》 〈비괘(否卦)〉에 대한 서설(序說)에 있는 말이다. 비(否)는 만물이 비색(否塞)하여 순조롭지 못함을 뜻하는 말이다.

117 두……옮김 : 《논어》 〈옹야(雍也)〉에, 애공(哀公)이 묻기를 "제자들 가운데 누가 학문을 좋아합니까?"라고 하자, 공자가 대답하기를 "안회(顔回)가 학문을 좋아하며 노여움을 옮기지 않고 과실을 두 번 짓지 않습니다."라고 하였다는 말이 나온다.

나 그러지도 못하였습니다. 신이 본디 처한 상황이 이미 황공하기 그지없는 데다가, 지금의 병세를 보아서는 죽음을 구제할 겨를도 없는 듯하니 어찌 감히 간관으로서 자임할 수 있겠습니까? 그러나 보잘것없는 우려와 전하를 사랑하는 정성만은 끝내 감히 없앨 수가 없기에, 대궐 문밖에 엎드려 대략 어리석고 얕은 정성을 바쳤습니다.

엎드려 비옵건대, 전하께서는 속히 성명한 어지를 내리시어 비망기를 환수하시고, 신료들을 불러들여 접견하심으로써 성덕을 빛내시고 인심을 진정시키시옵소서. 또한 비옵건대, 위엄 있는 징벌을 크게 떨치시어 신의 죄를 무겁게 처벌하심으로써 관사(官師 백관(百官))를 엄숙하게 하고 나라의 법도를 밝히신다면, 몹시도 천만다행한 일일 것이옵니다.

소명을 어기고 사직하는 소
違召辭職疏

삼가 아뢰옵니다. 일전의 일은 전하의 막대한 과오였습니다. 대저 아들의 죄를 가지고 그 아비를 다스리고, 역모를 다스리는 율령으로써 대명(待命)[118]하고 있지 않은 사람을 붙잡아 넣는 것은 실로 윤상(倫常)을 다치게 하고 법을 해치는 일 중에서도 지대한 일입니다. 나라에 간관(諫官)이 없다면 그만이지만 있다면 반드시 쟁론해야 합니다. 그런데 신이 쟁론하지 못하고 있는 것은 신이 바야흐로 처벌을 기다리는 중이며, 소장(疏狀)이 아직 비답(批答)을 받지 못한 상태라 감히 입을 열어 일을 논할 수 없기 때문이기도 하거니와, 신에게 늙은 아비가 있어 남의 아비를 구하려다가 도리어 신의 아비까지 연루될까 실로 두렵기 때문이기도 하옵니다.

수(隋)나라 문제(文帝)는 범범한 군주였으나 조작(趙綽)[119]은 그래

118 대명(待命) : 관원이 임금의 질책, 대간의 탄핵, 실수 등으로 의금부에서 임금의 처벌 명령을 기다리는 것을 말한다.

119 조작(趙綽) : 수 문제(隋文帝) 때 대리경(大理卿)이라는 관직을 맡아 법률을 관장한 인물인데, 평소 강직한 성품으로 원칙대로 법을 적용하면서 수 문제와 마찰을 빚었다. 한번은 대리장고(大理掌固)로 있던 내광(來曠)이 문제에게 소경(少卿) 조작이 감금된 죄수를 함부로 풀어준다고 고하였다. 문제가 믿을 만한 사람을 보내 확인해 보니 사실과 달랐으므로, 화가 나서 내광을 죽이라고 명하였다. 조작이 죽일 죄는 아니라고 극구 간언하여 말리자, 문제가 마음을 풀었고, 그때 그 자리에 있던 독고후(獨孤后)가 조작에게 술 두 잔을 내렸다. 내광은 이로 인해 죽음을 면하게 되었다. 《資治通鑑 卷177 脩紀1 高祖文皇帝上之上》

도 한마디 말로써 군주를 깨닫게 하여 음형(淫刑)[120]을 그치게 하였습니다. 그런데 신은 요순과도 같은 임금을 직접 만나고도 가슴에 품은 생각을 펼치지 못한 탓에, 마침내 전하로 하여금 과오를 범하게 하고 신은 구차히 그 죄를 모면하였습니다. 비록 성명하신 전하께서 관대하신 덕분에 묵형(墨刑)[121]에 처해지지는 않았으나, 감히 신 스스로를 탄핵함으로써 직분을 감당치 못한 벌을 청하지 않을 수 있겠습니까? 엎드려 비옵건대, 위엄 있는 벌을 속히 내리시어 백관(百官)들을 경계하소서. 신은 지은 죄가 이와 같아 소명이 내려왔음에도 감히 직접 나아가지 못하고 있으니, 더욱이 만 번 죽어 마땅합니다.

120 음형(淫刑) : 부당한 형벌을 말한다.

121 묵형(墨刑) : 《서경》 〈이훈(伊訓)〉에 "신하가 임금의 잘못을 바로잡지 않으면 그 형벌은 묵형이다.〔臣下不匡, 其刑墨〕"라고 하였다.

홍문관 부교리를 사직하는 소
辭弘文館副校理疏

삼가 아뢰옵니다. 신은 일전에 궁료(宮僚)로 임직하던 중 아비의 병이 위중한 탓에 외람되이 사직단자(辭職單子)를 올렸는데, 은혜로운 체차(遞差)를 입어 병간호에 전념할 수 있었으니, 복을 내려주신 인자함에 감격하여 우러르는 마음 끝이 없사옵니다. 그러다 뜻밖에도 관직에서 해면된 지 채 며칠이 되지 않아 다시 관직(館職)에 새로이 제수되었으나 거듭 지엄한 부르심을 입었음에도 포만(逋慢)의 죄[122]로 일관하였습니다. 나랏법으로 그 죄를 논해볼 때 무거운 형벌을 받아 마땅할 터임에도 넓게 용납해주시는 성상의 도량으로 매번 특별한 은총을 내려주셨으니, 이것이 어찌 신과 같이 하찮은 자가 감히 번번이 얻을 수 있는 은혜이겠습니까? 황공하옵고도 감격스러워 죽을 곳을 모르겠나이다.

대개 신은 이번에 제수받은 직책에 있어 실은 나아갈 수 있는 도리가 조금이라도 있는데 고의로 나아갈 수 없다는 말을 지어내어, 위로 전하를 기만하고 그릇되이 신 자신의 염치를 도모하고 있는 것이 아닙니다. 의분(義分 의리와 분수)으로써 헤아려보건 사정으로써 참작해보건, 실로 경계함과 두려움, 위태로움과 고충이 있는지라 억지로 나아가고 싶어도 나아가지 못하는 것인데, 이는 거의 모든 조정 사람들이 다 살펴 알고 있는 바이지 신의 하찮게 지키고자 하는 뜻만 이러한 것이 아닙니다.

122 포만(逋慢)의 죄 : '逋慢'은 임금의 명을 회피하여 태만한 짓을 하는 잘못이다.

성교(聖教)로 개석(開釋)[123]하심이 전후로 모두 내려왔는데, 곡진히 버리지 않으신다는 뜻은 드러내 주시고, 신이 나아갈 수 있는 길을 열어주셨습니다. 신이 종전에 저지른 포만의 죄는 죽음으로도 갚을 길 없는데, 전하께서는 한 번도 부월(鈇鉞)로써 위엄을 드러내지 않으시고, 깨우쳐 이끌어주시는 교칙을 내리시어 거취를 조용히 결정할 수 있도록 해주시니, 신은 엎드려 연교(筵教)[124]를 들을 때마다 처음에는 감격에 겨워 눈물을 흘리고 이어서 황공하여 땀을 흘리지 않은 적이 없었습니다. 나아가 덕의(德意)를 받들자니 두렵고 위축되고 허물을 돌아보게 되는 심정에 실로 억지로 나아갈 수 없었고, 물러나 본래 뜻을 지키자니 감격에 겨워 보답을 도모하고자 하는 마음에 어긋나는 바가 있는 듯하였기에, 얼음과 숯이 마음에서 교차하여[125] 스스로 편안할 길 없었습니다.

그러나 감격하는 마음은 개미와 같은 사사로운 정성에 불과하고, 두렵고 위축되는 심정은 실로 신하 된 자의 정해진 분수입니다. 이것이 신이 스스로를 한정하고 나아가지 않으리라 마음으로 다짐하면서, 차라리 은혜를 저버리고 견책을 얻을지언정 감히 어명을 받드는 것을 공경스러움으로 여기지 못하는 까닭입니다. 이 뜻은 매우 명확하여, 언제나 가슴에 담아두고서 아무리 세월이 흐르고 시간이 지난다 해도

123 개석(開釋) : 무고하게 죄를 받은 신하의 죄를 풀어주는 것, 또는 품었던 의심을 풀어낸다는 뜻이다.

124 연교(筵教) : 연석(筵席)에서 내리는 국왕의 명령을 말한다.

125 얼음과……교차하여 : 원문의 '氷炭交中'은 얼음과 숯이 마음속에서 교차한다는 말인데, 정신적으로 갈등과 번뇌에 시달리는 것을 비유한다.

절대 떨어트리지 않으리라 기약하고 있습니다. 구구한 신의 하찮은 사정을 성명의 자애로우심으로 굽어 통촉해주시기만을 바랄 뿐이옵니다.

또 삼가 엎드려 생각하건대, 군신(君臣)의 분의(分義 분수와 의리)란 지극히 현격한 것이며 서로 함께하는 방도에도 또한 그 나름의 도리가 있습니다. 임금께서 아래 신하들 위에 임하실 때는 인(仁)을 위주로 하므로 형편상 편안치 못한 바에 대해서는 반드시 곡진히 살피시어 그 일을 행하도록 강요하지 않으시며, 신하가 위에 계신 임금을 섬길 때는 의(義)에 머무르므로 사리에 있어 불가한 것에 대해서는 간혹 스스로 생각을 지키더라도 구차히 명령을 따르지 않기도 합니다. 대저 이와 같이 한다면 위와 아래 사이에서 어찌 그 나름의 도리를 다하지 못하겠으며, 《주역》에서 이른바 천지교태(天地交泰)[126]라는 것도 또한 이 밖의 다른 것은 아닐 것입니다.

엎드려 생각하건대, 전하께서는 지극한 인(仁)과 지극한 성(聖)으로 뭇 아랫사람들의 형편에 있어 미세한 것도 살피지 못하시는 것이 없으니, 신의 고충과 간절함 같은 것이야 어찌 성명하신 주상께 헤아림을 받지 못할까 근심하겠습니까? 그런데 외려 또 거듭 부르심을 입은 것이 하루 또 하루이며, 반드시 그 편안치 못한 바를 강요하시어 그 불가한 바를 행하라 하시니, 신은 이러한 상황에 처하여 천지의 위대함에 대해 유감이 없을 수 없습니다.

지금 신의 아비의 병세는 열흘이 지나자 더욱 심해졌는데, 노인의

126 천지교태(天地交泰) : 《주역》 〈태괘(泰卦) 상(象)〉에 하늘과 땅이 교차하여 편안하다는 뜻으로, 양극단이 서로 화합함을 이르는 말이다.

기력이 날로 위태로워지는 데다가 또 피를 쏟는 증세까지 더해져 그 횟수를 헤아릴 수 없으며, 식음을 전폐하고 침상에 드러누워 있어 몸을 돌리려고만 해도 옆에 사람이 있어야 가능합니다. 신은 혼자서 부축하고 간호하며 밤낮으로 애를 태우고 있는데, 이 직책에 있어서만은 이미 이전에 공무를 행했던 사람들과 입장이 다르므로 주장(奏章)을 올려 말미를 청하기에 감히 어려운 바가 있습니다. 이에 황공하옵고 답답하여 늘 대죄(待罪) 중에 있으며, 탕약 올리는 일과 돌보고 간호하는 도리 또한 제때 스스로 다하지 못할까 두려워하고 있사옵니다.

구구한 소신이 바라는 바는 오직 일찌감치 지엄하신 견책을 받아 병구완하는 데 전념하였으면 하는 것입니다. 만약 전하께서 가련히 여기시어 사사로운 간절함을 속히 따를 수 있도록 허락해 주신다면, 그 천지와도 같은 어지심과 부모와도 같은 자애로우심을 신이 비록 머리가 떨어지고 간이 잘려 나간다 해도 어찌 만분의 일인들 갚을 수 있겠습니까? 천패(天牌 임금의 소패)가 내려옴에 궐 밖에 찾아와 우러러 고통을 호소하였으니, 엎드려 비옵건대 속히 위엄 어린 처벌을 내리시어 신의 죄를 무겁게 다스리시고, 신하로서 어명을 태만히 여기는 자들의 경계로 삼으신다면 천만다행한 일이겠나이다.

신이 쓴 소장을 장차 올리려던 참에 엎드려 이조(吏曹)의 명첩(命帖)을 보았는데, 신을 하향(夏享)[127] 대축(大祝)[128]으로 차임(差任)하

127 하향(夏享) : 하향대제(夏享大祭)라고도 하는데, 음력 4월에 종묘에 지내던 대제이다.

128 대축(大祝) : 종묘나 문묘 제향 때 초헌관이 술을 따른 뒤에 신위(神位) 곁에서 축문을 읽는 제관이다.

고, 서계(誓戒)[129]에 친히 임하실 것이며, 그 기일은 모레라고 적혀있었습니다. 그러나 신은 직명이 아직 해임되기 전이라 분주히 뛰어다니는 반열에 스스로 나아갈 수 없습니다. 만약 지금 스스로 아뢰지 못하여 혹시라도 그때 이르러 다급해 우왕좌왕하는 우환을 초래한다면 신의 죄는 더욱 커질 터, 이에 감히 번거롭게 어지럽혀드리는 죄를 피하지 않고서 보잘것없는 간절한 사정을 덧붙여 아뢰었습니다. 바라옵건대 즉시 변통하여 주심으로써 공사(公事) 모두 편안히 하여 주소서.

129 서계(誓戒) : 국가의 대사(大祀)를 7일 앞두고 제관(祭官)이 된 관원들이 의정부에 모여 서약하는 경계로, 즉 "술과 고기를 먹지 말고, 가무(歌舞) · 조상(弔喪) · 문병을 하지 말고, 형별 · 형살을 집행하지 말고, 각기 직책을 다하라. 이를 어기면 벌을 받는다."라는 서약을 하는 것을 말한다.

홍문관 응교를 사직하는 소 병인년(1746, 영조22)[130]

辭弘文館應教疏 丙寅

삼가 아뢰옵니다. 이나 서캐처럼 천한 신하가 위포(違逋)의 죄를 쌓고 있는지라, 매번 천패(天牌 임금의 소패(召牌))가 문에 당도할 때면 또 황공하여 스스로 어찌해야 할 바를 몰랐습니다. 일전에 내리신 연교(筵教)는 그 뜻이 엄중하여, 분수를 저버리고 의(義)에 어두운 죄로부터 더더욱 피할 길이 없었으니, 비록 밝게 드러나는 형벌에 처해진다 해도 만분의 일이나마 속죄할 길 없을 터인데, 부월(鈇鉞)을 가하지 않으시고 이전처럼 다시 불러주셨습니다. 신은 진실로 황공하고도 답답하여 죽고자 하여도 그러지 못하고, 살고자 하여도 즐거움이 없으며, 몹시도 두려운 마음에[131] 마치 이 한 몸 둘 곳이 없는 것만 같습니다.

아아! 전하께서 이 미천한 신하를 자애롭게 덮어주신 덕은 하늘과 더불어 무궁할 것이요, 이끌어 깨우쳐주신 부지런함은 아비가 자식을 가르치는 것과 같으니, 신이 비록 몹시 어둡고 혼미하다 하여도 어찌 애써 계획을 바꾸어 우러러 덕의를 받들 생각을 하지 않겠습니까? 하물며 성념(聖念)을 분발하여 힘쓰시며 위대한 계책을 크게 드

130 병인년(1746) : 남유용이 49세 되던 해이다.

131 두려운 마음에 : 원문의 '跼天蹐地'는 너무도 두려워 머리가 하늘에 닿을까 등을 구부리고 땅이 꺼질까 살금살금 걷는다는 뜻으로, 두려워 늘 전전긍긍하면서 몸 둘 바를 몰라 하는 것을 묘사한 말이다.

러내시고자 밤낮으로 경연을 열어 모든 이야기를 경청하고 계신 이때에 뭇 인재들 뒤에서 따라 걷고, 현명하신 군주 앞에서 경서를 강(講)하는 것은 유자(儒者)에게 있어 지극한 영광이요 신하 된 자의 큰 바람입니다. 그러니 만약 신에게 조금이라도 나아갈 수 있는 상황이 허락된다면, 어찌 하루를 머뭇거리고 한 걸음을 망설이겠습니까?

다만 이 구구한 신에게도 나름대로 지켜온 하찮은 의리가 있어 평소에 재량해 왔고 살펴서 처신해 왔기에, 행동을 바꾸고자 할 때마다 얼굴이 붉어지고 마음에 부끄러움이 생깁니다. 이와 같은데도 외려 감정을 억누르고 뜻을 굽혀가며 함부로 빛나는 반열을 차지한다면, 겉으로 태평하고 편안한 척하더라도 속마음은 실로 부끄러움에 편치 못할 것입니다. 이것이 어찌 신하 된 자가 성신(誠信)으로써 주상을 섬기는 도리이겠으며, 성명하신 주상께서 신을 대함에 있어서도 또 어찌 이와 같기를 바라시겠습니까?

속 좁고 융통성 없는 본성은 갑자기 변하기 어려운데, 절박한 사정은 살펴 헤아리심을 입지 못하였기에, 밤낮으로 오직 속히 처벌을 받아 조금이나마 개미와도 같은 분수를 편안케 할 수 있기를 바랄 뿐입니다.

또한 신에게 아뢸 말씀이 하나 더 있습니다. 만약 신의 문학적 재능과 학식이 정말 남들보다 한 치가량 뛰어나, 논사(論思)[132] 자리에 놓아도 부끄러움이 없고 고문(顧問) 자리에 두어도 막힘이 없어서 보익(補益)의 효과는 많고 함부로 나아간 실수는 외려 가볍다고 한다면, 나아가 어명을 받들고 과실을 보완하는 실효를 바침으로써 혹 한 가

132 논사(論思) : 의논하고 사색하는 것인데, 임금이 근신들과 학문을 토론하는 것을 가리킨다. 조선 시대에는 주로 홍문관(弘文館) 관원의 직책을 뜻한다.

지 사례가 될 수도 있을 것입니다. 그러나 지금 소신은 실속 없고 졸렬하여 사람들 중에서도 제일 아래에 있는지라, 본디 이 자리에 함께 논의되기에도 부족합니다. 부질없이 지켜오던 뜻만 잃고 낭패한 지경에 이르러 경악(經幄)에 부끄러움만 남기고 만다면, 과연 성조(聖朝)에 무슨 보탬이 되겠습니까? 그런데도 진종일 내리시는 소명(召命)과 특별하신 은총이 거듭 이어져 도무지 끝날 기약이 없으니, 국체(國體)를 손상시키는 것과 직사(職事)를 방기하는 것[133]은 근심스럽지 않단 말씀입니까?

무릇 이러한 가슴 속 간절한 생각들은 전후로 올린 사직 상소에서 대략 갖추었으니, 엎드려 생각하건대 성명하신 주상께서 아마도 통촉해주셨을 것입니다. 다만 일전의 성교(聖敎)에서 같은 죄를 지은 여러 사람들은 모두 방출하고 신만은 유독 고집스럽게 붙잡아 두시면서 정성스럽게 회책(誨責)하시었습니다. 대개 소신과 여러 신하들은 그 조우(遭遇)로 말하자면 같지만 재주와 학식은 따라잡을 수 없고, 소신의 연약함으로는 그들의 강건함에 미치지 못하니, 그 차이가 본디 현격합니다. 그런즉 혹 방출되거나 혹 머물게 함에 있어 절로 큰 차이가 없을 수 없사오니, 지금 이러한 성교가 내려온 것은 아마도 신의 무지하고 병든 실상을 다 굽어살피지 못하신 탓일 것입니다.

궁박하고 위축된 심정은 전후로 차이가 없기에, 매번 번거롭게 하소연만 늘어놓는 것이 죽을죄임을 너무나 잘 알면서도 부질없이 아랫사람을 살펴주시는 인자하심을 믿고서 감히 고통 어린 호소를 펼쳐보았

133 직사(職事)를……것 : 원문의 '瘝曠'은 관리가 병을 핑계로 공무를 잘 살피지 않는 것을 말한다.

습니다. 엎드려 비옵건대, 천지 부모이신 임금께서 굽어 헤아려주시어 신이 띠고 있는 직함을 삭탈하시고, 어명을 태만히 여긴 신의 죄를 다스리시어 조정의 기강을 엄숙히 하고 사사로운 의리를 편안케 해주신다면 천만다행한 일이겠나이다.

세 신하를 견책한다는 명을 거두어들일 것을 청하는 소
請收還三臣譴罰之命疏

응교(應敎)로 있을 때 짓다.

삼가 아뢰옵니다. 신은 쓸모없고 귀도 어두워서 절대로 경악(經幄 경연(經筵))의 직임에 가까이 갈 수조차 없으나, 이미 은혜로운 어명에 사례하였기에 의리상 감히 연석(筵席)에서 한 번 시종하지 않을 수 없어 억지로 자리에 나아갔다가 경광(耿光 임금의 얼굴)을 가까이서 뵐 수 있었습니다. 그러다 곧바로 아비의 병이 더욱 심해는 바람에 천리(擅離)의 죄[134]를 범하였는데, 하늘처럼 크신 성인의 도량으로 죄를 더하지 않으시고, 특별히 은혜로운 휴가를 내려주시어 병구완하기에 편하게 해주시었으니, 복을 내려주신 인자하심에 감격하고 우러르는 마음 끝이 없습니다.

제 아비의 병은 본디 담화(痰火)[135]가 그 화근이 된 것인데, 몇 달 동안 병들어 지내다가 근자에는 다시 피를 쏟는 증상까지 얻어 노인의 기력이 하루하루 위태로워지고 있습니다. 신에게는 형이 하나 있었으나 일찍 죽었고, 아우 하나는 아직 어려서 신이 홀로 부축하고 병간호하면서 밤낮으로 노심초사하고 있습니다. 구구한 소원이라고는 오직 관직에서 해면되어 편한 몸으로 병간호에 전념하는 것뿐이었는데, 매

134 천리(擅離)의 죄 : 명령을 받은 자리를 제멋대로 떠남. 즉 함부로 직무를 이탈한 죄를 말한다.

135 담화(痰火) : 담(痰)으로 인해 생기는 열병이다.

번 사정을 아뢸 때마다 특별히 말미를 내려주셨으니, 이는 미천한 신에게 있어 지극히 황송한 일인지라 감히 더 이상 개인적인 사정으로 누누이 성청(聖聽)을 번거롭게 해드리지 못하였습니다. 조정에 있는 사람으로서 소명(召命)을 어긴 것은 대개 개인적인 사정이 부득이하였기 때문인데, 또다시 은혜를 내리시어 거듭 천패(天牌 임금의 소패)를 받게 되었으니, 신은 진실로 황공하고 답답한 마음에 어찌해야 할 바를 알지 못하겠습니다.

그러나 지금은 탕약으로 연명하는 초조한 상황이요 단 한 시각도 곁을 떠나 있을 수 없는 형편인지라, 어쩔 수 없이 고개 들어 자애로움으로 덮어주시는 하늘을 향해 호소합니다. 엎드려 비옵건대, 성상의 자애로우심으로 긍휼히 살펴주심을 곡진히 더해주시어 신의 직명을 속히 체차하심으로써 조석으로 병석 옆에서 모시며 조용히 간호할 수 있도록 해주시옵소서. 천만번 지극히 기도하옵니다.

신이 다급한 사정을 청하고 있는 주장(奏章)에서 시사(時事)를 다시 언급하는 것은 마땅치 않은 일이나, 엎드려 듣건대 오늘 상참(常參)[136] 때 두 명의 간신(諫臣)을 삭직하라는 명이 있었다고 하던데, 신이 삼가 생각하기에 이는 잘못된 처사인 듯합니다. 간신이 올린 상소가 비록 매우 초략하였다고 하나, 그 뜻인즉 그저 성상께서 간곡히 도움을 구하고자 하는 뜻에서 우러러 도움이 되고자 하였을 뿐입니다. 그러니 성상께서 (신하들로 하여금) 와서 간언하게 하는 도리상 응당 너그러이 용납하심으로써 언로를 넓히셔야지, 어찌 갑작스럽게 천둥과도 같은

136 상참(常參) : 의정을 비롯하여 중신・시종신이 매일 편전에서 국무를 아뢰는 일을 말한다.

위엄을 더하시어 이처럼 꺾어놓아야 마땅하겠습니까? (세 명의 간신이) 처치하고 결정한 일[137]은 모두 공의(公議)를 따랐을 뿐이거늘, 이것이 또 어찌 죄가 되겠습니까? 연석(筵席)이 아직 끝나기도 전에 견책과 삭직이 연이어 내려졌으며, 중도를 넘어선 처벌이 심지어 잘못을 바로잡으려는 승선(承宣)[138]에게까지 미치었으니, 우리 전하의 포용하는 덕으로 어찌하여 격노하심이 이 지경에 이르렀단 말입니까?

신은 일찍이 엎드려 《어제자성편(御製自省編)》[139]을 읽어보았는데, 거기에서 말씀하시기를,

> "처음에 비록 과실이나 착오가 있다 하더라도 이내 깨달았으며, 이미 깨닫고 난 뒤에는 다시 범하고자 하지 않았다."

라고 하였습니다. 신은 매번 소리 높여 외울 때마다 공경히 감탄하며, 성상의 이 글이야말로 우주를 환히 비출 수 있으며, 안자(顏子)의 〈불이과(不貳過)〉 장[140]과 서로 표리(表裏)가 된다고 여겼습니다. 그

137 처치하고……일 : 원문의 '立落'은 합격과 낙제, 혹은 승소와 패소 등을 일컫는 말인데, 더 나아가 결정을 내린다는 뜻으로도 쓰인다.

138 승선(承宣) : 어명을 출납하던 관원, 곧 승지(承旨)나 대언(代言)을 가리킨다. 승정원을 뜻하기도 한다.

139 《어제자성편(御製自省編)》 : 영조가 자신의 일상생활을 반성하고 역대 왕들과 성현들의 생활 이념을 모아 자신의 수양과 정치의 밑바탕으로 삼는 한편 왕세자에게 교훈을 주기 위해 간행한 책이다. 《영조실록》 22년(1746) 2월 17일 기사에, "임금이 덕성합(德成閤)에서 여러 신하들을 소견하였다. 하교하기를, '내가 일찍이 동평위(東平尉)의 《견문록(見聞錄)》처럼 글을 저술하여 《자성편(自省編)》이라고 명명하였다. 이를 내편(內編)과 외편(外編)으로 나누어 만들었는데, 내편은 심신(心身)을 위주로 하였고 외편은 감계(監戒)를 위주로 하였으니, 거의 나의 과실을 알 수 있다.' 하였다."라는 내용이 보인다. 이로부터 13년 뒤인 1759년에 그 속편을 간행하였다.

런데 자주 같은 실수를 번복하는 거조(擧措)가[141] 이 책을 저술하신 해[142]에 있으리라 어찌 생각이나 했겠습니까? 신은 감히 여러 신하들을 위해 해명하는 것이 아니라 삼가 전하를 위해 이 거조를 안타까워하는 것입니다. 엎드려 바라옵건대, 성명하신 주상께서 세 번 더 생각하시어 위엄 어린 분노를 속히 거두시고, 세 신하를 견책하여 삭직한다는 명을 거둬들임으로써 성덕을 빛내주신다면, 그 지극한 다행함이길 길이 없겠나이다.

140 〈불이과(不貳過)〉 장 : 《논어》 〈옹야(雍也)〉에 "안회(顔回)가 학문을 좋아하며 노여움을 옮기지 않고 과실을 두 번 짓지 않습니다.〔不貳過〕"라고 한 부분을 가리킨다.

141 자주……거조(擧措)가 : 원문은 '빈복(頻復)'으로, 《주역》 〈복괘(復卦) 육삼(六三)〉에 "돌아오기를 자주함이니 위태로우나 허물이 없으리라.〔頻復, 厲, 无咎〕"라고 한 데서 온 말이다. 잘못을 한 번에 말끔히 고치지 못하여 자꾸 반복한다는 뜻이다.

142 이……해 : 이 책을 지은 해가 1744년으로 이 소장을 올리는 해와 같으므로 이렇게 말한 것이다.

새해에 진계하는 차자 정묘년(1747, 영조23)[143]

歲首陳戒箚子 丁卯

응교(應敎)로 있을 때 짓다.

삼가 아뢰옵니다. 전하께서는 대성인의 자질로 끝없는 근심을 받드셨습니다.[144] 효우(孝友)와 영명하심, 공검(恭儉)과 인서(仁恕) 등 무릇 나라를 일으킬 수 있는 모든 것들을 전하께서는 다 갖추었으며, 성색(聲色)과 재물, 유렵(遊獵)과 토목공사 등 무릇 나라를 망하게 할 수 있는 모든 것들을 전하께서는 하나도 갖고 있지 않으니, 이는 하늘이 우리 동쪽 땅에 은혜를 내리신 것입니다. 신민이 전하를 사랑하고 섬기는 것은 어떠하며, 바라고 기대하는 것은 어떠합니까? 하늘이 위세를 부릴 때면[145] 우리 임금께서 이를 다스리실 수 있을 것이라 여기고, 백성들에게 원망과 분노가 있을 때면 우리 임금께서 이를 풀어주실 수 있으리라 여깁니다. 나라의 기강이 무너졌을 때는 이를 진작시킬

143 정묘년(1747) : 남유용의 나이 50세 되던 해이다.

144 끝없는……받드셨습니다 : 《서경》 〈군석(君奭)〉에 "그대는 밝게 힘써 임금의 짝이 되어 정성을 다하여 이 큰 명을 이끌어라. 오직 문왕의 덕을 생각해서 끝없는 근심을 크게 받들라.〔汝明勖偶王, 在亶乘玆大命. 惟文王德, 丕承無疆之恤〕"라는 주공의 말이 나온다.

145 하늘이……때면 : 《시경》 〈소민(召旻)〉에 "하늘이 포악하여, 하늘이 혹독하게 상란을 내려, 우리를 기근으로 곤궁하게 하여, 백성들이 모두 유망하여, 우리 서울과 변방이 모두 황폐하다.〔旻天疾威, 天篤降喪, 瘨我饑饉, 民卒流亡, 我居圉卒荒〕"라고 하였다.

수 있으리라 여기고, 세도가 떨어졌을 때는 이를 만회할 수 있으리라 여깁니다.

비록 그러하나 전하께서 스스로에게 기대하는 바가 일찍이 한당(漢唐)의 중간쯤 되는 군주와 나란히 하기를 바란 적이 있으셨습니까? 유독 괴이쩍게도 이치를 추구함이 절실할수록 효과는 더욱 아득해지고, 뜻을 굳게 함이 비록 부지런하였음에도 다스림은 더욱 기다려주지 않습니다.[146] 그렇게 한 해 두 해 그저 답습하며 시간만 보내노라니, 눈 깜짝할 사이에 어느덧 20년의 세월이 흘렀건만, 갖가지 조치들은 예나 마찬가지로 답답하기만 하여[147] 한 가지 일도 가히 천심(天心)을 만회하고 인정(人情)을 복종케 할 만한 것이 없었습니다. 엎드려 생각건대, 전하께서 돌이켜 초심을 구해보신다면 어찌 가슴에 근심이 없겠습니까?

지금은 바야흐로 새해가 돌아와 봄기운이 발하는 때라, 절기가 크게 변해 삼양(三陽)[148]의 기운이 충만하고 만물이 밝히 빛나고 있으니,

146 다스림은……않습니다 : 원문은 '혜지(徯志)'이다. 혜(徯)는 기다린다는 뜻인데, 신하들이 임금이 명하기를 조용히 기다렸다가 명이 나오면 이에 따름을 이른다. 《서경》 〈익직(益稷)〉에 "임금의 마음이 그치는 바에 편안히 하여 기미를 생각하고 편안히 할 것을 생각하시며, 보필하는 신하가 정직하면 동함에 크게 응하여 임금의 뜻을 기다렸다가 따를 것입니다.〔安汝止, 惟幾惟康, 其弼直, 惟動, 丕應徯志〕"라는 구절이 보인다. 즉 임금의 명이 내려왔어도 신하들이 이를 따르지 않는다는 뜻이다.

147 답답하기만 하여 : 《시경》 〈판(板)〉에 "하늘이 지금 왕실을 뒤엎으려 하시니 예예하지 말라.〔天之方蹶, 無然泄泄〕"라고 하였는데, 《맹자》 〈이루 상(離婁上)〉에서 이를 인용하며 설명하기를 "예예(泄泄)는 답답(沓沓)과 같은 뜻으로, 임금을 섬기되 의(義)가 없고, 진퇴에 예(禮)가 없고, 말을 하게 되면 선왕(先王)의 도(道)를 비방하는 것이 이에 해당한다."라고 하였다.

지금이야말로 전하께서 하늘을 본받고 시절에 맞추어[149] 옛것을 버리고 새것을 도모할 기회입니다. 그러나 전하께서는 춘추가 높으시어 이미 성인께서 지천명(知天命 50세)하시던 나이를 넘기셨고, 천안(天顔)을 우러름에 점점 예전과 달라진 듯합니다. 그래서 옛날 사랑하고 우러르던 마음이 지금에 이르러 더욱 간절해지고, 옛날 기대하고 바라던 바가 지금에 이르러 더 깊어지고 있는데, 전하께서 장차 어떤 도(道)로써 응대하실지, 신은 알지 못하겠습니다.

이나 서캐처럼 천한 신하가 외람되이 경악(經幄 경연)에 들어가 있는지라, 견마(犬馬)의 간절한 충성 이길 길이 없어 옛사람이 임금께 고하였던 격언(格言)을 감히 주워다가 선현들이 새해에 올리던 훌륭한 잠언(箴言)에 붙이고자 하니, 성명하신 전하께서는 그 참람함을 용서하시고 그 우매함을 용납하여 주소서.

아아! 임금의 일념(一念)은 곧 치란의 기미이니, 의리(義理)를 간직하고 있으면 모든 선(善)이 풍교(風敎)를 향할 것이요, 공리(功利)를 간직하고 있으면 백 가지 삿됨이 마음에서 움직일 것입니다. 엎드려 바라옵건대 전하께서는 학문에 힘쓰시어 뭇 선으로 향하는 길을 여소서.

148 삼양(三陽) : 양효(陽爻)가 셋인 《주역(周易)》의 태괘(泰卦)를 가리킨다. 동짓달인 11월부터 양효가 아래에서 하나 생겨 올라와서 정월에 이르면 양효가 셋이 된다. 새해 정월을 뜻한다.

149 시절에 맞추어 : 선왕(先王)이 만물을 발육하는 것보다 공이 크다는 뜻이다. 원문의 '무대(茂對)'는 '무대시(茂對時)'의 준말로, 《주역》 〈무망괘(无妄卦) 상(象)〉에 "하늘 아래 우레가 행하여 물건마다 무망을 주니, 선왕이 이를 보고서 성대하게 시절에 맞추어 만물을 발육한다.〔天下雷行, 物與无妄, 先王以, 茂對時, 育萬物〕"라고 하였다.

정직한 신하가 임금의 성정이 치우쳐있음을 알게 되면 두려워하며 나아가 구제하고 바로잡을 것이요, 아첨하는 자가 임금의 성정이 치우쳐있음을 알게 되면 기뻐하며 나아가 받들어 영합할 것입니다. 엎드려 바라옵건대 전하께서는 성정을 다스리시어 뭇 간사한 자들의 문을 막으소서.

생각이 번다하면 공(公)을 해치기에 딱 좋을 뿐입니다. 오로지 지성(至誠)으로써 마음을 안정시키시고 대공(大公)으로써 일에 응대하시며, 고요한 마음을 어지럽히지 말고 찾아오는 일에 그저 순응하시옵소서. 엎드려 바라옵건대 전하께서는 사려를 가지런히 하심으로써 대공(大公)을 보존하소서.

억조창생은 귀를 기울이며 임금의 말씀을 법칙으로 삼고 있습니다. (왕의 말씀이) 무겁고 간략하면 관사(官師 백관)가 엄숙해질 것이요, 번다하고 자질구레하면 조정이 친압하려 들 것입니다. 원컨대 전하께서는 사령(辭令 응대하는 말)을 신중히 함으로써 백성들에게 법칙을 내보이소서.

한 번의 마음이라도 진실하지 못하면 만사가 다 거짓이 되고 말아, 현자를 좋아할 때도 온 뜻을 다하지 못하고, 악한 자를 미워할 때도 온 뜻을 다하지 못합니다. 원컨대 전하께서는 성실(誠實)에 힘쓰심으로써 호오(好惡)의 정을 다 드러내소서.

거조(擧措)가 사람의 마음을 거스르게 되면 시비(是非)가 생겨나는데, 시시비비에는 사람의 지극한 감정이 담겨있으므로 현명한 군주는 옳은 것을 옳다 하고 그른 것을 그르다고 하여 사설(邪說)을 꺼트립니다. 엎드려 바라옵건대 전하께서는 거조를 잘 살피심으로써 시비의 구설을 평정하소서.

밝음을 쓰는 것이 잘못되어 굽어살피심에 해를 끼치게 되면 인정이 흩어져서 의심하며 불안해합니다. 그렇기 때문에 군자는 밝음을 극도로 쓰지 않고 어두움을 씁니다.[150] 엎드려 바라옵건대 전하께서는 총명(聰明)을 일삼지 마시어 백공(百工 백관)을 화합하소서.

임금의 직책은 재주를 가늠하여 관직을 수여하는 것이니, 선한 이에게 상을 주고 악한 자에게 벌을 주면 왕도(王道)가 다 이루어집니다. 그러나 임금이 자질구레하게 굴면 만사가 무너지고,[151] 몸이 피로하고 병들면 모든 뜻이 나태해집니다. 원컨대 전하께서는 직접 자잘한 업무를 돌보지 마시고 신료들의 공적을 권면하소서.[152]

임금은 공의(公議)의 주인이니, 위복(威福)[153]의 권한이 아래로 이

150 군자는……씁니다 : 《주역》 〈명이괘(明夷卦) 상(象)〉에 "밝음이 땅속으로 들어가는 것이 명이(明夷)이니, 군자가 이를 보고서 여러 사람들을 대할 때에 어둠을 써서 밝게 한다."라고 하였는데, 정이(程頤)는 〈전(傳)〉에서 "그러므로 군자가 밝음이 땅속으로 들어가는 상(象)을 보아 여러 사람을 대할 적에 극도로 밝게 살피지 않고 어둠을 쓰는 것이니, 그런 다음에야 남을 용납하고 여러 사람을 화합하여 여러 사람이 친애하고 편안하다. 이는 어둠을 쓰는 것이 바로 밝음이 되는 것이다.〔故君子觀明入地中之象, 於莅衆也, 不極其明察而用晦, 然後能容物和衆, 衆親而安. 是用晦乃所以爲明也〕"라고 풀이했다.

151 그러나……무너지고 : 《서경》 〈익직(益稷)〉에 "임금이 자질구레하게 굴면 신하들이 태만해져서 만사가 잘못될 것입니다."라고 하였다.

152 원컨대……권면하소서 : 《서경》 〈익직(益稷)〉에 "아랫사람이 건의하는 말을 받아들이고 여러 사람의 공적을 밝히며 수레와 의복으로 표창하면 누가 감히 사양하지 않으며 누가 감히 공경히 응하지 않겠습니까?"라고 하였다. 공영달(孔穎達)이 〈전(傳)〉에서 "그 말을 아뢰게 하여, 크고 작은 공을 차등 있게 밝힌다."라고 설명하였다.

153 위복(威福) : 《서경》 〈홍범(洪範)〉에, "오직 군주만이 복을 만들 수 있고, 오직 군주만이 위엄을 부릴 수 있다."라고 하였다.

동하지 못하게 하려거든 자신을 버리고 대중을 따르는 것만 한 것이 없습니다. 대중은 공(公)이 아닌 것이 없으며, 모든 것이 공이 되면 기강이 언제나 위에 있게 됩니다. 엎드려 바라옵건대 전하께서는 널리 듣고 널리 받아들이시어 권세의 벼리를 다잡으소서.

두려움과 측은함[154]은 천지간 만물이 지닌 마음이고, 성찰하고 이겨 다스리는 공부[155]는 임금이 선으로 돌아갈 수 있는 기틀입니다. 따라서 하늘을 따르고 백성을 기쁘게 해주는 일 중 허물을 고치는 것보다 먼저인 것은 없습니다. 엎드려 바라옵건대 전하께서는 민첩히 성찰하시어 허물이 있거든 반드시 고치소서.

이 열 가지 조목은 신의 억측에서 나온 것이 아니라 실로 전수받은 바가 있습니다. 말은 느리고 더딘 듯하지만 그 뜻인즉 간곡하고 지극한지라, 특히 만년에 정신을 가다듬어 다스리시는 데에 도움 됨이 있을 것입니다. 성명하신 주상께서 사람으로 인하여 그 말까지 폐하지 않으신다면 몹시도 천만다행한 일이겠나이다.

154 두려움과 측은함 : 《맹자》 〈공손추 상(公孫丑上)〉에 "지금 사람이 어린아이가 우물에 들어가려는 것을 갑자기 보면, 모두 두렵고 측은한 마음이 생긴다. 그것은 어린아이의 부모와 교제하려는 것이 아니고, 향당의 벗들에게 명예를 얻으려는 것이 아니고, 아이를 구하지 않았다는 오명이 싫어서 그런 것도 아니다."라고 한 데서 나온 말이다.

155 성찰하고……공부 : 《대학장구》에서 《시경》 〈기욱(淇澳)〉의 "저 기수 모퉁이를 보니, 푸른 대나무가 무성하구나! 문채 나는 군자여, 잘라놓은 듯하고 다듬은 듯하며 쪼아놓은 듯하고 간 듯하다.〔瞻彼淇澳, 菉竹猗猗. 有斐君子, 如切如磋, 如琢如磨〕"라는 구절을 인용한 뒤, "'자른 듯하고 다듬은 듯하다'는 것은 학문을 말한 것이고, '쪼아놓은 듯하고 간 듯하다'는 것은 스스로 닦는 것이다.〔如切如磋者, 道學也; 如琢如磨者, 自脩也〕"라고 해석하였다. 이에 대해 주희는 "'스스로 닦는 것'은 성찰하고 사욕을 이겨 다스리는 공부이다.〔自修者, 省察克治之功〕"라고 하였다.

신은 작년에 외람되이 연대(筵對)에 참여하여 전하의 말씀을 들을 수 있었는데, 전하께서 임금의 만절을 깊이 근심하고 계셨기에 신은 지금까지도 그 말씀을 목청껏 외며 감히 잊지 못하고 있습니다. 신은 마음속으로 성상의 이 마음이야말로 요순의 마음이라 생각했습니다. 대저 사람의 혈기가 쇠하고 나면 뜻과 기운도 따라 쇠하므로 굳세던 것이 변하여 부드러워지고 곧던 것이 도리어 물러집니다. 하물며 번화하고 어지러운 가운데 거하시는 임금께서 무사태평한 시절을 만났으니, 떨치고 일어나 쇄신하려는 뜻이 날로 물러나고 편안함을 탐하는 싹이 날로 자라나게 마련입니다. 만약 공경함과 태만함, 의리와 욕심의 구분[156]에 열 배의 공력을 가하지 않는다면, 어찌 능히 처음처럼 끝을 신중히 하면서 아름다운 명예를 지켜낼 수 있겠습니까? 또한 옛날부터 임금들은 혹 쇠하고 늙었다는 이유로 뒤로 물러난 채 정무에 나태해지곤 하여 그 신하들이 비록 규간(規諫)을 올리고자 하여도 말을 하기가 어려웠으니, 이것이 바로 임금이 만년을 제대로 지키기 더욱 어려웠던 까닭입니다.

지금 전하께서는 뭇 신하들이 우러러 면려하기도 전에 친히 덕음(德音)을 꺼내시어 위대하게도 만년을 근심하시었으니, 분발하여 떨치고 일어나려는 뜻을 말씀 바깥에서 우러러 헤아릴 수 있었습니다. 만약 맹렬히 성찰하고 절실히 깨닫지 않으셨다면 어찌 여기에 미칠 수 있었겠습니까? 이것이 바로 신이 눈 비비고 발돋움해가며 지극한 치세의

156 공경함과……구분 : 《대대례(大戴禮)》 〈무왕천조(武王踐阼)〉에 나오는 말이다. "공경이 태만함을 이기는 자는 길하고 태만함이 공경을 이기는 자는 멸망하며, 의리가 욕심을 이기는 자는 사람들이 순종하고 욕심이 의리를 이기는 자는 흉하다."

성대함을 보고자 하는 까닭입니다.

엎드려 바라옵건대, 전하께서 오늘로부터 결단하시어 확연히 바뀔 것을 도모하시고, 대우(大禹)의 촌음(寸陰)을 아끼심과[157] 성탕(成湯)의 일신(日新)[158]을 본받으소서. 선한 단서가 막 자라났다가 이내 꺾이거나, 왕의 말이 기왕에 나왔는데 실천하지 않는 일이 없도록 하신다면, 전하의 만년은 이보다 더 성대할 수 없을 것이며, 아름다운 명성은 무궁히 전해지고 대업은 그 끝이 없을 것이니, 어찌 아름답지 않겠습니까. 어찌 아름답지 않겠습니까.

신이 또 엎드려 생각하옵건대, 동궁 저하께서 이제 겨우 무상(舞象)의 나이[159]이나 지혜와 식견이 점차 자라나 전하의 한마디 말씀 한 가지 행동을 보고 듣는 대로 본받고 있습니다. 만약 한가로울 때 좌우에서 모시면서 만년에 부지런히 힘쓰시는 실질을 늘 뵙게 된다면, 보고 느낀 것에 마음이 크게 움직여 편안하게 지낼 틈조차 없으리니, 이는 필연의 이치입니다. 이런 것으로써 교훈을 남겨주신다면 만세토록 전할 가법(家法)이 되기에 참으로 충분할 것이고, 전하의 만년은 이에 더욱 빛날

157 대우(大禹)의……아끼심과 : 《진서(晉書)》 권66 〈도간열전(陶侃列傳)〉에 "대우는 성인이면서도 오히려 촌음을 아끼셨으니, 중인에 이르러서는 마땅히 분음을 아껴야 할 것이다.〔大禹聖者, 乃惜寸陰, 至於衆人, 當惜分陰〕" 하였다.

158 성탕(成湯)의 일신(日新) : 은나라 탕 임금은 얼굴을 씻는 대야에, "날마다 새롭고 또 새롭게 하라.〔日日新又日新〕"는 명문을 새겨 두고 보면서 자신의 과실을 살피고 덕을 새롭게 하는 데 힘썼다고 한다.

159 무상(舞象)의 나이 : 15세를 가리킨다. 《예기》 〈내칙(內則)〉에 "13세에는 음악을 배우고 시를 외우고 작(勺)에 맞춰 춤을 추며, 15세에는 상(象)에 맞춰 춤을 추고 활쏘기와 말 타기를 배운다.〔十有三年學樂, 誦詩, 舞勺, 成童舞象, 學射御〕"라고 하였다.

것입니다.

또한 신료들에게까지 미루어 나아가 염치로 면려함으로써 완고하고 우둔한 자를 따르게 하고, 예의와 절도로 이끎으로써 흐려지고 쓰러진 자를 바로 세우며, 덕 있는 자를 공경하고 나이 든 자를 높임으로써 그 풍속을 순박하게 하고, 고요함을 숭상하고 시끄러움을 내침으로써 나아갈 바를 바르게 하여, 사람들로 하여금 그 만년을 각각 온전히 할 수 있게 하신다면, 신이 비록 노둔하고 졸렬하지만 감히 "주왕(周王)이 수를 누리시니, 어찌 사람을 진작하지 않으리오"[160]라는 시로써 전하를 위해 송축하지 않을 수 있겠습니까. 재결하여 주시옵소서.

160 주왕(周王)이……않으리오 : 《시경》 〈역복(棫樸)〉의 한 구절로, "주왕(周王)이 수(壽)를 누리시니, 어찌 사람을 진작하지 않으시리오.〔周王壽考, 遐不作人〕"라고 하였다. 이 시는 97세까지 장수한 문왕(文王)의 덕(德)이 천하의 사람들을 진작시킨다는 내용이다.

속히 이철보[161]의 사직을 윤허하시고 또 대신을 격려하고 면려해주실 것을 청하는 차자

請亟允李喆輔所辭 又激勉大臣箚子

응교(應教)로 있을 때 짓다.

삼가 아뢰옵니다. 신이 엎드려 듣건대 오늘 경연 중에 이철보(李喆輔)를 이조 참판으로 발탁하였다고 하니, 신은 몰래 조정을 위해 이 거조(擧措)를 안타깝게 여기고 있사옵니다. 신은 이철보의 지벌(地閥 지체와 문벌)이나 재능이 이 직임을 감당할 수 없다고 여기지는 않으나, 다만 그 출신이 바르지 않고[162] 나라에는 또한 대방(大防)[163]이 있으니, 설사 이철보에게 약간의 식견이 있다고 하더라도 종신토록 청현(淸顯)의 지위에 올려서는 안 됩니다. 그렇지 않다면 지금의 사대부들이 아무리 수치심을 모른다손 그 누가 기꺼이 그의 손에 의해 나아가고 물러

161 이철보(李喆輔) : 1691~1775. 본관은 연안(延安), 자는 보숙(保叔), 호는 지암(止庵)이다. 판의금부사, 병조 판서, 좌참찬 등을 역임하였다. 《영조실록》 23년(1747) 1월 11일 기사에 따르면, "예조 판서 김약로(金若魯)를 이조 판서로, 승지 이철보를 참판으로, 심성진(沈星鎭)을 참의로 삼았는데, 모두 중비(中批)에 의한 것이었다."라고 하였다.

162 출신이……않고 : 이철보의 부친 이정신(李正臣)이 신임사화와 관련된 인물이기에 이렇게 표현한 듯하다. 이정신은 소론으로서, 조태구(趙泰耈) 등과 더불어 노론의 세력을 탄핵, 축출하는 데 앞장섰다. 1724년 영조가 즉위하자 신임사화를 일으킨 주동자의 한 사람으로 지목되어 유배되었다.

163 대방(大防) : 흘러넘치지 못하도록 막아주는 큰 제방(堤防)이라는 뜻으로 사회를 유지하는 예법(禮法)을 일컫는다.

나려 하겠습니까?

외람되이 생각하건대 아마도 성상의 사려가 어쩌다 여기까지 미치지 못하신 듯한데, 유독 미운 것은 저 연신(筵臣)들이 또 그 뜻을 좇아 따랐다는 것입니다. 혹은 그것이 불가하다는 것을 알면서도 명령이 반포되기 이전에 간쟁할 수 없어 마침내 전하의 거조를 한 번 실수하여 다시 회복되지 못하게 만들었을 터, 몹시도 가슴 아픕니다. 속으로 요량해보건대 철보는 분명 새로 내린 명령을 고사하며 감히 바로 나아가지 않을 것이니, 바라옵건대 전하께서는 즉시 그의 사직을 윤허하시고 바깥의 의론이 이를 때까지 기다리지 마소서. 이렇게 해야 위아래가 모두 그 의리를 얻을 수 있을 것이니, 엎드려 비옵건대 유념하여 주시옵소서.

신이 또 듣건대 오늘 경연 중에 성상께서 장전(長銓 이조 판서의 별칭)으로 임용할 만한 사람에 대해 대신에게 굽어 자문하셨는데, 대신은 주상께서 직접 간택하여 제수할 것을 청하였으며, 심지어 묘의(廟議 재상의 모의)로 간섭할 수 있겠느냐는 말로써 성청(聖聽)을 어지럽혔다고 하였습니다. 경연에서의 이야기는 비밀인지라 비록 그 상세한 내용을 알 수는 없으나, 정말로 신이 들은 바와 같다면 이는 옛날의 대신(大臣)과 다르옵니다. 옛날의 대신은 중비(中批)[164]를 봉환(封還)[165]하였으나 지금은 아래에서부터 중비를 청합니다. 옛날의 대신은 인물을 평가한 뒤 임금의 허락을 기다렸는데, 지금은 위에 그 책임을 미루면서

164 중비(中批) : 정식 의망(擬望)을 거치지 않고 왕의 특지(特旨)로 임명하는 것을 말한다.

165 봉환(封還) : 내린 조명(詔命)이 도리에 맞지 않으면 그 조명을 해당 부서로 보내지 않고 봉(封)하여 군주에게 환송(還送)하는 것을 말한다.

외부인들의 의론을 구차히 면합니다. 이것이 어찌 성명하신 주상께서 의지하고 믿는 뜻이요 묘당에서 우불(吁咈)[166]하는 도리이겠습니까?

예전에 당록[167]을 작성할 때 대신들이 처음으로 피차 호대(互對)[168]라는 의견을 내세워 청의(淸議 높고 깨끗한 언론)의 비난을 받은 바 있으나, 당시 무리들로부터 비방 받는 일은 자못 면할 수 있었기에 이 관습이 마침내 자라나 지금 다시 이와 같이 되었습니다. 이 일이 비록 다르다고는 하나 그것이 일신만 편하고 공의를 저버림은 한 가지인지라, 신은 이 때문에 개탄하는 바입니다.

엎드려 바라옵건대 전하께서는 면전에서 격려하고 면려해주심으로써 그 흐릿하고 쇠미한 태도를 자못 고치어 당당한 위의와 풍모를 드러내고 백관을 바로잡을 수 있도록 하여 주소서. 신은 외람되이 은혜로운 돌보심을 입어 논사(論思)[169]라고 불리는 관직을 맡고 있기에, 국체를 상하게 하고 후대의 폐단에 관건이 되는 일에 대해 감히 말씀 올리지 않을 수 없었습니다. 재결하여 주시옵소서.

166 우불(吁咈) : 우불도유(吁咈都兪)의 준말로, 우불은 반대, 도유는 찬성을 뜻한다. 나아가 밝은 임금과 어진 신하가 정사를 토론함을 뜻한다.

167 당록 : 의정부에서 교리・수찬을 선임하기 위한 2차 기록이다. 의정부와 이조의 판서・참판・참의 등이 모여 홍문록(弘文錄)에 오른 명단에서 적합한 사람의 이름 위에 다시 권점을 적어 그 찬반을 보이며, 그 결과를 임금에게 올리면 득점의 순위대로 교리・수찬에 임명된다.

168 호대(互對) : 호대쌍거(互對雙擧)라고도 한다. 호대는 영조의 탕평책의 일환으로, 노론과 소론 온건파의 세력 균형을 취하기 위해 실시한 인사정책이다. 예를 들어 노론 인사를 영의정으로 삼으면 소론 인사를 좌의정으로 삼아 상대하게 하는 식이다.

169 논사(論思) : 임금과 같이 국사를 의논하고 생각한다는 말인데, 흔히 홍문관의 관원을 논사관(論思官)이라 한다.

고을 수령으로 나가게 해달라고 간청하는 소

乞郡疏

삼가 아뢰옵니다. 성지(聖志)를 분발하사 친히 정문(正門)에 납시어 여러 신하들을 이끌고서 치도(治道)를 강론하고, 서로(庶老)[170]들을 들게 하여 백성들의 고통을 자문하심에 옥음(玉音)이 봄기운 같아 모두 이목을 집중하였으니, 참으로 성대한 일이었사옵니다. 신은 외람되이 가까운 반열에 끼었는데, 마침 이러한 기회를 맞이하고 보니 사모하여 섬기는 정성이 가슴에서 배나 격동하였습니다. 그러나 학술이 거칠고 언사가 졸렬하여 밝은 성지의 만분의 일조차 대양(對揚)[171]하지 못하는지라, 물러나 몰래 탄식하면서 전현(前賢)들이 이른바 '매번 경연(經筵)에 들어갔다가 물러날 때면 책 읽은 것이 많지 않음을 후회했다'는 말씀이 정말로 빈말이 아니었음을 더욱 믿게 되었습니다. 오직 바라건대 전하께서는 이 실심(實心)을 실정(實政)에 옮기시어, 천장각(天章閣)의 고사[172]가 오직 송나라만 독차지하는 아름다움이 되지

170 서로(庶老) : 사(士)로서 은퇴한 사람을 말한다. 《예기》〈왕제(王制)〉에 "유우씨(有虞氏)는 상상(上庠)에서 국로(國老)를 봉양하고 하상(下庠)에서 서로(庶老)를 봉양하였다."라고 하였다.

171 대양(對揚) : 임금의 명을 받들어 백성에게 널리 알리는 것을 말한다.

172 천장각(天章閣)의 고사 : 송나라 인종이 천장각에 조종(祖宗)의 어서(御書)들을 봉안하고서 이곳에 행차하여 대신들에게 조서하기를, "서쪽 변방을 방비하는 데 있어 군졸은 용잡하고 상(賞)은 넘치니, 내가 누구를 따라야 할지 모르겠다. 경들은 각기 소견을 조목조목 아뢰어라." 하였고, 또 자신의 잘못과 백성들에게 불편한 법령 등이

않도록 하시옵소서.

신이 외람되이 경악(經幄 경연(經筵))에 시종한 지 벌써 여러 해가 지났으나, 돌보아주시는 은혜만 부질없이 입었을 뿐 털끝만큼의 보탬도 되지 못하였으니, 무릇 구구한 마음에 사적인 간청이 있다 하더라도 번번이 성청(聖聽)을 번거롭게 해 드려서는 안 될 것입니다. 그러나 엎드려 생각하건대 고통스러울 때 아비를 찾는 것은 사람의 지극한 마음입니다. 지금 신에게도 다급하고 절실한 사정이 있는데, 일신의 고통에 그치는 정도가 아니니, 아비와도 같은 임금께 스스로 호소하지 않는다면 다시 그 어디를 향해 하소연하겠습니까?

신은 집안이 빈한하여 항아리에 담긴 한 섬의 곡식마저 자주 비고, 나라의 은혜를 입어 몇 대 동안 벼슬을 하였으나 아침저녁 죽이며 밥을 마련할 밑천은 오로지 봉록에만 의지하고 있습니다. 신의 늙은 아비는 올해 나이가 일흔셋인데, 병환이 매번 이어져 몸 편한 날이 늘 적거늘, 콩죽과 물도[173]도 스스로 마련할 길이 없고, 약을 올리는 것도 제때 맞추지 못하며, 풍년이 들어도 병에는 남은 곡식이 없고, 한겨울 추위에도 몸에는 입을 온전한 옷이 없습니다. 이는 실로 온 조정이 함께 가련히 여기는 바이니, 하물며 자식 된 마음에 있어 그 감추어진 아픔과 지극한 한이야 더욱이 응당 어떠하겠습니까?

있는가에 대해서 모두 듣고 싶으니 자상하게 진술하라는 등의 조서도 내렸다. 《宋史 卷11 仁宗本紀 3》

173 콩죽과 물도 : 원문의 '숙수(菽水)'는 콩과 물밖에 없는 가난 속에서도 어버이를 극진히 봉양하는 것을 말한다. 공자의 제자 자로(子路)가 집안이 가난해서 효를 제대로 하지 못한다고 탄식하자, 공자가 "콩죽을 끓여 먹고 물을 마시더라도 기쁘게 해드리는 일을 극진히 행한다면, 그것이 바로 효이다."라고 하였다. 《禮記 檀弓下》

신에게 형이 하나 있었는데, 막 문적(文籍)을 통과하자마자 불행히도 일찍 죽고 말아 부모를 끝까지 봉양하지 못하였고, 열 식구를 먹여 살릴 책임이 모두 신의 몸에 맡겨졌습니다. 그러나 신은 젊어서부터 병이 많은 데다가 성격 또한 성글고 졸렬하며, 집안사람들의 생계를 전혀 살펴 알지 못하였기에, 일 년 내내 고생만 시켜드렸을 뿐[174] 단 하루도 편안히 봉양하지 못하였습니다. 비록 크신 은혜를 과분하게 입어 청도(清塗 청요직(淸要職))를 두루 역임하였으나, 이는 그저 제 한 몸의 영광에 지나지 않습니다. 매번 송나라 사람의 "옛사람은 부모를 하루 봉양하는 것을 삼공의 벼슬과 바꾸지 않았네.〔古人一日養 不以三公換〕"[175]라는 시구를 읊조릴 때마다 저도 모르게 얼굴이 벌게지고 마음이 놀랐습니다. 자나 깨나 간절히 바라는 바는 오직 작은 읍 하나를 얻어 늠식(廩食 나라에서 주는 식량)의 남은 것으로써 맛 좋은 음식을 거칠게나마 갖추어 공양하는 것입니다. 지금 서산의 해가 아직 기울지 않았을 때 반포(反哺)의 하찮은 정성을 다할 수 있다면, 신의 지극한 소원은 여기어 영영 끝이옵니다.

옛날 숙고(肅考 숙종) 때 신의 조부인 신(臣) 정중(正重)[176]이 관직

174 고생만……뿐 : 원문의 '劬勞'는 낳아서 기르느라 애쓰신 부모의 은덕을 뜻한다. 《시경》〈육아(蓼莪)〉는 돌아가신 어버이를 생각하며 슬퍼하는 시인데, 그중에 "슬프고 슬프다 우리 부모여, 나를 낳아 기르느라 얼마나 애쓰셨나.〔哀哀父母, 生我劬勞〕"라는 말이 나온다.

175 옛사람은……않았네 : 왕안석(王安石)의 시 〈고우로 돌아가는 교 집중 수재를 송별하며〔送喬執中秀才歸高郵〕〉에 나오는 구절이다.

176 정중(正重) : 남정중(南正重, 1653~1704)으로, 본관은 의령, 자는 백진(伯珍), 호는 기봉(碁峰)이다.

(館職)에 있으면서 돌아가 부모를 봉양하게 해 달라고 주청한 적이 있었는데, 해당 조(曹)에서 품처(稟處)를 방해하자[177] 선대왕께서 하교하여 이르시기를,

"유신(儒臣)의 사정이 지극히 긍휼히 여길 만하니, 특별히 그의 소원에 따라 시행토록 하라."

라고 하셨습니다. 어진 말씀이 한 번 선포됨에 온 집안이 감읍하였고, 자손들이 지금까지도 전하여 읊으면서 미담으로 여기고 있사옵니다.

이처럼 상례에서 벗어난 은전을 신이 어찌 감히 오늘날 바랄 수 있겠습니까마는, 마침 성상께서 하늘에 닿을 효심으로써 동조(東朝 대비)께 술잔을 받들어 올림에 수역(壽域)[178]의 생민들이 모두 똑같이 기뻐하는 때를 만났으니, 만약 복을 내려주시는 인자함[179]을 미루어 불초한 신에게까지 미치시어, 유사(有司)에게 명해 지방관[180]으로 나가게 해 주심으로써 마침내 개미와도 같은 하찮은 정성을 이루어 주신다면, 효로써 다스리는 정사에 도움 되는 바 없지 않을 것입니다. 천지의 인자함과 부모의 자애로우심이야 신이 비록 머리가 땅에 떨어지고 간이 잘려 나간다 해도 어찌 그 만분의 일이나마 우러러 갚을 수 있겠습니까? 엎드려 바라옵건대 자애로우신 성상께서는 외람되이 주제넘음을 용서하시고 가련히 살펴주심을 조금이나마 내려주소서.

177 해당……방해하자 : 이 일은 《숙종실록》 26년(1700) 12월 17일의 2번째 기사에 보인다.

178 수역(壽域) : 사람마다 천명대로 장수를 누리는 태평성대를 말한다.

179 복을……인자함 : 《시경》 〈기취(旣醉)〉에 "효자의 효가 끊이지 않으니 길이 너에게 복을 주리로다."라는 구절이 보인다.

180 지방관 : 원문의 '일휘(一麾)'는 외직으로 나가 지방관이 되는 것을 이른다.

충주 목사[181]로 있다가 부름을 받아 성 밖에 이르러 올린 춘방의 면직을 간청하는 소

自忠州承召 至城外乞免春坊疏

삼가 아뢰옵니다. 개미처럼 미천한 신이 요행히 효로써 다스리는 시대에 태어난 덕에, 특별히 아랫사람의 사정을 헤아려주시는 인자함으로 집안이 가난하고 양친이 연로함을 긍휼히 여겨주시사, 일개 읍(邑)으로써 편히 봉양할 수 있도록 허락해주심을 입었사옵니다. 신은 진실로 은혜를 마음에 품고 덕을 받들면서 그 즉시 신의 늙은 아비와 병든 어미를 모시고 관소(官所)로 떠나가 아침저녁으로 늠봉(廩奉)의 남은 것을 가지고 까마귀의 반포(反哺)의 정성을 이룰 수 있게 되었으니, 한 끼 두 끼의 밥도 우리 임금께서 내려주시지 않은 것이 없었습니다. 온 집안이 두 손 모아 축원한들 무슨 수로 보답할 수 있겠습니까? 오로지 노둔한 힘을 다 바쳐 백성 기르는 직책을 다하도록 힘씀으로써 성은의 만분의 일이나마 보답하는 것이 못난 신하가 스스로 면려할 수 있는 길입니다.

그런데 뜻밖에도 전번에 대료(大僚)가 경연(經筵)에서 아뢴 말씀에 기인하여 특별히 내천(內遷)[182]을 명하시고, 하읍(下邑)에서 문서나 작성하던[183] 신을 발탁하여 승화(承華)[184]에서 강독하는 자리에 두셨습

181 충주 목사 : 남유용은 1747년(영조23) 5월에 충주 목사가 되어 부임하였다.

182 내천(內遷) : 관찰사나 수령 같은 외직에 있던 사람이 내직 곧 중앙 관직으로 옮겨옴을 말한다.

니다. 신이 대체 무엇이기에 감이 이와 같은 영예를 입었단 말입니까? 그러니 허겁지겁 그 명을 받들어 응하면서, 미처 덕의(德意)를 대양(對揚)할 겨를조차 없이 해야 마땅할 것입니다. 다만 신을 부르신 이유를 생각해보건대, 궁료(宮僚 동궁의 관리)를 간택하여 예학(睿學 왕세자의 학문)을 보도(輔導)한다는 것으로 명분을 삼으신 것인데, 신처럼 형편없는 사람이 어찌 이 명을 받들겠나이까. 어울리지 않는 옷을 입어도 외려 그 재앙이 두렵다 하였거늘[185] 이러한 명을 신의 몸에 더하시면 신이 어찌 감당할 수 있겠습니까?

신은 거칠고 어눌하고 지극히 무능한 사람임에도 전후로 강관(講官)의 직을 외람되이 차지한 것이 거의 십수 차례가 넘는데, 반열을 따라 들어갔다가 대오를 좇아 물러났을 뿐, 털끝만큼의 보탬도 된 적이 없습니다. 그러나 예학이 마침 아직 충령(沖齡)에 있었던지라 강학하고 토론하는 것이라고 해야 장구(章句)나 훈고(訓詁) 사이를 벗어나지 않았기에, 신은 스스로 그 어둡고 비루함을 잊고 제서(除書)가 내려올 때마다 번번이 응하면서, 강석(講席)의 말단에 충원되어 온화하고 예

183 문서나 작성하던 : 원문의 '도필(刀筆)'은 죽간에 글씨를 쓰는 붓과 잘못된 글자를 긁어 고치는 칼이라는 뜻인데 나아가 낮은 관리의 일 또는 서기의 사무를 가리킨다. 여기서는 충주 수령의 직임을 말한다.

184 승화(承華) : 동궁의 별칭이다.

185 어울리지……하였거늘 : 《춘추좌씨전》 희공(僖公) 24년에, 정(鄭)나라 자장(子臧)이 송(宋)나라로 도망가서 물총새 깃털로 만든 관(冠)을 모으기를 좋아하니, 정백(鄭伯)이 듣고 미워하여 자객을 보내 죽였는데 이에 대해 군자가 논평하기를, "의복이 신분에 맞지 않는 것은 몸의 재앙이다.〔服之不衷, 身之災也〕"라고 하였다는 내용이 나온다.

의 바른 모습을 우러러 바라볼 수 있게 된 것을 그저 일신의 영광이라고 여겼습니다.

그러나 지금은 그렇지 않습니다. 저하의 지식이 날로 자라나고 학업이 점차 넓어져서, 서연(書筵)에서 강독하고 익히는 것들은 대개 모두가 공맹(孔孟)이 남긴 책이거나 정주(程朱 이정(二程)과 주희(朱熹))의 격언들이라, 은미한 내용이며 심오한 뜻이며 그 함축하고 있는 바는 지극히 정밀하고 포함하고 있는 바는 지극히 광대합니다. 의(義)와 욕(欲), 공(公)과 사(私)의 분변, 몸과 마음으로 체험하는 방도는 전적으로 말을 주고받고 토론하는 사이에서 터득하게 되니, 한마디 말이라도 제대로 얻으면 선한 단서를 감발하기에 족하고, 한 글자라도 틀리면 경전의 요지에 어두워지고 맙니다. 따라서 강법(講法)의 정밀한 정도나 공력을 쏟는 데 있어서의 난이도가 옛날의 수십 배 정도에 그치지 않습니다. 훌륭한 유자(儒者)나 노숙한 학자로서 마음으로 터득하고 몸으로 실천할 수 있는 자들로 하여금 이 직임을 맡게 하여도 되려 혹은 이 일을 어려워할 수도 있을 터인데, 지금 누차 시험해보았으나 아무 공효(功效)라고는 바치지 못한 신을 이 자리에 충원하고 이끌어 도와주고 깨우쳐 인도하는 책임을 맡기려 하시니, 이것이 난쟁이에게 억지로 천 균(鈞)의 무게[186]를 이겨내라고 강요하는 것과 무엇이 다르겠습니까?

186 난쟁이에게……무게 : 본문의 '초요(僬僥)'는 난쟁이를 말한다. 《열자》〈탕문(湯問)〉에 "중주(中州)로부터 동쪽으로 4만 리에 초요국이 있는데 사람의 키가 1척 5촌이다."라고 하였다. 주로 '억지로 천균(千鈞)의 무거운 짐을 지우다.〔强負千鈞〕'와 같이 쓰여서 능력이 부족한 사람이 과중한 임무를 억지로 수행하는 것을 의미한다.

요속(僚屬)을 신중히 가려 뽑아 좌우에 세우는 일을 그 누구인들 오늘날의 급선무라고 말하지 않겠습니까마는, 그 자리에 세운 사람이 적임자가 아니라면 신중히 가려 뽑는 뜻이 과연 어디에 있습니까? 명하기를 진중히 하였는데 받들기를 가벼이 하는 것은 고인들이 부끄러워하던 바였으니, 이것이 바로 신이 머뭇거리고 뒤돌아보면서 감히 이전의 발자취를 핑계 삼아 편안히 나아가 받들지 못하는 이유입니다.

또한 신의 늙은 아비는 길 가는 도중 몸이 흔들리고 고꾸라진 나머지 숙환이 더욱 악화되어 한 치 한 치씩 나아가다가 어제서야 겨우 교외에 있는 사차(私次)에 당도해 엎드렸습니다. 지금의 증상은 풍담(風痰 감기와 해소) 때문에 생겨난 것인데, 객지에서 추위를 만나 몸조리를 제대로 하지 못하여 갈수록 심해져 매우 위태로운 상황에 이르렀는지라 신이 좌우에서 부축하고 간호하느라 실로 한 걸음도 곁을 떠날 수가 없습니다. 사정이 이와 같음에도 신이 만약 성상을 번거롭게 해드리는 것을 두려워하여 스스로 소리 내 하소연하지 않는다면, 자애롭게 덮어 주시는 하늘이 어떻게 굽어 통촉할 수 있겠나이까? 이에 감히 문자를 넣어 죽음을 무릅쓰고 간절한 마음을 아뢰었으니, 엎드려 바라건대 성명하신 주상께서 살펴 헤아리심을 곡진히 내리시어, 신이 띠고 있는 직명(職名)을 속히 해면할 것을 윤허하여 주소서. 그리하여 신으로 하여금 뜻을 편히 하고 아비를 돌볼 수 있도록 하여 주심으로써 혜양(惠養)[187]의 은택을 끝까지 내려주신다면, 몹시도 천만다행한 일이겠나이다.

187 혜양(惠養) : 나이 많은 사람을 나라의 관가에서 양료(糧料)를 주어 보살펴 주던 일을 말한다.

세자시강원 보덕을 사직하는 소
辭世子侍講院輔德疏

삼가 아뢰옵니다. 신은 주연(胄筵 왕세자가 학문을 강론하는 자리) 권강(勸講)[188]의 직임을 맡아온 기간이 제일 길지만 공효(功效)는 가장 보잘것없어서, 비록 다른 사람이 말하지 않아도 신 스스로 부끄러운 줄 잘 알고 있습니다. 다만 거듭 제명(除命)을 입었기에 감히 한결같이 위포(違逋)하지 못하고서 억지로 대오를 따라다닌 지 지금 또 한 달이 넘었습니다. 일전에 사헌부에서 올린 소(疏)에서 비판하던 대상이 꼭 신을 가리키는 것은 아니겠지만, 몸을 돌아보고 스스로를 비춰봄에 마치 전적으로 신을 겨냥해 꺼낸 이야기인 듯하였기에, 엎드려 부끄러움과 두려움만 더해갔습니다.

신이 이 관직에 배수된 이래로 당직한 것이 무릇 열흘인데, 그간 서연(書筵)은 일곱 차례 소대(召對)는 아홉 차례였으니, 학문에 대한 저하의 태도는 가히 부지런하다 일컬을 만합니다. 만약 큰 유자(儒者)나 노숙한 학자로 하여금 아침저녁으로 저하 옆에 머물면서 이 좋은 기회를 틈타 실질적인 공부를 통렬히 시키게 하였다면, 예학(睿學 세자의 학문)의 성대함은 며칠 지나지 않아 크게 변화했을 것입니다. 그러나 신의 학술이 어둡고 비루한 탓에 강석(講席)에서 토론하는 것이라야 그저 전주(箋註)의 끄트머리 것들을 찾아 따오고, 천근한 학설을 가져

188 권강(勸講) : 임금이나 세자를 모시고 경전을 강의하는 일이나 그 일을 맡은 사람을 지칭한다.

다 붙이는 등의 한두 가지에 그쳤을 뿐입니다. 치지격물(致知格物)의 방법이나 선을 알고 몸을 참되게 하는〔明善誠身〕[189] 요지처럼, 요 임금이 되고 순 임금이 되고 황제가 되고 왕이 되게 할 내용에 이르러서는 실로 저하의 귀에 흘러 들어가고 저하의 마음을 넉넉히 적시게 할 만한 것이 없었습니다. 강관(講官)이 이와 같은데 무엇으로써 학문의 성취를 독책(督責)할 수 있겠습니까? 하루에 두 번씩 경연을 여는 것은 보고 듣기에는 아름다울지나, 매일 이와 같이 한다면 얻는 바가 그 얼마나 되겠습니까?

신은 매번 강연을 파하고 물러날 때마다 기운이 빠지고 마음이 부끄럽지 않은 적이 없었습니다. 대충대충 한다는 비난을 신은 감히 물리치지 못합니다. 그러나 강독을 소홀히 한 과실을 논하면서 요속(僚屬)을 신중히 가려 뽑는 도를 언급하지 않는다면, 증세에 맞추어 약을 처방하는 기술에 있어 아마도 되려 미진한 면이 있을 것입니다.

아아! 저하께서는 어린 나이임에도 아침 일찍 일어나 저녁 무렵〔晏食 저녁 7시부터 9시〕까지 단정히 손 맞잡고 자리에 임하여 계시는 것이 마치 강관(講官)에게 무언가 바라는 것이 있는 듯합니다. 그런데 강관이 이에 응대하는 것이 그저 공허한 글이나 고사(故事) 정도라면 저하께서는 또한 필시 생각하시기를, "이른바 강학이라는 것도 그저 이와 같을 따름이구나!" 하실 것입니다.

189 선을……하는 : 원문의 '명선성신(明善誠身)'은 선이 무엇인지를 분명히 알고서 자기 몸을 참되게 한다는 뜻으로, 《중용장구》의 "몸을 참되게 하는 길이 있으니, 선을 분명히 알지 못하면 몸을 참되게 하지 못할 것이다.〔誠身有道, 不明乎善, 不誠乎身矣〕"라는 말을 요약한 것이다.

대저 인지상정상 아침저녁으로 서로 접견하되 싫증 내지 않는다면, 이미 성의가 서로 쌓이고 취미가 서로 생겼기 때문입니다. 그런데 지금 공허한 글이나 고사로써 아침저녁으로 접견한다면 성의가 무슨 수로 쌓일 것이며 취미가 무슨 수로 생겨나겠습니까? 태만함과 안일함이 싹트는 것을 장차 무슨 방도로써 막겠습니까? 이런 것뿐만 아니라 또 어쩌다 비속하고 불경한 의론이나 나긋나긋하고 듣기 좋아할 만한 이야기를 사이사이 섞기까지 한다면, 그것이 양지(良知)를 무너트리고 정도(正道)를 망가트림은 또한 대충대충 하는 것에 그치지 않을 것입니다.

자고로 세자를 가르치고 기르는 일을 논할 때마다 이러한 점을 걱정하지 않은 적이 없었기에 정자(程子)도 일찍이 이를 언급하였던 것이니, 이른바 "습관이 지혜와 더불어 자라나고, 교화가 마음과 더불어 이루어지는 것은 바로 반걸음도 바른 사람 곁을 떠나지 않는 데에 있으니, 경사(經史)를 섭렵하고 고금을 열람하는 것은 그 한 가지 단서일 뿐이다."[190] 운운한 것이 바로 이 뜻입니다. 〈보부전(保傅傳)〉[191] 한 편

190 습관이……뿐이다 : 앞에 인용한 '습관이……이루어지는 것은' 부분은 가의(賈誼)의 〈치안책(治安策)〉에 보인다. 한나라 문제가 가의를 양회왕(梁懷王)의 태부(太傅)로 삼자 가의가 문제에게 아뢰면서 한 말 중에, "습관이 지혜와 함께 자라므로 절실하여 부끄럽지 않고, 교화가 마음과 함께 이루어지므로 도에 맞는 것이 타고난 본성과 같습니다."라고 하였다. 뒷부분은 《이정연보(二程年譜)》에 보인다. "원우(元祐) 원년 6월에 태황태후에게 상소하여 아뢰기를, '지금 가장 크고 가장 시급하여 종사와 생령의 장구한 계책이 되어야 하는 일은 오로지 천자의 덕을 보양하는 일입니다. 그런데 보양의 도는 서사나 섭렵하고 고금을 열람하는 데 그치는 것이 아니라, 반걸음도 바른 사람 곁을 떠나지 않아야 함양하고 훈도되어 성덕을 이룰 수 있습니다. 지금 하루걸러 한 번씩 강연하고, 몇 줄을 해석하는 일도 도움 됨이 매우 적은데, 더구나 4월 이후로

은 주공(周公)이 남긴 뜻이며 (저하를) 보익(輔翼)하고 교양(敎養)하는 성법(成法)인데, 그 편말에 이르러서 곧장 한마디 말로 단언하여 이르기를 "좌우가 바르면 태자도 바르다."[192]라고 하였으니, 이는 대개 좌우가 바르지 못하면 태자도 바르지 못해진다고 말하고 있는 것입니다. 아아! 신중을 기하지 않을 수 있겠습니까!

엎드려 바라옵건대 전하께서는 많은 사람들과 널리 상의하시어, 무릇 우리 저하의 좌우에 둘 사람이라면 반드시 바탕이 순일하고 잡스럽지 않고, 곧고 신실하여 박식한 선비를 구하시어, 문자 강습 이외에 선한 단서를 이끌어 내고 옳지 않은 마음을 바로잡도록 하소서. 숙덕(宿德)을 지닌 노성한 신하를 초치하시어 제때 출입하면서 선왕의 일을 강설하고 인의를 진술하게 하시고, 보고 느끼어 훈도(薰陶)되게 하는 공효(功效)를 전적으로 책임 지우소서. 그리고 신처럼 직책에 걸맞지 않은 무리를 내쳐 물러나게 함으로써 풍속을 장려하소서. 또한 한가로운 중에 교훈을 내리실 때, 곡진히 이끌어 깨우치는 일은 반드시 가까이에 있는 바른 선비에게 시키심으로써 정지(情志)를 소통하시고, 의심하는 뜻을 널리 가설하게 함으로써 이치를 넓히소서. 침묵만 일삼지 않고 성실에 오로지 힘쓴다면, 한 수(銖)씩 쌓이고 한 치〔寸〕씩

강연을 파하여 중추가 될 때까지 유신들을 접견하지 않고 있으니, 이는 아마도 고인이 아침저녁으로 받들고 도왔던 뜻은 아닐 것입니다."

191 〈보부전(保傅傳)〉: 한나라 가의(賈誼)가 지은 것으로 알려진 《신서(新書)》의 편명으로, 주로 고대 왕태자를 가르치는 방도를 기술하였다.

192 좌우가……바르다 : 〈치안책〉에 "천하의 운명은 태자에게 달려있고, 태자의 훌륭함은 이른 가르침과 옆에 있는 사람을 선발하는 데 달려있다. 가르침이 제대로 되고 옆 사람이 바르면 태자가 바르고, 태자가 바르면 천하게 안정된다."라고 하였다.

누적되어 하루가 다르게 강해질 것입니다. 저하의 총명하고 온화한 자질이라면 덕에 나아가고 학업을 닦는 일이 장차 봄이 오면 나무에 꽃이 피어나고 물이 흐르면 배가 떠가듯 하여, 멈추고 싶어도 멈추지 못할 것이니, 이 얼마나 큰 복이겠습니까!

사모하고 섬기는 구구한 정성에 간곡한 마음을 이기지 못하여 감히 면직을 간청하는 주장(奏章)에 이렇듯 상세히 적었으니, 신 죽을죄를 지어 더욱이 황공하옵나이다. 특별히 베풀어주신 은혜에 송구한 마음이 더욱 깊어지나, 신의 사적인 의리를 돌아보아 무릅쓰고 나아가기에 어려운 바가 있기에 지금 천패(天牌 임금의 소패(召牌))가 내려옴에 우러러 미천하나 간절한 뜻을 호소하였습니다. 엎드려 비옵건대 성명하신 주상께서 자애로우심을 베푸시어 속히 신의 직책을 삭탈하심으로써 사적인 분수를 편안케 하여 주시옵소서.

뇌연집

제10권

소차 疏箚

새로 내리신 자질[1]을 환수해 달라 청한 소 무진년(1748, 영조24)[2]

乞收還新資疏 戊辰

삼가 아뢰옵니다. 하늘이 성효(聖孝)를 살피시어 대례(大禮)를 함께 이루니, 어진을 처음 그리기 시작할 때부터 받들어 올리는 날까지 날씨도 청명하고 경건하게 행하는 일들도 어그러짐이 없었는지라, 중외(中外)의 신하와 백성들이 서로 기쁨을 나누었습니다. 신도 외람되이 시종의 반열에 있었기에 구구하게 기뻐하고 축하하는 지극한 마음을 이길 수 없었나이다.

그런데 일전에 내려주신 비망기(備忘記)[3]를 삼가 보니 상을 내려 장려하시는 은전[4]을 공도 없는 천신(賤臣)에게까지 미치게 한다고 하는지라, 명을 듣고는 떨리고 두려워 몸 둘 바를 알지 못하였습니다.

아. 오늘날 신하가 선왕께 힘을 바칠 수 있었던 것은 다행히 이 한 가지 일이 있어서였습니다. 무릇 돈장(敦匠)[5]의 반열에 있는 자라면 누군들 감히 밤낮으로 분주(奔奏)[6]하며 몸과 마음을 다하지 않겠나이

1 새로……자질 : 남유용이 숙묘어진모사도감(肅廟御眞模寫都監) 도청(都廳)의 일을 완수하고 그 공으로 통정계(通政階)에 오른 사실을 가리킨다.

2 무진년(1748) : 남유용의 나이 51세 되던 해이다.

3 비망기(備忘記) : 임금의 명령을 적어서 승지(承旨)에게 전하는 문서이다.

4 상을……은전 : 원문의 '懋賞之典'은 상을 주어 장려한다는 뜻이다. 《서경》 〈중훼지고(仲虺之誥)〉에 "덕을 힘쓰는 자에게는 관직을 주어 장려하고, 공을 힘쓰는 자에게는 상을 주어 장려한다.〔德懋懋官, 功懋懋賞.〕"라는 말이 나온다.

5 돈장(敦匠) : 장인(匠人)들과 공역(工役) 전반에 대해 지휘 감독하는 일을 말한다.

까. 모두 직분상 마땅히 해야 할 따름입니다. 하물며 신과 같은 자는 일개 낭청(郎廳)[7]의 신분으로 제신(諸臣)의 뒤를 따라 명을 받들어 일을 감독하였을 뿐, 어찌 터럭만큼이라도 수고롭다 말할 것이 있겠나이까. 그런데도 배려하고 기억해주시는 은전을 뒤섞여 입고 보답을 받아도 되는 사람처럼 한다면 신의 마음이 부끄러운 것은 말할 겨를도 없거니와, 한 번 찡그리고 한 번 웃는 것도 아끼시는 명군(明君)의 정사[8]에 있어서도 어찌 혐의점이 있지 않겠나이까?

엎드려 바라옵건대 성명하신 성상께서는 신의 마음에서 우러나오는 간절함이 겉으로 꾸민 겸양에서 나온 것이 아님을 양찰하시고, 신의 자질(資秩)과 새로 제수된 관직을 아울러 거두라고 명하여 주소서. 그리하여 은전이 가볍게 버려지는 데 이르지 않고 저의 분수도 조금이나마 편하게 될 수 있다면 천만다행이겠나이다.

6 분주(奔奏) : 열성을 다해 왕의 덕으로 백성에게 효유(曉喩)하고 왕의 명성을 선양하는 일을 말한다. 《시경》 〈면(緜)〉에 "내가 말하노니, 분주할 이 있으며, 외적의 침입을 막을 이 있다 하노라.〔予曰有奔奏, 予曰有禦侮.〕"라는 말에서 나왔다.

7 낭청(郎廳) : 각 관아의 당하관(堂下官)을 말한다.

8 한번……정사 : 임금이 상을 내리는 것을 신중하게 하는 것을 말한다. 전국(戰國)시대 때 한 소후(韓昭侯)가 사람을 시켜서 떨어진 바지를 보관해 두게 하자, 곁에서 모시고 있던 자가 말하기를, "임금께서는 참으로 너그럽지 못하십니다. 떨어진 바지를 아랫사람들에게 나누어 주지 않고 보관해 두십니까?" 하자, 소후가 말하기를, "그대가 알 일이 아니다. 내가 들으니, 밝은 임금은 한 번 웃고 한 번 찡그리는 것조차도 아낀다고 한다. 지금 떨어진 바지가 어찌 한번 웃고 한번 찡그리는 것 정도이겠는가. 떨어진 바지는 한 번 웃고 한 번 찡그리는 것보다 훨씬 더 큰 것이다. 나는 반드시 공이 있는 자가 나오기를 기다리려는 것이다. 그러므로 보관해 두는 것이지, 내가 차지하려고 보관해 두는 것이 아니다." 하였다. 《韓非子 內儲說上》

승정원 우부승지를 사직한 소[9]

辭承政院右副承旨疏

삼가 아뢰옵니다. 신 등은 외람되이 성은을 입어 근밀(近密)한 자리[10]에 있게 되었사옵니다. 비록 재주 박하고 능력 없어 그 소임을 감당하기에 부족하였사오나 조정을 높이고 제방(隄防)을 엄히 하는 의라면 항상 전전긍긍 삼가 지키면서 감히 실추시키지 않았나이다.

그런데 지난번에 역적을 비호하는 논리가 대성(臺省)[11] 사이에서 마구 횡행하여 세도(世道)에 깊은 근심이 되는 것을 이루 말할 수 없는지라, 감히 고사(故事)를 거론하며 진계(陳啓)하였사온데, 정작 비답(批答)을 받들어 보니 '이런 따위의 버릇은 오늘날 취하지 않겠노라'는 하교이셨나이다. 이는 신 등의 구구한 어리석은 충정이 명주 앞에서 신임을 받지 못한 것이옵니다.

신 등은 비록 매우 형편없는 사람이오나 그 직위를 물으면 왕명의

9 승정원……소 : 1748년(영조24) 남유용의 나이 51세 되던 해 4월에 우부승지(右副承旨)에 배수되었으나 대사헌(大司憲) 이종성(李宗城)이 승지 남유용(南有容)·이형만(李衡萬)을 추탈하라는 상소를 올렸다. 두 대신이 부회하는 말을 주도면밀하게 얽어내어 망극한 말을 하고 있다는 내용이었다. 특히 그는 고(故) 영상 이광좌(李光佐)와는 단문친(袒免親) 관계이면서 의리로는 사표(師表)와 같다고 하면서, 이광좌의 억울함과 봉록 때문에 그동안 말하지 못했건 자신의 부끄러움을 호소하였다. 그러나 영조는 이종성의 소장은 국체(國體)가 아니라고 여겨 물리치고 답하지 않았다. 《英祖實錄 24年 4月 30日》

10 근밀(近密)한 자리 : 승정원의 관원을 근밀지신(近密之臣)이라고 한다.

11 대성(臺省) : 사헌부(司憲府)·사간원(司諫院)을 아울러 일컫던 말이다.

출납을 성실하게 하는 자리[12]요, 그 언론인즉 의리에 관한 공론입니다. 언론을 제대로 못 하면서 한갓 스스로 직위만을 편안히 여기는 것은, 신 등의 의리와 분수상 감히 할 수 있는 일이 아니옵니다. 이에 감히 연명(聯名)으로 짧은 상소를 올리고 지레 대궐을 빠져나왔사오니,[13] 삼가 바라옵건대 밝으신 성상께서는 밝게 재결하시어 신 등의 죄를 중죄로 처단하심으로써 나라의 법을 엄숙히 하소서.

12 왕명의……자리 : 왕명을 가감 없이 진실하게 전달하는 승정원의 역할을 말한 것이다.

13 지레……나왔사오니 : 원문의 '徑出'은 숙직(宿直) 중 교대할 사람의 입직(入直)을 기다리지 않고 물러나가는 것을 말한다.

새로 내리신 자질을 거두어 달라고 간청한 상서[14]

임신년(1752, 영조28)[15]

乞收還新授資秩書 壬申

삼가 아뢰옵니다. 세월은 빨리도 흘러 의소세손(懿昭世孫)[16]의 장례를 잘 마무리하고 우제(虞祭)와 졸곡(卒哭)[17]도 어느덧 마치게 되었나이다. 삼가 생각건대 대조(大朝)[18]께서 손자에게 쏟으신 사랑[19]과 저하께서 자식에게 보이신 인자한 마음[20]은 부딪치는 곳마다 슬픔을 자아내

14 새로……상서 : 남유용이 의소세손(懿昭世孫)의 애책문(哀冊文)을 필사(筆寫)하여 올리고 그 공으로 가선계(嘉善階)에 오르고 나서 올린 상서이다.

15 임신년(1752) : 남유용의 나이 55세 되던 해이다.

16 의소세손(懿昭世孫) : 사도세자(思悼世子)와 혜빈(惠嬪) 홍씨(洪氏)의 장남으로 정조의 친형이기도 하다. 출생 후 곧바로 할아버지 영조에 의해 세손에 책봉되었으나 1752년(영조28) 3세의 어린 나이로 요절하였다.

17 우제(虞祭)와 졸곡(卒哭) : 시신을 매장했으므로 그 혼이 방황할 것을 우려하여 위안하는 의식을 우제(虞祭)라 하고, 무시곡(無時哭 수시로 하는 곡)을 마치는 것을 졸곡이라 하여 그때부터는 아침저녁에만 곡을 한다.

18 대조(大朝) : 왕세자가 섭정하고 있을 때의 임금을 말한다. 당시 사도세자가 대리청정을 하고 있었으므로 영조를 일컫는 말이다.

19 쏟으신 사랑 : 원문의 '鍾情'은 서로 친한 감정을 한껏 다 쏟는 것을 의미한다. 진(晉)나라 때 왕융(王戎)이 일찍이 아들을 잃었을 때 산간(山簡)이 찾아가 보니, 왕융이 비통함을 감당하지 못하였다. 산간이 말하기를 "어린애는 품 안의 물건이거늘, 어찌 이 지경에 이른단 말인가."라고 하자, 왕융이 말하기를 "성인은 정을 잊는 것이고, 가장 하등인 사람은 정을 다하지 못하는 것이며, 정을 다 쏟을 수 있는 것은 바로 우리들에게 있다."라고 했던 데서 온 말이다. 《世說新語 傷逝》

었으니, 어떻게 직임을 감당하였겠나이까? 미천한 신[21]은 지극히 애통한 구구한 마음을 이길 수 없었나이다.

그런데 신이 삼가 일전에 내리신 비망기(備忘記)를 보니 신이 애책(哀冊)을 베껴 올렸다는 이유로 외람되이 배려하고 기억해주시는 은혜를 입어 가자(加資)의 은전이 내려오는 데까지 이르렀는지라, 신은 명을 듣고 몹시도 두려워서 몸 둘 바를 알지 못하였나이다. 신은 본디 예서(隸書)를 잘 쓰지 못하여 맡겨진 일을 감당하지 못함을 잘 알고 있었습니다. 그런데도 신이 이 의례에 힘을 바칠 수 있는 것은 오로지 이 한 가지의 일뿐이라고 생각하였기에 감히 공사(控辭 벼슬을 사면하여 달라고 청원함)를 못하고 애써 명을 받든 것이었으니 일을 그르친 죄를 면할 수 있었던 것도 아마 다행이라고 할 것이옵니다. 그런데 만일 또 이 일을 계기로 영화를 얻으려고 외람되이 제신들의 말석을 차지하고 뒤섞여 포상의 은전을 입으면서 마치 참으로 보답받아야 할 공로가 있듯 한다면 어찌 참람하고 외람됨이 심한 것이 아니겠나이까?

하물며 이경(貳卿)[22]의 자질(資秩)은 옛날에 이른바 '명덕(命德)의

20 인자한 마음 : 원문의 '止慈'는 부모가 자녀를 사랑하는 마음을 뜻한다. 《대학장구》 전 3장에 "《시경》에 이르기를 '깊고 원대한 문왕이여, 아, 광명하고 공경하여 그치시다.' 하였으니, 문왕께서는 임금이 되어서는 인에 그치고, 신하가 되어서는 공경에 그치고, 자식이 되어서는 효에 그치고, 아버지가 되어서는 인자함에 그치고〔止於慈〕, 나라 사람들과 사귈 때는 신에 그치었다."라고 한 데서 온 말이다.

21 미천한 신 : 원문의 '螻蟻'는 땅강아지와 개미라는 뜻으로, 작은 힘을 비유적으로 나타내거나 자신을 낮출 때 쓰는 말이다.

22 이경(貳卿) : 고대에 상서(尙書)를 정경(正卿)이라 하고 이를 보좌하는 시랑(侍郞)을 이경(貳卿) 또는 아경(亞卿)이라 칭하였다. 조선에서는 종2품의 지위를 가리켜 말하였는데 남유용이 종이품의 가선계(嘉善階)로 승자하였기 때문에 이른 말이다.

그릇'[23]이어서, 제수할 때에는 항상 더 어렵게 여기고 신중히 하였나이다. 그런데 지금 이것을 들어 공도 없고 재주도 없는 신에게 베푸신다면 신의 마음이 황공함은 진실로 말할 겨를도 없거니와 찡그림과 웃음도 아끼는 성조(聖朝)의 정사[24]에 있어서 혹여 결함을 남기는 일이 아니겠나이까.

이리저리 생각하고 헤아려 보아도 결코 무릅쓰기 어려운지라, 간단하게 문자를 들여보내 우러러 미천한 정성을 아뢰옵니다. 삼가 바라옵건대 이명(離明)[25]께서는 굽어살피시고 대조(大朝)께 여쭈어 주시어 빨리 신에게 새로 제수한 자질(資秩)을 환수하도록 명하심으로써 공기(公器)[26]를 중히 여기시고 신의 분수를 편안하게 하여 주소서.

또 신은 월초에 승문원 부제조(承文院副提調)로 차임되었는데, 이는 예원(藝苑)에서 최고의 선발이 이루어져야 하는 자리이옵니다. 비록 명망과 실상이 모두 높은 자로 하여금 맡게 한다고 해도 오히려 혹 주저하면서 사양하는 법인데 신처럼 보잘것없는 사람이 외람되이 훔쳐도 된다고 말할 수 있겠나이까. 기왕 구차하게 명을 받드는 것이 용납

23 명덕(命德)의 그릇 : '命德'은 '작이명덕(爵以命德)'의 줄임말로, 채침(蔡沈)의 《서경집전》〈열명 중(說命中)〉의 주(注)에 "작위(爵位)는 덕(德)이 있는 자에게 명(命)하기 때문에 현(賢)이라 하였다."라는 내용이 보인다.

24 찡그림과……정사 : 110쪽 주8 참조.

25 이명(離明)께서는……주시어 : 이명(离明)은 원래 밝은 해를 가리키는 말로, 《주역》〈설괘전(說卦傳)〉에 "이(离)는 불이 되고 해가 된다.〔离爲火, 爲日.〕"라고 한 데서 유래하였다. 여기서는 세자를 가리킨다.

26 공기(公器) : 관작을 가리킨다. 《구당서(舊唐書)》 권99 〈장구령열전(張九齡列傳)〉에 "관작은 천하의 공기이다.〔官爵者, 天下之公器.〕"라고 하였다.

될 수 없다면 하루라도 헛되이 지니고 있는 것 또한 어찌 마땅한 일이겠나이까. 아울러 통촉하시어 즉시 면직을 허락해 주시기를 크게 바라마지않겠나이다.

성균관 대사성을 사직한 상서[27]

辭成均館大司成書

삼가 아뢰옵니다. 신은 외람되이 성은을 입고 과분한 배려를 받아 자질이 오르는 은전을 받았사오니 그저 부승(負乘)의 두려움[28]만 간절했습니다. 그런데 며칠 지나지도 않아서 또 외람되이 성균관의 차지해서는 안 될 직임[29]을 맡게 되었사오니 신은 진실로 당황스럽고 황송하여 더욱 몸 둘 바를 모르겠나이다.

무릇 관리로서 직책이 있는 자라면 누군들 그 일이 없겠습니까마는 책임의 막중함은 이 직분이 으뜸입니다. 인재를 양성하여 성조(聖朝)의 수용(需用)에 대비하는 것이 여기에서 나오고, 선비의 절개를 갈고 닦아서 국가의 원기(元氣)를 배양하는 것도 여기에서 나오며, 상서(庠序)[30]의 제도를 거듭 밝혀 사방에 표준을 세우고 고과(考課)의 법을

27 성균관……상서 : 남유용이 1752년(영조28) 성균관 대사성에 제수되고 올린 사직 상서이다.

28 부승(負乘)의 두려움 : 부(負)는 짐을 짊어지는 것으로 소인(小人)이 하는 일이고, 승(乘)은 수레로서 군자(君子)가 타는 것이다. 아랫자리에 있어야 할 소인이 윗자리에 있으면 화를 당한다는 것을 비유한 것으로, 《주역(周易)》 〈해괘(解卦)〉에 "짐을 짊어져야 마땅할 소인이 도리어 수레를 타니 도적을 맞게 될 것이다〔負且乘, 致寇至.〕"에서 나온 말이다.

29 차지해서는……직임 : 원문의 '匪據'는 차지해서는 안 될 자리를 말한다. 《주역》 〈계사전 하(繫辭傳下)〉에 "앉을 곳이 아닌데 앉으니, 몸이 반드시 위태로울 것이다.〔非所據而據焉, 身必危.〕"라고 하였다.

30 상서(庠序) : 고대의 지방 학교를 이르는 말로 은(殷)나라에서는 서(序)라 하였고

엄하게 하여 한 시대에 모범을 보이는 것 또한 여기에서 나오지 않음이 없습니다. 그 맡은 책임이 이와 같이 막중하기 때문에 선발 역시 따라서 지극히 어렵습니다. 진실로 경행(經行)[31]과 문술(文術 문장을 짓는 재주)이 평소 사림들의 명망을 얻고 있는 자가 아니라면 혹여라도 자리를 차지할 수 없었으니[32] 이 선발을 받았던 선배들을 하나하나 살펴보아도 어렵게 여기고 신중히 했던 것을 알 수 있나이다.

세대가 내려오면서 재주 있는 사람 구하기가 어려워져, 선비를 양성하고 가르침을 펼치는 도가 비록 모두 옛 뜻을 따르지는 못하게 되고, 뛰어난 인재가 배출되는 것이 비록 조종(祖宗) 때의 성세에 비해 조금 못 미치는 듯하기는 하나, 그중에서 그 책임을 감당할 만한 자를 구한다면 어찌 사람이 부족하다고 근심할 일이겠나이까? 그런데도 학문이 깊지 못하고 견문도 좁은 신과 같은 자가 슬그머니 사유(師儒 성균관의 수장) 자리를 차지하게 된다면 신이 은혜를 저버리고 직무를 망치게 되는 것은 진실로 논할 겨를도 없거니와, 명실(名實)을 살펴서 밝히는[33] 성조(聖朝)의 정사에 있어서 과연 어떠하겠나이까.

주(周)나라에서는 상(庠)이라고 하였는데, 후세에는 학교를 통칭하는 말로 쓰였다.

31 경행(經行) : 경명행수(經明行修)의 약칭으로 경서에 밝고 행실이 바르다는 뜻이다. 과거(科擧)에 의하지 않고 학문과 덕행이 높은 이를 천용(薦用)하는 인재 등용 방법의 하나이다.《國朝寶鑑 卷23 明宗 21年 5月》

32 자리를……없었으니 : 원문의 '尸居'는 하는 일 없이 자리에 앉아있는 것을 말한다. 《장자(莊子)》〈재유(在宥)〉에 "시동처럼 가만히 있다가 용처럼 나타나며, 못처럼 고요히 있다가 우레처럼 큰 소리를 낸다."라고 하였다.

33 명실을……밝히는 : '종핵명실(綜核名實)'은 사실관계를 종합적으로 대조하고 살펴서 명분과 실제를 분명히 밝히는 것을 이른다. 《한서(漢書)》 권8 〈선제기찬(宣帝紀贊)〉에 "효선제(孝宣帝)의 정치는 공이 있는 사람에게는 반드시 상을 주고 죄가 있는

신이 무능하고 천박하여 문(文)으로나 질(質)로나 합당치 못한 것은 신 스스로만 잘 알고 있을 뿐이 아니옵니다. 신이 저하를 동궁에서 뫼시고 있던 세월 또한 길었기에 저하께서 밝게 살피시는 바가 아마 그 본말을 모두 굽어보셨을 것이라 생각되오니, 어찌 신이 스스로 진술하기를 기다릴 일이겠나이까?

작은 선과 얕은 재주로 명성을 이루지도 못하였고, 이 한 몸에서 찾아보아도 조그만 장점조차 발견할 수 없는데, 단지 성명한 전하를 만나 받은 은혜가 깊고 두터웠던 까닭에 전후로 거쳐 간 관직이 분에 넘치지 않는 것이 없었거늘, 이 직임에 이르면 또 요행과 참람함이 더욱 심한 자리이옵니다. 신이 비록 변변치 못하나 고인들이 분수를 헤아려 받아들였던 의리는 대략 들어 알고 있사온데, 어찌 감히 총애만을 믿고 분수를 헤아리지 않은 채 고비(皐比)의 자리[34]를 차지하여 현관(賢關)[35]에 부끄러움을 크게 끼치겠나이까? 의리상 반드시 사양해야 하고 감히 서둘러 나갈 수가 없기에, 소패(召牌)[36]가 내려옴에 죽기를

사람에게는 반드시 벌을 내렸으며, 종합적으로 조사하고 살펴서 명분과 실제를 분명히 밝혀, 정사와 문학과 법리를 맡은 선비들이 모두 그 능력을 정밀하게 발휘하였다."라는 대목이 있다.

34 고비(皐比)의 자리 : 스승의 자리라는 뜻으로 여기서는 성균관 대사성을 가리킨다. 고비는 호랑이 가죽으로, 북송(北宋)의 학자 장재(張載)가 항상 호랑이 가죽을 깔고 앉아서 《주역》을 강론하였으므로, 전하여 스승이 강학(講學)하는 자리나 스승을 이르게 되었다.

35 현관(賢關) : 현자(賢者)가 통행하는 관문이라는 의미로 성균관(成均館)의 별칭으로 쓰인다. 《한서(漢書)》 권56 〈동중서전(董仲舒傳)〉에 "태학(太學)은 현사가 거쳐 가는 관문이요 교화의 본원이다."라고 한 데서 나왔다.

36 소패(召牌) : 임금이 관리를 불러들일 때 사용하던 패, 또는 그 패를 보내어 신하를

무릎쓰고 간절한 마음을 아뢰옵니다.

삼가 바라옵건대 저하께서는 본직의 책임이 막중함을 깊이 생각하시고 미천한 신하가 이 직임에 걸맞지 않은 실상을 굽어살피시어 신에게 새로 제수하신 직임을 속히 체차시켜 주소서. 그리하여 관방(官方)[37]을 엄중히 하고 미천한 분수를 편히 해 주신다면 이루 말할 수 없는 다행이겠나이다.

부르던 일을 말한다.

37 관방(官方) : 관원이 되어 응당 지켜야 할 법도를 말한다.

과시의 시행을 물릴 것을 청한 상서

請退行課試書

삼가 아뢰옵니다. 삼궁(三宮)[38]의 진후(疹候)가 원기를 빠르게 회복하시었으니 이는 실로 종묘사직의 무궁한 경사라, 신하와 백성들의 기쁨과 하례가 어찌 끝이 있겠나이까.

신은 본래 무능하고 용렬한 몸으로 성균관에서 대죄(待罪)[39]하게 되었사온데, 교주(敎胄)의 직책[40]을 감당할 수 없음을 잘 알고 있으면서도 대략 과시(課試)[41]의 말단에라도 마음을 기울여 만분의 일이나마 직분을 다하려고 하였나이다. 그런데 불행하게도 진질(疹疾)이 번지고 뻗어나가 선비들 대부분이 병에 걸렸는지라, 추운 겨울이 이미 반이나 지나는데도 시험장을 설치할 기약이 없사옵니다.

신 또한 입동(立冬) 이후, 평소 앓고 있던 담벽(痰癖)이 추위를 끼고 갑자기 도졌는데 조금이라도 조섭을 하지 못하면 문득 위태로운 지경에 이르게 되옵니다. 사직 단자도 막히어, 해직을 청하려 하여도 방법이 없으니 이것만으로도 대단히 안타깝고 가슴 졸이는 일인데, 하물며 이 총부(摠府)의 겸임(兼任)[42]은 숙위(宿衛)와 관련되어 있는 중요한

38 삼궁(三宮) : 왕대비전(王大妃殿), 대전(大殿), 중궁전(中宮殿)을 가리킨다.

39 대죄(待罪) : 관리가 그 직(職)에 있음을 겸손하게 이르는 말이다.

40 교주(敎胄)의 직책 : 성균관의 장(長)인 대사성의 직책을 이른다. 옛날에 태학(太學)에서 경대부와 사서인의 맏아들을 교육했던 데서 나온 말이다.

41 과시(課試) : 정기적으로 일정한 시기에 보이는 시험을 이른다.

42 총부(摠府)의 겸임(兼任) : 남유용이 성균관 대사성으로 있으면서 부총관(副摠

자리라, 계속해서 헛되이 지니고 있는 것은 더욱더 황송한 일이옵니다. 그리하여 부득불 머리 들어 세자 저하께 하소연하오니 부디 저하께서 신의 본직과 겸직을 아울러 면직하시어 편하게 몸을 조리하게 하여 주시옵소서.

또한 신에게는 번거롭게 아뢰올 일이 한 가지 있어 이에 감히 덧붙여 진술하고자 합니다. 금년에 홍진(紅疹)이 나날이 기승을 부려 거의 종식될 기약이 없는데, 유생 중에서 과시를 보려 하는 자들은 거개가 나이 어린 사람들이라 이를 면할 자가 드뭅니다. 신이 지난달 초에 삼초(三抄 3차 시험)를 실시하였는데 시험을 본 자가 열에 5, 6명 줄었고 그 후 한 달 사이에 또 얼마나 줄었는지 알지 못합니다. 지금 병을 앓고 있는 자는 진실로 논할 것도 없고 이미 앓은 자들도 병세가 회복되지 않아 두렵고 조심스러운 것이 한두 가지가 아닙니다. 지금 만약 그들을 시험장에 내놓아서 바람과 추위에 덜덜 떨게 하고 먹고 마시는 일을 제대로 하지 못하여 기거가 법도를 잃게 한다면 안위(安危)와 존망(存亡)이 금세 판가름 나리라는 것은 의원을 기다리지 않아도 알 수 있습니다.

또 승학(陞學)[43]의 규정은 반드시 여러 번에 걸쳐 고시(考試)를 본

管)에 임명되었기 때문에 이른 말이다.

43 승학(陞學) : 조선 시대에 승보시(陞補試)와 사학시제(四學試製)를 합칭한 말이다. 승보시는 매년 대사성(大司成)이 사학(四學) 유생들을 시험 보여 식년의 생원·진사과에 응시할 자격을 인정하던 것이다. 사학시제는 매년 사학(四學)의 교수(教授)가 사학 유생에게 시험을 보여 우수한 자를 뽑던 것을 가리킨다. 연말에 대사성이 이들을 모아 시취(試取)하여 이에 합격한 자에게는 식년 회시(會試)에 곧바로 응시할 자격을 주었다.

뒤라야 학업과정을 제대로 마칠 수 있게 되어 있습니다. 병마가 점진적으로 퍼져서 빌미가 되면 병에 걸리는 정도가 반드시 중해질 것이니, 아직 앓지 않는 이들도 모두 우려할만합니다. 설사 요행히 염려치 않고 생사를 잊으면서 욕망을 따르고 위태로움을 무릅쓰고 명예를 구하려 한들 이것이 어찌 성조에서 선비를 가르치는 도이겠습니까. 신은 금년의 과시는 우선 정파(停罷)되는 것이 마땅하다고 생각합니다.

신이 또 《속전(續典)》[44]을 살펴보건대 "승학(陞學)은 그해에 시험을 마치지 못하는 경우 실시하지 말라."라고 되어 있습니다. 대개 고예(考藝)[45]의 법도를 거듭 엄중히 하여 월년(越年)을 하지 못하게 한 조항이니, 이는 진실로 깎아낼 수 없는 아름다운 법규입니다. 그러나 금년과 같은 경우는 실로 하늘의 운행, 때의 운수와 연관되어 있어서 인력으로 미칠 수 있는 바가 아니니 일을 요량하고 변통해야 하는 조정의 도에 있어서 아마도 한 가지 예로 일괄 적용할 수는 없을 것 같습니다. 바라옵건대 저하께서는 마음으로부터 결단하시고 특별히 명지(明旨)를 내리시어 봄이 와서 진기(疹氣)가 사라질 때를 조금 기다렸다가 뒤로 물려서 행하옵소서. 그렇게 하신다면 백성을 아껴 기르는 방법과 권면하고 장려하는 도, 두 가지가 모두 적합함을 얻고 서로를 방해하지

44 속전(續典) : 《속대전(續大典)》을 말한다. 《경국대전(經國大典)》이 나온 후의 수교(受敎)·조례(條例)가 방대하여 그 해석과 시행에 곤란을 느끼게 됨에 따라 영조 20년에 영의정 김재로(金在魯)에게 명하여 간행하도록 하였다. 〈승보(陞補)·학제(學製)·공도회(公都會)〉 조에 "그해에 시험을 다 마칠 수 없으면 실시하지 마라."라는 규정이 있다. 《續大典 禮典 諸科》

45 고예(攷藝) : 재주를 겨루는 의식을 이른다. 《예기》 〈연의(燕義)〉에, "봄에는 학교에서, 가을에는 활 쏘는 곳에 모여서 그 재주를 겨루어 진퇴를 결정했다."라고 하였다.

않을 것입니다. 엎드려 바라옵건대 깊이 유념하시어 공사 간에 다행스럽게 하여 주소서.

예문관 제학을 사직한 상서 계유년(1753, 영조29)[46]

辭藝文館提學書 癸酉

삼가 아뢰옵니다. 신은 근자에 관각(館閣)에서 시호를 의정(議定)하는 일로 외람되이 대조(大朝)의 소명을 받았나이다. 신은 예문관에 새로 제수되었을 때 몹시 요행스럽고 참람한 것임을 스스로 잘 알고 있었사오니 어찌 감히 어리석음을 무릅쓸 상황이었겠사옵니까. 그러나 글로 하소연하는 것은 통촉을 기대하기 어렵고, 왕명을 거역하여 성심(聖心)을 번거롭게 할 것이 염려되는지라, 있는 힘을 다하여 달려 나왔사옵니다. 한 명의 자리를 구차하게 채우면서 염치를 내던져 놓았으니 스스로 돌아보면 부끄럽사온데, 만일 또 연줄을 타고 외람되이 자리를 차지하고 있으면서 마치 본래 가지고 있는 것처럼 여긴다면 이는 신의 본의가 아니옵니다. 이에 감히 이 자리에 맞지 않는 실상과 반드시 체차되어야 할 의를 간략하게 진술하여 밝게 살펴주시길 간청하나이다.

아! 문학(文學)을 선발함에 있어서 누군들 어렵게 여기고 신중히 하지 않겠나이까. 그러나 대저 이 직책은 전적으로 사명(辭命)[47]을 윤색하고 왕도를 보좌하는 것[48]을 책임으로 삼습니다. 진실로 학문에 두

46 계유년(1753) : 남유용의 나이 56세 되던 해이다.

47 사명(辭命) : 왕명으로 작성하는 외교 문서 등의 국가 문서를 가리킨다.

48 왕도를 보좌하는 것 : 원문의 '黼黻'은 황제의 예복(禮服)에 수놓은 문양으로, 전하여 신하가 훌륭한 계책으로 임금을 잘 보좌하는 것을 의미한다. 당나라 유종원(柳宗元)

루 통하고 문장이 화려하고 민첩하여 일세의 추앙과 심복을 받는 자가 아니고서는 혹여라도 함부로 차지하지 못하였습니다. 그러므로 인선의 엄중함은 이 자리가 최고입니다. 종전에 이 직임을 수행했던 사람들을 하나하나 헤아려 보아도 어찌 일찍이 신처럼 쓸모없고 서툴면서 그 사이에서 자리를 차지하고 있는[49] 자가 있었겠나이까.

사람은 아무리 어리석어도 각자 스스로를 명백히 아는 법, 신의 재주를 신 또한 잘 알고 있나이다. 신은 어려서 가정에서 배워 구두나 대충 통할 뿐 뜻과 식견은 낮거나 떨어지고 재주와 생각은 둔하고 서툽니다. 일찍이 경전(經典)[50]에 뜻을 기울이지 못하였고 또 저술에 힘을 다하지도 못하였습니다. 평범한 문자를 주고받는 것도 오히려 어려워서 붓을 들면 글이 막히고 껄끄러워 종이 가득 구멍과 상처가 생깁니다. 비록 옛 친구 중에 잘못 알고 끌어주려 하였던 자에게도 문장으로는 마땅하다는 인정을 받아본 적이 없나이다. 변려체(駢儷體)[51]에 이르면 더욱

의 〈걸교문(乞巧文)〉에 "황제를 보좌하여 하민에 임한다.〔黼黻帝躬, 以臨下民.〕"라고 하였다.

49 자리를……있는 : 원문의 '濫竽'는 함부로 생황을 분다는 뜻으로, 재주와 학식이 없는 사람이 자리를 차지하고 있는 것을 말한다. 제(齊)나라 때에 생황(笙簧)을 불 줄 모르는 자가 악사(樂士) 중에 섞여 한때 속여 넘겼으나 한 사람씩 불어 보게 하자 도망했다는 고사에서 나온 것이다. 《韓非子 內儲說上》

50 경전(經典) : 원문의 '墳典'은 삼분오전(三墳五典)의 준말이다. 삼황(三皇)이 남긴 책을 《삼분》이라 하고 오제(五帝)가 남긴 책을 《오전》이라 한다.

51 변려체(駢儷體) : 육조 시대(六朝時代)에 유행하였던 한문체(漢文體)의 한 가지로, 수사(修辭)하는 데 네 자(字)와 여섯 자의 대구(對句)를 많이 쓰고 음조(音調)를 맞추며, 뜻보다 형식을 중시(重視)하는 미문조(美文調)의 양식이다. 사륙문(四六文)이라고 한다. 표전 등 외교 문서나 조서 등 국왕의 명을 담은 글, 애책문 등 의례문에

세상에서 필요한 글에 속하는데, 성품 면에서도 이미 가깝지 않고, 재주 또한 미치지 못해, 생각을 굴리면 요지가 무엇인지 전혀 모르고, 말을 엮으면 법도와 조화를 이루지 못합니다. 터럭만큼도 실용에 맞지 않고 아무것도 모른 채 지내다가 드디어 늘그막에 이르렀나이다. 신의 본말이 이 정도에 불과한데 슬그머니 덮어버리고 차지해서는 안 될 자리를 몰래 차지한다면, 치도(治道)를 아름답게 꾸며야 할 때 도리어 사륜(絲綸)[52]에 누가 되고, 문장의 모범을 세워야 할 때 도리어 사림(詞林)에 비웃음을 끼치게 되리니, 신이 직무를 망친 죄는 진실로 동정할 것도 없거니와 재목에 따라 소임을 주는 성조(聖朝)의 도에 있어서는 과연 어떠하겠나이까.

사마광(司馬光)은 문학(文學)과 덕망(德望)에서 백세에 스승이 될 만하였는데도 오히려 사륙문(四六文)을 잘 알지 못한다는 것으로 한림(翰林)의 직책을 극력 사양하였습니다.[53] 고인은 관직에 임해서 구차하지 않음이 이와 같았는데 지금 신은 재주도 없고 학문도 어두워 모든

변려체를 썼기 때문에 이들 글을 담당해야 할 예문관 관원은 반드시 변려체에 능통해야 했다.

52 사륜(絲綸) : 임금의 조서(詔書)를 뜻하는 말이다. 《예기》 〈치의(緇衣)〉의 "왕의 말은 처음엔 실오라기〔絲〕 같다가도 일단 나오면 굵은 명주실〔綸〕처럼 되고, 왕의 말은 처음엔 굵은 명주실 같다가도 일단 나오면 밧줄〔綍〕과 같이 된다."라는 말에서 유래한 것이다.

53 사마광(司馬光)은……사양하였습니다 : 송나라 신종(神宗)이 즉위한 뒤 사마광을 한림학사(翰林學士)로 발탁하려고 했으나, 사마광이 사양했다. 신종이 문장과 학문을 겸했는데 왜 사양하느냐고 묻자, 사마광은 사륙문(四六文)을 못한다고 대답했다. 그러나 신종은 조서(詔書)를 쓸 정도면 된다고 하면서 끝내 그를 한림학사에 제수하였다. 《宋史 卷95 司馬光列傳》

것이 남에게 미치지 못하고, 알지 못하는 것이 다만 한 가지 기예뿐이 아니니, 비록 뻔뻔한 얼굴로 명을 받고 일신을 영화롭게 하고자 한들 고인에게 비웃음을 당하지 않겠나이까.

신은 진실로 재주도 없고 장점도 없지만 어리석고 둔박한 성정은 마음을 꾸미고 말을 속이는 데 이르지도 못합니다. 그러니 지금 스스로 논열한 바는 진실로 가슴속에서 나온 것이지, 감히 터럭만큼이라도 허위나 가식으로 위로 저하의 귀를 속이려는 것도 아니요, 또 감히 선배들이 온화하게 손양(遜讓)했던 것을 흉내 내어 사수(辭受)[54]의 절의를 지킨다고 자처하려는 것도 아닙니다. 다만 헤아려본 뒤에 들어가는 것[55]이 벼슬아치들의 분명한 교훈인지라, 감당할 수 없다는 것을 기왕에 알고서 헛되이 차지하고 있어서는 안 되겠기에 감히 미천한 이의 간절한 심정을 아뢰어 재결해 주시기를 바라나이다. 삼가 원하옵건대 저하께서는 중임을 그릇되이 임명해서는 안 되고 아랫사람의 마음을 억지로 밀쳐버려서는 안 된다는 것을 깊이 헤아리셔서 신의 직명을 속히 체차시켜 주소서. 그리하여 공기(公器 관작)를 엄중히 하시고 미천한 분수를 편히 하여 주신다면 이보다 큰 다행이 없겠나이다.

54 사수(辭受) : 선물이나 벼슬 등의 일을 사양하거나 받는 것을 이른다. 주희의 《회암집(晦庵集)》 권25 〈한 상서에게 보내는 답장(答韓尙書書)〉에서, "사대부가 사양하고, 받고, 나아가고, 물러남은 또한 한 몸만의 일일 뿐만이 아니니, 처신하는 바의 득실은 곧 풍속의 성쇠에 관계된다. 그러므로 더욱 조심하지 않을 수 없다."라고 하였다.

55 헤아려……것 : 《예기》 〈소의(少義)〉에 "임금을 섬길 때에는 헤아려 본 뒤에 들어가야 하고, 들어간 뒤에 헤아려서는 안 된다."라고 하였다.

예조참판 겸 홍문관제학을 사직한 상서[56]

辭禮曹參判兼弘文館提學書

삼가 아뢰옵니다. 신은 일전에 엄한 분부를 받고 도성 문을 나오면서 두렵고 움츠러든 마음으로 공손히 위벌(威罰)을 기다리고 있었습니다. 그런데 뜻하지 않게도 며칠 사이에 앞서 내리신 명을 거두어들이시고 예전처럼 견서(甄敍)[57]하라고 하시더니, 또 며칠 되지 않아 임명장이 갑자기 내려와 신을 예조참판 겸 홍문관제학(禮曹參判兼弘文館提學)으로 삼는다고 하셨습니다. 신은 참으로 성상의 은혜에 감격하여 죽을 곳을 알지 못하였나이다. 소명(召命)이 내려옴에 즉시 달려가 받드는 것이 마땅했을 것이오나, 신은 여름에 외람되이 이 직임을 맡아 직무 수행을 삼가서 하지 못하였는지라, 한 조(曺)의 삼당(三堂 판서·참판·참의, 세 당상관)이 같은 날 특명으로 파직을 당하였습니다. 지금도 그때 일을 생각하면 가슴이 떨리고 두려운데 어찌 감히 시일이 조금 지났다고 스스로 용서하여 태연히 일을 그르쳤던 그 자리를 다시 차지하겠나이까?

하물며 이 겸대의 직임은 더욱더 감히 무릅쓰고 받을 수 없는 이유가 있나이다. 제학(提學)이라는 직분은 실로 문형(文衡)에 버금가는 것이라 자급(資級)과 명망(名望)이 이미 무겁고 인선이 매우 엄격합니다.

56 예조……상서 : 1752년(영조29) 9월 남유용이 예조참판 겸 홍문관제학에 제수되고 나서 올린 상서이다.

57 견서(甄敍) : 퇴직한 사람을 다시 서용하는 것을 말한다.

오늘날 이 선발을 받아들인 사람은 5, 6인에 불과한데 그 가운데 양관(兩館) 제학(提學)을 함께 지낸 자를 세어보면 또 두세 명에 불과합니다. 그런데 신이 어떤 사람이기에 이 선발에 낀단 말입니까? 하물며 지금은 유학의 가르침이 단정하지 못하고 글의 풍조가 날로 쇠퇴해가고 있으니, 그것을 바로잡고 진작시킬 책임이 전적으로 관각의 신하에게 주어져 있습니다. 진실로 학문이 박아(博雅)하고 감식(鑑識)이 정명(精明)하여 많은 선비들에게 추앙과 심복을 받는 자가 아니라면 마땅히 이 자리를 차지해서는 안 됩니다. 그런데 신이 어떤 사람이기에 감히 이 책임을 맡는단 말입니까. 이 두 가지를 가지고 보면 신이 나가고 물러날 바는 분명합니다. 신의 쓸모없고 서툰 실상으로 말하자면 이미 지난번 예문관 제학을 사직하는 글에서 모두 말씀드렸으니 저하께서도 혹 그 본말을 통찰하셨을 터, 어찌 신이 일일이 다시 진술하기를 기다리시겠습니까.

또 신이 삼가 보건대 성명하신 임금의 정치는 명실(名實)을 종합적으로 살폈나이다. 비록 모든 벼슬의 말단 부류라고 하더라고 반드시 재주를 헤아려 관직을 수여하고자 하였으니 이는 참으로 아름다운 뜻이었습니다. 그런데 유독 문학(文學)의 직임에 있어서만 위에서 혹 마구 수여하는 일도 있고 아래에서 함부로 차지하는 일도 있으니 식견이 있는 자들은 필시 “성명한 조정에서 문치를 숭상하지 않는가? 어찌 유사(有司)에게는 상세히 적용하면서 유학(儒學)에 있어서는 소홀히 하는가?”라고 할 터, 치교에 있어서 누가 됨은 작은 일이 아닐 것입니다. 신은 진실로 재주가 없어 성은에 보답할 길이 없사온데, 또 어찌 차마 국가의 명기(名器 관작)로 일신의 영예를 구차하게 도모하여 도리어 문(文)을 숭상하는 정치에 누를 끼치겠나이까? 엎드려 원하옵건대 세자 저하께서는 신의 말이 가슴속에서 나온 것임을 굽어살피시고 으레 사양하는 것으로 보지 마소서. 그리하여 빨리 이 직임을 체차시켜 주시면 공사(公私) 간에 매우 다행이겠나이다.

도당 회권[58]의 명이 내린 후 홍문관 제학을 사직한 상서
都堂會圈命下後 辭弘文提學書

삼가 아뢰옵니다. 신이 질병으로 틀어박혀 지내던 중에 삼가 제수하는 교지를 받들었사온데 신을 홍문관 제학(弘文館提學)으로 삼는다는 것이었습니다. 곧이어 도당회권(都堂會圈)을 하라는 소명(召命)이 엄연히 내려왔습니다. 아. 당록을 만드는 일은 중요한 일이라, 사람을 내치고 올리고 벼슬의 등급을 매기는 문제는 각각의 사람에게 책임을 지울 수 있는 것이 아닙니다. 그런데 사람이 세 번이나 바뀌더니, 절대 감당할 수 없는 신하에게 미치게 되었나이다. 신이 절대 감당할 수 없는데 여러 신하들이 머뭇거린 뒤에 받들게 되었으니 신의 마음속에 두렵고 편지 못한 것은 말할 것도 없거니와 국가의 체모에 손상이 있는 것은 어찌할 것이며 나랏일을 망치는 것은 어찌할 것입니까?

이 밖에도 또 결코 무릅쓰기 어려운 의리가 있나이다. 대개 관록(館錄)[59]이 처음 나옴에, 전(前) 제학(提學) 윤급(尹汲)이 권점(圈點)을

58 도당 회권(都堂會圈) : 도당 곧 의정부에 모여 홍문관의 교리(校理)·수찬(修撰) 등을 선임하기 위해 제2차로 추천하는 과정이다. 의정(議政)·찬성(贊成)·참찬(參贊)·이조 판서(吏曹判書) 등이 모여 홍문록(弘文錄)에 오른 명단에서 적합한 사람의 이름 위에 권점(圈點)을 찍고 이 권점의 수를 헤아려 임금에게 올리면 득점의 순위대로 교리·수찬에 임명한다.

59 관록(館錄) : 홍문관(弘文館)의 교리(校理)·수찬(修撰)을 임명하기 위한 1차 선거(選擧) 기록이다. 먼저 7품 이하의 홍문관원(弘文館員)이 뽑힐 만한 사람의 명단을 만들면 부제학(副提學) 이하 여러 사람이 모여 적합한 사람의 이름 위에 권점(圈點)을 찍는데, 이것을 기록하는 것을 홍문록(弘文錄)이라고 하였다.

할 때 실격(失格)한 일로 공청(公廳)에서 말이 오고 갔는데, 도당회권을 하라는 명이 내려오고 난 뒤에 윤급은 굳이 사양하여 체차되었습니다. 근래 들어 두 중신 또한 모두 명을 따르지 않아 혹은 견책을 받고 혹은 체차가 되었으니 결국에는 급한 일을 처리해야 할 책임이 갑자기 신에게 미친 것입니다. 돌아보면 신은 용렬한데 무슨 식견과 역량이 있어서 스스로 남들보다 낫다고 여기면서 남들이 지지 않는 무거운 짐을 홀로 질 수 있겠나이까?

아. 재주 있는 선비들이 적체되어 있는 문제는 대조(大朝 영조)께서 진념(軫念)하시는 바입니다. 신이 비록 지극히 어리석어도 어찌 성상의 뜻을 우러러 받드는 것을 생각하지 않겠나이까? 그런데도 구구하게 나아가기 힘든 심정을 위와 같이 진술한 것은 문비(問備)[60]와 거듭된 소명이 내려옴에, 운신할 길이 없는지라 대략의 문자를 들여보내 우러러 미천한 신의 간절한 마음을 아뢰는 것이옵니다. 엎드려 바라옵건대 자애로우신 저하께서는 빨리 위벌(威罰)을 내리시어 신이 명을 거스르고 오만하게 한 죄를 처벌하시고 신의 직임을 일을 감당할 만한 사람에게 다시 제수하소서. 그리하여 내리신 명이 계류되지 않도록 하고 권점하는 일이 속히 마무리된다면 이보다 큰 다행이 없겠나이다.

60 문비(問備) : 죄과가 있는 벼슬아치에 대하여 사헌부의 관원이 서면으로 심문하는 것을 이른다. 《성호사설(星湖僿說)》 권15 인사문(人事門)의 〈문비〉 조에는 문비에 대해 "이는 바로 다 갖추기를 요구하는 뜻이다. 비록 권세가 중한 대신이라도 잘못이 있으면 법사에서 문비하는 규례가 있으니, 대신은 이에 대한 답에 그 사유를 말하기도 하고 또는 잘못을 인정한다고 말하기도 하였다."라고 하였다.

엄한 분부를 받은 후에 올린 사직 상서 갑술년(1754, 영조30)[61]

嚴旨後辭職書 甲戌

삼가 아뢰옵니다. 신은 이틀 사이에 엄한 소명을 다섯 번이나 어겼으니 의리와 분수를 모두 무너트린 것이라 만 번 죽어도 오히려 가벼울 것이옵니다. 신은 비록 견책을 기다리는 가운데 있었으나 마침 거듭된 나라의 경사를 만났는지라 감히 하례하는 반열에 나가는 것을 스스로 막지 못하고 부득이 나아가 한 번 숙배를 하였사옵니다. 정(情)과 예(禮)를 조금 펼 수는 있었으나 두려운 마음이야 어찌 감히 잠시라도 느슨해질 수 있겠나이까. 이러한 때에 삼가 어제 대조(大朝 영조)의 전교(傳教)를 받들었사온데 글의 뜻이 지엄하였는지라 신은 받들어 읽기를 다 마치기도 전에 식은땀이 몸을 적셔 더욱 몸 둘 바를 몰랐나이다.

그날 연상시(延祥詩)[62]의 성적을 매김에 있어서 중궁전(中宮殿) 첩자(帖子)를 지어 올린 사람은 단 한 사람일 뿐이었는지라, 할 수 없이 그중에서 두 수를 뽑아 올렸사온데 그가 휘를 범한 곳을 신이 실로 멍청하게 발견하지 못하고 번거롭게 성교를 내리시게 하였습니다. 이어서 엄하게 추고(推考)하라는 명이 내려왔으니 신이 삼가지 못한 죄가 여기에서 드러났습니다.

61 갑술년(1754) : 남유용의 나이 57세 되던 해이다.

62 연상시(延祥詩) : 정월 초하루를 축하하기 위하여 문관들이 임금에게 지어 바치는 시이다.

대저 지방에서 새로 진출한 사람이 휘(諱)를 암기하지 못하여, 잘못 촉범(觸犯)을 한 경우라 하더라도 오히려 무망(無妄)의 주벌[63]을 면치 못할 것인데, 하물며 신은 외람되이 근신의 반열에 있으면서 마땅히 삼가야 할 처지에서 삼가지 못하였으니 그 죄가 오죽 크겠습니까. 어찌 감히 이미 받은 가벼운 처벌을 핑계 대면서 스스로 용서할 수 있겠나이까. 엎드려 바라옵건대 저하께서는 신이 지니고 있는 문임(文任)을 빨리 삭탈하시어 나라의 체통을 엄히 하소서.

또 신은 며칠간 찬 공기를 쐰 나머지 평소 앓던 산기(疝氣)[64]가 갑자기 도지는 바람에 위중한 상태가 되었나이다. 적담(積痰)이 가슴에 가득하고, 부열(浮熱)이 위로 치받치고, 가빠지는 호흡에 식은땀이 나 잠시도 몸을 보전하기 어려울 듯합니다. 백관들이 정유(庭籲 대신들이 대궐 뜰에서 호소하는 것)를 하여 신하들의 마음이 초조하고 절박한 이러한 때, 반열의 끝에 나아가 몸을 바쳐 합문(閤門)을 두드리는 정성[65]을 바칠 수도 없나이다. 이와 같은 신하일진댄 살아도 죽느니만 못하오니 또한 위벌(威罰)을 아울러 내리시어 백관들에게 경계를 보이시기를 바라나이다.

63 무망(無妄)의 주벌 : 의도하지 않게 애매하게 받게 되는 주벌을 말한다. 《주역》 〈무망괘(無妄卦) 육삼(六三)〉에 "애매하게 당하는 재앙이니, 누군가가 매어 둔 소를 길 가는 사람이 훔쳐 갔건마는 마을 사람들이 누명을 쓰게 된다.〔無妄之災, 或繫之牛, 行人之得, 邑人之災.〕"라는 말에서 나온 것이다.

64 산기(疝氣) : 허리 또는 아랫배가 아픈 증상을 말한다.

65 합문(閤門)을……정성 : 합문(閤門)은 편전(便殿)의 앞문을 이른다. 나라에 중대한 일이 있으면 조신(朝臣) 또는 유생(儒生)들이 상소(上疏)하고서 그 요청이 받아들여질 때까지 대궐 앞에 엎드려 청하였는데 이를 복합(伏閤)이라고 하였다.

홍문관 제학을 사직한 상서

辭弘文提學書

삼가 아뢰옵니다. 신과 같은 변변치 못한 사람이 외람되이 차지해서는 안 될 자리를 차지하고 있는지라 맡기신 일도 감당하지 못하고 거듭 사단을 야기하였습니다. 지난번 성교(聖敎)를 받든 뒤로 두렵고 부끄러운 마음을 이기지 못하여 교외의 처소에서 칩거하고 있으면서 문을 닫고 들어앉아 잘못을 반성하고 있은 지 지금까지 석 달이 되었나이다.

그런데 뜻밖에도 이제 특별히 천은(天恩)을 입었사오니, 견서(甄敍)[66]의 규례에 따라 다시 옛 관직을 제수하시고, 이어서 반제(泮製)[67]를 주관하라 명하시며 신에게 올라오기를 재촉하신 것이었습니다. 신은 삼가 은혜로운 조서를 받들고 땅에 닿도록 머리를 조아리며 죄를 짊어진 천신이 어떻게 성명하신 전하께 이러한 대우를 받을 수 있는지 알지 못하였나이다. 그러니 신의 사적인 의리에 있어서는 엎어지고 넘어질 것을 헤아리지 말고 병든 몸을 억지로 채찍질하여 감격스러운 마음을 조금이라도 펴야 마땅할 것입니다.

다만 새로 제수하신 이 직책은 곧 신이 일을 그르쳐 견책을 당한 자리인데, 얼마 되지 않아 신으로 신을 대신하신 것입니다. 지난 잘못

66 견서(甄敍) : 퇴임자 중에서 적합한 사람을 골라 다시 관직에 복귀하게 하는 것을 말한다.

67 반제(泮製) : 성균관에서 공부하는 유생들에게 보이는 제술(製述) 시험으로 성적이 우수한 2~3명을 뽑아 전시(殿試)에 바로 응시할 수 있는 자격을 주었던 도기시(到記試)를 이른다.

도 아직 속죄하지 못하였는데 영광스러운 직함을 예전처럼 주셨으니 총체적으로 다스려야 하는 성조(聖朝)의 정사에 있어서 분수를 넘는 것이 이 정도에 이르는 것은 온당치 않습니다. 비록 신이 구구한 염치를 가지고 말씀드린다 하더라도 어찌 감히 은혜를 탐하고 죄를 잊은 채 편안히 반열에 나아가 개과천선(改過遷善)의 의[68]를 전부 팽개치고 각별히 조심해야 하는 경계[69]를 거듭 범하겠나이까.

아. 신이 지난번에 올린 상서[70]가 어찌 그만둘 수 있는데도 그만두지 않은 것이겠습니까. 내리신 명이 오랫동안 지체되고 있는데 소패(召牌)가 갑자기 내려왔습니다. 신이 나아가서 명을 받들려니, 본관의 권점에 대해 사람들의 말이 있었기에 당록은 갑자기 논의되지 못한 상황이었고,[71] 위포(違逋)[72]를 일삼자니 소신의 뜻을 하나도 상달할 수 없는지라 분의(分義)상 더욱더 황송한 마음이었습니다.

68 개과천선(改過遷善)의 의 : 원문의 '息黥補劓'는 형벌을 받아 훼손된 몸을 온전하게 회복한다는 뜻으로, 개과천선을 의미한다. 《장자(莊子)》 〈대종사(大宗師)〉에 "조물주가 내 이마에 가해진 묵형의 흔적을 없애 주고 내 베어진 코를 보완해 주어 완전한 인간의 몸으로 선생의 뒤를 따르게 해 주지 않을 줄 어떻게 알겠는가."라는 말이 있다.

69 각별히……경계 : 원문의 '吹虀'는 징갱취해(懲羹吹虀)의 준말로, 뜨거운 국을 먹다가 속을 데고 나면 냉챗국을 먹을 때도 불어서 먹는다는 뜻이다. 주로 지나치게 경계하거나 두려워하는 것을 비유할 때 쓰인다.

70 지난번에……상소 : 영조 29년 12월 22일에 올린 상소이다. 《뇌연집》 권10 〈도당회권의 명이 내린 후 홍문관 제학을 사직한 상서〔都堂會圈命下後辭弘文提學書〕〉 참조.

71 본관의……상황이었고 : 관련 내용은 《영조실록》 29년 12월 17일 기사에서 볼 수 있다. 본관록에 문제가 있다는 사람들의 말이 있었기에 다음 단계인 도당록(都堂錄)은 논의할 수도 없는 상황이라는 의미이다.

72 위포(違逋) : 패초를 어기고 나오지 않는 것을 말한다.

또 신의 어리석은 생각으로는 그때 문임을 맡은 신하가 권점에 참여한 동벽(東壁)[73]과 승정원 관원 여럿이 모여 앉은 자리에서 말을 나누었으니 이는 사적인 방에서 말을 나눈 것과 일의 성격이 현격히 다른 것이라 아래에서 편의에 따라 처리할 일이 아니고 반드시 한 번 주상께 아뢰어서 처분을 기다려야 한다고 여겼습니다. 그래서 신이 결국 그 요지를 대략 들어 감히 명에 따를 수 없는 의를 밝힌 것인데, 일을 조정에 올린 것이 분수에 넘는 짓이 되는 것은 깨닫지 못하였습니다.

또 신은 '예로부터 권천(圈薦)의 일은 격례(格例)를 더욱 중시 여겼다. 대저 두 번 들어가 권점하는 것을 허용할 수 있다면 세 번 들어가는 것을 누가 막겠으며 뒤늦게 권점하는 것을 할 수 있다면 거듭 권점하는 것을 어떻게 징계할 수 있겠는가?[74] 그 뜻이 비록 완록(完錄)[75]을 빨리 이루려고 하는 것이기는 하지만 그 조짐은 반드시 유폐(流弊)에 이를 것이니 또한 반드시 한번 성상께 아뢰어서 교정을 기다려야 한다.'라고

73 동벽(東壁) : 관리들이 회석(會席)할 때, 동쪽에 자리 잡는 벼슬아치들을 말하는 것으로, 여기서는 홍문관 응교(應敎)나 부응교(副應敎)를 가리킨다.

74 뒤늦게……있겠는가 : 당시 교리 이현중(李顯重)이 홍문록의 후보 가운데 상피할 사람이 있었는데, 이미 그 후보는 홍문록에 선발하도록 결정되어 있었음에도 이현중이 상피할 것만 생각하고 처음에 들어가 권점하지 않았다가 나중에서야 이 사실을 알고 다시 들어가 권점을 행했던 일이 있었기 때문에 이른 말이다. 《承政院日記 英祖 30年 1月 2日》

75 완록(完錄) : 도당록(都堂錄)을 작성할 때 삼공(三公)이 여러 당상관과 함께 모여 앉아 권점(圈點)을 찍은 뒤 그 권점을 계산하여 정리하는 것인데, 완록의 법규는 관직(館職)에 있는 사람은 탈의 유무를 막론하고 반드시 사사로이 서로 의논하여 모두 이의(異議)가 없은 다음에야 비로소 회좌(會坐)할 수 있었다. 《肅宗實錄 29年 12月 3日, 43年 8月 7日》

생각하였습니다. 그래서 신이 결국 들은 바를 대략 아뢰어서 권점을 담당하는 것이 매우 어렵다는 뜻을 밝힌 것인데, 지난 일을 뒤늦게 제기하는 것이 성상의 귀를 번거롭게 해 드린다는 것은 깨닫지 못하였습니다.

신은 엉성하고 꽉 막혀 일의 정황을 잘 알지 못하는 것이 대체로 이와 같습니다. 그러나 어찌 터럭만큼이라도 딴생각이 그 사이에 싹트는 일이 있겠나이까. 제신들이 등수를 써서 제출할 때 본사(本事) 외에 사설(辭說)이 층층이 격화되다가 결국 두 신하가 함께 연석에서 논척을 당했습니다. 그런데 논척을 당한 것은 권점을 한 일이 잘못되어서가 아니라 오직 서로 다툰 것으로 질책을 받은 것인즉 그 다툼의 단서는 진실로 신의 상서(上書)에서 나온 것입니다. 말은 비록 숨김이 없어야 한다는 데서 나왔으나 행적은 실로 소란을 일으키는 데까지 이르렀으니, 가르치고 나무라시는 성지(聖旨)가 내려옴에 땀이 등을 적시고 부끄러움이 가슴에 남아 몇 달이 지나도록 편안치 못하였습니다.

지금 질병이 몸을 침범하고 온갖 생각이 모두 재가 되었어도 경계하고 두려워하는 마음은 감히 하루도 느슨히 하지 못하는데, 이러한 때에 은명(恩命)이 내려올 것을 어찌 신이 꿈에선들 상상이나 했겠습니까?

신은 비록 비루하고 졸렬하나 외람되이 받은 관직으로 말하자면 이것이 어떤 직책입니까. 앞서서는 이로 말미암아 견책을 받고 뒤에는 이로 말미암아 승진의 계제를 마련한 셈인데 뻔뻔하게 무릅쓰고 차지하면서 마치 원래 가지고 있었던 것인 양한다면 이는 과연 어떤 사람이라 하겠습니까?

또 신은 와병 중에도 때때로 성교(聖教)를 기억하면서 암송하였나이다. 글의 뜻이 엄정한 가운데 실로 면계(勉戒)의 뜻이 있었으니 가슴속에 깊이 새겨야 하는 신의 도리에 있어서 의당 조용히 있어야 할 것이요 움직여서는 안 될 것입니다. 서 있을 때에는 앞에 있고 수레에 있을 때에는 멍에에 기대 있는 것처럼[76] 늘 염두에 두어야 한다는 이 뜻이 분명하기에 재촉하는 부르심이 멀리서 이르렀어도 몸을 움직일 방법이 없습니다.

유생의 과시는 정해진 기간이 있는데 신이 공무를 비워둔[77] 까닭에 또 죄 하나를 보태게 되었는지라, 이에 감히 미천한 이의 간절한 마음을 다 드러내어 우러러 아뢰옵니다. 엎드려 바라옵건대 저하께서는 신이 가지고 있는 직임을 삭탈하시고 신이 명을 만홀히 한 죄를 처벌하시어 나라의 체통을 엄히 하소서. 그리하여 천한 분수를 편히 해주신다면 천만다행이겠나이다.

76 서 있을……것처럼 : 자장(子張)이 행(行)에 대해 묻자, 공자가 대답하기를, "말이 충신(忠信)하고 행실이 독경(篤敬)하면 오랑캐 나라에서도 행해질 수 있지만, 말이 충신하지 못하고 행실이 독경하지 못하면 작은 마을에서라도 행해질 수 있겠는가. 일어서면 그것이 앞에 있고〔參於前〕, 수레에 탔을 때면 그것이 멍에에 기대어 있음〔倚於衡〕을 볼 수 있어야 한다."라고 대답하였다. 《論語 衛靈公》

77 공무를 비워둔 : 원문의 '瘝曠'은 관리가 병을 핑계로 공무를 잘 살피지 않는 것을 말한다.

소명을 어긴 후 죄를 청한 상서

違召後請罪書

삼가 아뢰옵니다. 신은 어제 진전(眞殿)에 친향(親享)하실 때의 제문(祭文)을 제진(製進)하는 일로 삼가 대조(大朝)의 소명(召命)을 받들었나이다. 사륜(絲綸)의 대찬(代撰)은 비록 신이 맡고 있는 일은 아니지만 진실로 정세상 무릅쓰기 어려운 것이 없다면 힘써 명을 받들어야 할 것이옵니다. 그러나 신은 지난번 전강(殿講)에 입시하였을 때 대조의 엄한 분부를 거듭 받았사온지라,[78] 지금도 돌이켜 생각하면 등에 땀이 흥건히 나옵니다. 목전의 떨리고 두려운 심정은 실로 의관을 차리고 나아갈 수 있는 형편이 아닌지라 패초가 내려옴에 명을 어긴 죄를 면치 못하였으니 신의 죄 이에 이르렀는지라 만 번 죽어도 가벼울 것입니다.

아! 우리 성상께서 제생(諸生)을 넉넉히 포용하시기를 마치 다친 사람 다루듯 하시는 것은 덕스러운 뜻이 성대하기 때문입니다. 그런데

78 신은……받았사온지라 : 전강(殿講)은 경서의 강독을 권장하기 위하여 실시하던 시험으로, 성균관의 유생 가운데서 선발하여 임금이 친히 대궐에 모아 놓고, 삼경(三經)이나 오경(五經)에서 찌를 뽑아서 외게 하고, 이에 합격하면 문과(文科)의 복시(覆試) 또는 전시(殿試)에 응시할 수 있는 자격을 주었다. 《續大典 禮典 諸科》 이 사건은 임금이 명정전(明政殿)에 나아가 친히 관학 도기 유생(館學到記儒生)을 시험할 때, 유생 양우범(梁禹範)에게 임금이 통생(通栍)을 내려 하였으나, 시관(試官) 남유용(南有容)이 귀가 먹어서 임금의 뜻을 알지 못하고 약생(略栍)을 냄에, 임금이 노하여 남유용을 갈라고 명했던 사건이다. 그 뒤 연신(筵臣)의 말에 따라 하교를 도로 거두었다. 《英祖實錄 30年 閏4月 16日》

신은 참으로 우매하여 우러러 받들지 못하고 생(栍)[79]을 낼 때 결국 서툴고 경솔하게 하고 말았으니 이것이 신의 죄입니다. 신은 이미 면전에서 책교(責敎)를 받들고 허겁지겁 물러나왔는지라, 비록 너그러운 은혜를 입어 다행히 큰 꾸지람을 면하게 되었다 하더라도 가지고 있는 직명은 응당 체차되어야 할 것이옵니다. 그런데 후원(喉院 승정원)에서 살피지 못하여 장단(長單 사직소)이 저지당하는 바람에 영화로운 직함을 헛되이 지닌 채 며칠을 보냈사옵니다. 신의 마음 민망하고 움츠러들어 매 순간 편치 못하온데 오히려 어찌 감히 자애로우신 성상만을 믿고 태연하게 직무 사이에서 분주히 다니며 명을 받자올 수 있겠나이까.[80] 이는 다만 구구한 염치로 편히 있을 수 없는 것일 뿐 아니라 실로 의리와 분수상 감히 할 수 없는 것이기도 합니다.

이제 단오첩(端午帖)의 운을 내고 성적을 매기는 일로 소패(召牌)가 또 내려왔사오나 신의 떨리고 두려운 마음은 오늘이나 어제나 마찬가지입니다. 이리저리 생각하고 헤아려 보아도 움직일 방법이 없는지라 간략하게 문자를 들여보내 미천한 이의 간절한 마음을 우러러 호소하옵니다. 엎드려 바라옵건대 인자하신 저하께서는 굽어살피고 헤아려

79 생(栍) : 길이가 1촌(寸) 반의 둥근 나무에 통(通)·약(略)·조(粗)·불(不)을 각각 1자씩 쓴 것으로, 강(講)의 성적이 우등인 자에게는 통자생(通字栍), 그다음은 약자생(略字栍), 그다음은 조자생(粗字栍), 아주 성적이 좋지 못한 자에게는 불자생(不字栍)을 내어 우열(憂劣)을 구별하였다.

80 분주히……있겠나이까 : '奔奏'는 군주의 덕을 전하고 명예를 알린다는 뜻으로 신하의 직분을 수행하는 것을 말한다. 《시경》에 "나에게 분주하는 자가 있다.〔予曰有奔奏〕"라는 구절이 있는데, 그 주(註)에서 "덕을 유시(諭示)하고 명예를 선양(宣揚)하는 것을 분주라고 한다.〔喩德宣譽曰奔奏.〕"라고 하였다. 《詩經 綿》

주셔서 신이 지니고 있는 본직과 겸직의 여러 직임을 빨리 삭탈해주소서. 이어 신이 명을 어긴 죄를 다스리시어 무너진 기강을 엄숙히 하시고 천한 분수를 편히 하여 주신다면 천만다행이겠나이다.

원손 보양관을 사직한 상서
辭元孫輔養官書

삼가 아뢰옵니다. 신은 지난번에 성은을 입어 하읍의 수령으로 제수되었사온데 어머님을 모시고 부임지로 떠날 날이 얼마 남지 않았을 때 천만뜻밖에도 원손(元孫) 보양(輔養)의 명을 삼가 받들었나이다.[81] 어리둥절하고 두렵다가 이어 부끄러움에 땀을 흘렸으니 지금 이 명이 어떻게 외람되이 신의 몸에 미치게 되었는지 알지 못하겠나이다.

아! 나라에서 사람을 쓰는 데 있어서 귀한 것은 재주를 헤아려 직임을 주는 데 있어야 하고 인신(人臣)이 직임을 받음에 있어서는 의리상 분수를 헤아려 반열에 나아가야 마땅합니다. 혹시라도 위에서 잘못 들어 쓰거나 아래에서 함부로 차지함이 있다면 명기(名器)에 누가 되고 염치를 무너트리게 될 것이니 작은 일이 아닙니다.

무릇 보도(輔導)로 이름을 삼는 자 누군들 신중히 가려 뽑은 사람이 아니겠습니까마는 몽양(蒙養)[82]의 초기에는 그 적임자를 찾기가 더욱 어렵습니다. 대개 양지(良知)[83]를 유발(誘發)하고 총명(聰明)을 개도

81 신은……받들었나이다 : 영조 30년(1754) 9월 2일에 민우수, 남유용을 원손의 보양관으로 삼았는데 이에 앞서 8월 남유용이 안악 군수(安岳郡守)가 되었기 때문에 이른 말이다.

82 몽양(蒙養) : 어린이를 교육하는 것을 말한다. 《주역》 〈몽괘(蒙卦) 단(彖)〉에 "어릴 적에 바르게 되도록 교육받는 것이 성인이 되는 공부의 첫걸음이다.〔蒙以養正, 聖功也.〕"라는 말이 나온다.

83 양지(良知) : 선천적으로 타고난 지혜, 도덕의식을 말한다. 《맹자》 〈진심 상(盡心

(開導)하는 방법은 오로지 언어 문자만 가지고 하는 것이 아니라 대부분 덕으로 교화하여 보면서 감동하게 하는 사이에 있습니다. 진실로 덕을 갖춘 큰선비가 아침저녁으로 보좌하지 않으면 공효를 기대할 수 없기에 조종조(祖宗朝) 이래 이 자리를 가장 엄중히 선발하였습니다. 전후에 이 자리를 거쳐 간 사람들은 산림(山林)의 원로가 아님이 없었고 간혹 조정에서 밤낮으로 봉직하는 현자들이 끼어 있기도 하였으나 역시 모두 명망과 실상이 모두 높아 일세에 모범이 되고 공경을 받는 사람이었습니다. 어찌 일찍이 신과 같은 재주 없고 학문에 어두운 사람이 그 사이에 의의(擬議)[84]된 적이 있었겠나이까.

신의 쓸모없고 서툰 실상은 신이 예전에 주연(胄筵 서연(書筵))에서 저하를 모셔온 것이 벌써 몇 년의 세월인지라, 저하께서 밝게 살피셨을 터인데, 어찌 숨길 수 있겠나이까.

신은 본디 질병에 잘 걸리고 성품 또한 성글고 게으른데다가 일찍이 스승께 학업을 전수받지 못하여 자신을 닦는 공부가 전혀 이루어지지 못하였고, 지금 노쇠해짐에 미쳐서는 결국 자포자기[85] 상태가 되었사

上)〉에 "사람이 배우지 않고도 능한 것은 양능(良能)이요, 생각하지 않고도 아는 것은 양지(良知)이다."라고 하였다.

84 의의(擬議) : 말하기 전에 의논하는 것을 의(擬)라 하고, 실행하기 전에 의논하고 평가하는 것을 의(議)라 하니, 의의(擬議)는 어떤 일의 계획이나 실행에 앞서서 토의하는 일을 일컫는 말이다.

85 자포자기(自暴自棄) : '자포'는 스스로 해치는 것으로 도덕(道德)과 예의(禮義)를 부정함을 이르고, '자기'는 스스로 포기하는 것으로 자신은 도덕과 인의를 행할 수 없다고 체념함을 이른다. 맹자는 "자포하는 자와는 더불어 말할 수 없고 자기하는 자와는 더불어 훌륭한 일을 할 수 없으니, 예의를 비난하는 자를 자포라 이르고 내 몸은 인의를 행할 수 없다고 하는 자를 자기라 이른다."라고 하였다. 《孟子 離婁上》

옵니다. 여항에서 아이들을 가르치는 일이나, 장구(章句)나 가르치는 직책이라 하더라도 오히려 신이 그럴듯하게 할 수 있는 바가 아니거늘 하물며 지금 외람되이 맡게 된 직책은 얼마나 막중한 책임이 있는 자리인데 위에서 함부로 주시고 신이 함부로 받을 수 있겠나이까.

《서경》에서는 "모든 관직을 비우지 마소서."[86]라고 하였습니다. 관직은 있는데 인원을 채울 수 없거나 인원은 채우는데 마땅한 사람을 얻을 수 없는 것을 모두 '비운다'고 말합니다. 지금 현자를 기다려야 하는 자리를 지극히 형편없는 신에게 마구 베푸신다면 인원을 채우는 것[87]도 아니고 이른바 마땅한 사람을 얻은 것도 아니니 그 관직을 비우는 것이 무엇이 이보다 심하겠나이까. 신은 세상의 식자들이 성조(聖朝)의 거조(擧措)를 비방할까 염려되옵니다.

신이 삼가 들으니 원손은 젖을 떼기 전부터 타고난 자질이 숙성하여 먼 곳 가까운 곳에 있는 사람을 막론하고 모두들 눈을 비비고 보기를 원하는 충정을 보였다고 합니다. 만일 신이 진실로 나아갈 수 있는 형편이어서 이일을 계기로 가까이에서 모시면서 한 번 의용(儀容)을 뵐 수 있게 된다면 어찌 큰 소원이요 지극한 영광이 아니겠나이까. 그러나 저 스스로를 매우 밝게 알고 있고 스스로를 이미 자세히 헤아리고 있거늘 어찌 성은을 저버리는 죄를 범하겠나이까. 감히 왕명에 달려

86 모든……마소서 : 인재를 잘 등용하여 여러 관원으로 하여금 그 직무를 제대로 수행하게 해야 한다는 의미이다. 《서경》〈고요모(皐陶謨)〉에 "모든 관직을 비우지 마소서. 하늘의 일을 사람이 대신한 것입니다.〔無曠庶官, 天工人其代之.〕"라는 말이 나온다.

87 인원을 채우는 것 : 원문의 '備員'은 겨우 숫자나 채울 뿐 큰 역량을 발휘할 수 없는 신하라는 의미이다.

가 받드는 것을 공손이라고 생각지 않고 며칠을 배회하다가 마침내 죽음을 무릅쓰고 간절한 마음을 진달하는 데 이르렀사옵니다. 엎드려 원하옵건대 저하께서는 신의 몹시 간절한 마음을 헤아려 주시고 대조께 여쭈시어 신에게 새로 내리신 보양관의 명을 고쳐 달라 하소서. 그리하여 공기(公器)를 중히 하고 미천한 분수를 편히 하여 주신다면 더할 나위 없이 다행이겠나이다.

원손 보양관을 사직한 상서 두 번째
辭元孫輔養官書 再書

삼가 아뢰옵니다. 신은 지난번에 사본(辭本)을 올려 간절한 마음을 다 기울여 보양관의 직임을 해임시켜 주실 것을 바랐사옵니다. 그리고 직무에 걸맞지 않은 실상과 무릅쓰기 어려운 의리를 아마도 세자 저하께서 굽어 살펴 주시어 개체(改遞)하여 주실 것이라 생각하였나이다. 그런데 내려주신 비답을 받들고 보니 생각했던 바와 매우 다른지라 신은 진실로 황송하고 마음이 졸여 더욱 몸 둘 바를 모르겠나이다.

아. 보양관의 직임은 실로 〈주관(周官)〉에서 말하는 보(保)와 부(傅)의 책임을 겸합니다.[88] 국가가 이 관직을 설치하면서 반드시 기덕(耆德)과 숙학(宿學)[89]의 선비를 기다려 그 지위에 둔 것이 어찌 괜한 뜻이었겠나이까. 대개 어린아이[90] 때부터 올바른 사람을 익히 보아 사

88 주관(周官)에서……겸합니다 : 주관은 주(周)나라 관직 제도를 말한다. 《서경》 〈주관(周官)〉에 "태사(太師), 태부(太傅), 태보(太保)를 세우노니, 이가 바로 삼공이다. 도를 논하고 나라를 다스리며, 음양을 조화시켜 다스리나니, 관원을 반드시 구비할 것이 아니라, 오직 적임자를 등용할 뿐이다."라고 하였다. 또 한(漢)나라 대덕(戴德)이 지은《대대례기(大戴禮記)》〈보부(保傅)〉에는 "태보는 임금의 신체를 보호하고, 태부는 임금을 덕의로 보좌하고, 태사는 임금을 교훈으로 인도하였다."라는 말이 있다.

89 기덕(耆德)과 숙학(宿學) : 기덕(耆德)은 나이가 많고 덕이 높은 사람을, 숙학(宿學)은 오랫동안 깊이 학문을 연구하여 학리(學理)에 통한 사람을 일컫는다.

90 어린아이 : 원문의 '孩提'는 2, 3세 정도 되는 나이를 말한다. 《맹자(孟子)》〈진심상(盡心上)〉에 "해제의 어린아이도 자기 부모를 사랑할 줄 모르는 이는 없다."라고 하였고, 이에 대해 주희는 "해제는 두세 살 정도 되는 웃을 줄 알고 손을 잡아 주고 안아

대부를 가까이하고 사랑하는 마음을 기르게 하기 위한 것이옵니다. 그 가르침은 지극히 미미하고 시답지 않지만 관계되는 것은 매우 무겁고 크니 다른 모든 유사의 관직처럼 자품에 따라 올라가[91] 자리를 채우고 직무를 간신히 수행할 뿐인 것과는 같지 않습니다. 저하께서 내리신 비답의 말뜻으로 보면 이 직임이 다른 직임과 차이가 있다는 것을 저하 역시 이미 모두 잘 알고 계신 듯하지만 차이가 있기 때문에 가려 뽑을 때에는 정녕 더욱더 어렵게 여기고 신중히 해야 하는 법입니다. 만일 신과 같이 쓸모없고 엉성하며 견문이 적고 비루한 사람이 산림(山林) 숙덕(宿德)의 사이에 끼어 구차하게 그 한 명의 인원을 채우게 된다면 어렵게 여기고 신중히 하는 것이 어디 있으며 다른 직임과 차이를 두는 것을 어떻게 보겠나이까.

원손이 겨우 강보에서 벗어났으니 보도(輔導)의 절차를 급히 서두를 것이 없을 듯하지만 《소학》의 처음 가르침은 밥을 먹고 말을 할 줄 알 때부터 교육 아님이 없으니 도와서 이끌고 덕으로 감화를 시키는 모든 방법에 있어서 정녕 이때를 놓쳐서는 안 됩니다. 비록 사사로이 모시는 반열에 있는 자라도 오히려 사람을 신중하게 선택해야 하거늘 하물며 보양의 직임에 대하여 평범하고 변변치 못한 사람을 섞어 뽑아 그 좌우를 더럽히고 그 총명에 오점을 남기게 해서야 되겠습니까.

신은 비록 지극히 어리석으나 스스로를 아는 것은 매우 밝으니, 학술로 말하자면 장구(章句)의 여업(餘業)에 불과하고, 명품(名品)으로 말

줄 만한 아이이다."라고 하였다.

91 자품에……올라가 : 원문의 '循資'는 관리를 임용할 때 그 계급의 자품(資品)에 따라서 차례로 승진시키던 것을 말한다. 능력(能力) 본위로 초자(超資)하는 것이 아니라 근무한 햇수에 따라 승진시키던 것이다.

하면 벼슬아치 중 말류에 불과합니다. 이 한 몸을 돌아보면 조그만 장점도 찾을 수 없고 구구하게 힘쓰는 것이라고는 오직 정해진 분수를 삼가 지키면서 조금이라도 성은에 보답하고자 하는 데 있을 따름인데, 지금 외람되이 받은 직임은 돌이켜 스스로 헤아려 보아도 정해진 분수를 참람하게 넘음이 등에 짐을 져야 할 사람이 수레에 타는 것 같은 정도가 아닙니다.[92] 신의 마음이 부끄럽고 편치 못한 것은 그래도 저의 사사로운 문제와 관련된 것이니 족히 말할 것이 있겠습니까마는 두려운 것은 성조(聖朝)의 명기(名器)가 신으로 말미암아 더욱 가벼워지고 조종(祖宗)께서 관직을 마련하신 뜻이 신으로 말미암아 점점 어그러지게 되는 것입니다.

대저 직책을 맡고 사직을 청하는 것은 관직을 가진 자들의 상례이지만, 지금 신의 지극히 간절한 마음은 진실로 가슴속에서 나온 것이요 감히 터럭만큼도 거짓을 꾸며 위로 저하의 총명을 속이는 것이 아닙니다. 삼가 바라옵건대 저하께서는 굽어살피셔서 빨리 윤허를 내리소서. 그리하여 조정에는 벼슬을 남발한다는 기롱이 없고 신에게는 자리를 훔쳤다는 부끄러움이 없게 하여 주신다면 천만다행이겠나이다.

또 삼가 생각하건대 내일이 원손의 생신인데 신은 지금 면직을 청하고 있는 중이라 본청(本廳 보양청)에서 문후하는 예에도 빠지게 되었으니 더욱 황공스러운 마음을 이길 수 없나이다.

92 참람함이……아닙니다 : 원문의 '負'는 짐을 짊어지는 것으로 소인(小人)이 하는 일이고, '乘'은 수레로서 군자(君子)가 타는 것이다. 아랫자리에 있어야 할 소인이 윗자리에 있으면 화를 당한다는 것을 비유한 것으로, 《주역》 〈해괘(解卦) 육삼(六三)〉에 "등에 짐을 질 사람이 수레에 탔는지라, 도적을 오게 한다.〔負且乘, 致寇至.〕"라는 말에서 유래하였다.

보양관의 해임을 간청한 상서

乞解輔養官書

삼가 아뢰옵니다. 신이 외람되이 현재의 직임에 임명된 지 이제 두 달이 되었나이다. 분수를 헤아려 보고 능력을 따져 보면 끝내 차지하고 있을 자리가 아닌지라 여러 번의 소장에 간절한 마음을 쏟아내어 저하께서 들어 가납해 주시기를 기대하였사온데, 후원(喉院 승정원)에 저지를 당하는 바람에 보시도록 할 방법이 없었습니다.

근래에는 또 풍비(風痺)[93]를 심하게 앓고 있는데 그 증세가 중풍과 비슷하여, 혹이라도 생긴 듯 팔이 마비되고 빙빙 도는 듯 머리가 어지러워 침상에 몸져눕게 되는 것이 걸핏하면 열흘을 넘기니 몇 줄의 문자 또한 엮어낼 방법이 없습니다. 그렇게 미적미적 헛되이 직함을 지니고 있으면서[94] 마치 본래 가지고 있던 것처럼 보고 있으니, 항상 떨리고 두려운 마음은 마치 못과 골짜기에 떨어질 듯하였는데, 이러할 때에 대조께서 내리신 전교를 삼가 받들고 보니 병중에도 불안하여, 죽을죄를 진 듯한 황공한 마음 이루 다할 수 없나이다.

대개 원손을 보양하는 절목은 확실하게 근거로 삼을만한 문헌이 없습니다. 그러므로 이번에 담당 관서에서 마련하여 계하(啓下)한 것도

93 풍비(風痹) : 찬바람이나 습기가 몸에 침투하여 생기는 병으로, 통증이나 마비 상태의 증상이 있다.

94 헛되이……있으면서 : 원문의 '虛縻'는 관직에 임명되고도 행공(行公)하지 않은 채 직함만 차시하고 있다는 뜻으로, 흔히 벼슬에 제수되었으나 사양하고 나아가지 않았는데도 벼슬을 체직시키지 않을 경우에 쓴다.

한결같이 을묘년(乙卯年)의 예(例)[95]에 의거하였습니다. 신은 참으로 몽매한지라 한갓 규례대로 봉행하는 것만 알 뿐 감히 함부로 차등을 두지 못하였고, 처소에 대한 명이 내려온 뒤에는 얼마만큼 고쳐 보완해야 할지 결정하고 물자와 인력이 얼마만큼 들어갈지 짐작하는 것을 한결같이 유사의 재량에 맡겼을 뿐 감히 그때마다 주장을 하지 못하였습니다. 비록 사리와 형세 때문에 혹 그렇게 할 수 밖에 없었다 해도 사체(事體)를 논한다면 어찌 흐리멍덩 어두워서 자세히 살피지 않은 죄를 면할 수 있겠나이까. 책망하시는 하교가 내려오자 부끄럽고 두려운 마음이 교차하여 며칠이 지나도록 안정이 되지 않는지라 질병으로 아픈 것도 거의 깨닫지 못하였나이다.

또 삼가 생각건대 절검(節儉)으로 나라를 다스리라는 것은 곧 대조(大朝)께서 후손에게 끼쳐주신 모책입니다.[96] 그런데 신의 관직은 명색이 보양(輔養)인데 사치의 죄를 먼저 범했으니 직무를 잘못한 것으로 이보다 심한 것이 어디에 있겠나이까. 이치상 빨리 꾸짖어 내치시어 관사(官師)들에게 경종을 울리시는 것이 마땅한데 지나치게 은혜를 입어 벌이 문비(問備)[97]에 그치셨으니 이것이 더욱 신이 부끄럽고 위축

95 을묘년(乙卯年)의 예(例) : 1735년(영조11, 을묘년) 사도세자의 탄생 때를 의미하는 것으로 보인다. 원자의 호가 정해지자 정제두가 보양관에 임명되었다. 《국역 하곡집 부록 유사》

96 후손에……모책입니다 : 원문의 '貽厥孫謨'는 《시경》 〈문왕유성(文王有聲)〉에 "그 손자에게 계책을 끼쳐 주어, 공경하는 아들을 편안하게 하도다.〔貽厥孫謨, 以燕翼子.〕"에서 나왔다. 영조는 절검을 유독 강조했던 왕으로 알려져 있다. 훗날 1764년(영조40)에 정조에게 《어제조훈(御製祖訓)》 10조를 내리는데 '권절검(勸節儉)'도 그 속에 포함되어 있다.

되어 감히 편히 있을 수 없는 까닭입니다. 이에 감히 만 번 죽기를 피하지 않고 간절한 마음을 아뢰옵니다. 엎드려 바라옵건대 저하께서는 굽어살피시어 신이 가진 보양관의 직임을 즉각 삭탈하여 주소서. 이어서 신이 저하를 번거롭게 한 죄를 다스리시어 나라의 법을 엄중히 하시면 천만다행이겠나이다.

97 문비(問備) : 133쪽 주60 참조.

대궐 밖의 보양관을 간곡히 부르실 것을 청한 상서[98]

請敦召在外輔養官書

삼가 아뢰옵니다. 신은 어제 이미 결정된 명에 두려움과 압박감을 느끼며, 무릅쓰고 대례(大禮)를 행하였사온데, 영광스러운 마음 지극하였으나 황공한 마음도 따라서 간절하였나이다.

처음으로 사부와 상견례를 할 때에는 반드시 인원이 갖추어지기를 기다려 예를 거행하니 옛 규례가 그러합니다. 그런데 지난번에 날을 다시 가리라는 하교가 있었을 때 신은 마침 시위(侍衛)의 일을 맡고 있던 터라, 감히 이러한 뜻을 진달하였으나 윤허를 입지 못하였습니다. 신은 탑전(榻前 임금의 자리 앞)에서 청이 받아들여지지 않았기에, 물러나와 또 저하께 글로 진달하였습니다. 편치 못한 바가 있어 억지로 명을 받들기는 하였사오나 사체(事體)로 말하자면 대충 처리했다는 비판을 면치 못할 것이고 사적인 분수로 말하자면 지극히 외람된 일이옵니다.

또 삼가 생각건대 한 달에 사부를 세 번 만나는 데는 본래 정해진 방식이 있는 법, 내합(內閤 중궁전 안의 합문(閤門))은 깊고 엄하기에 신이 혼자 출입할 수 있는 곳이 아니고 어린 나이의 원손을 보익하는 것은

98 대궐……상서 : 대궐 밖 보양관이란 민우수(閔遇洙)를 말한다. 민우수는 1754년(영조30) 9월 이천보의 추천으로 남유용과 함께 원손의 보양관이 되었으나 상소하여 사양하였고, 남유용이 거듭 진소(陳疏)하여 불러들일 것을 청하였다. 그러나 민우수는 병이 위중해지면서 작고하였고 남유용은 애도시인 〈칠애(七哀)〉 중 민사원을 추모하는 대목에서 이때의 일을 자세히 적었다. 《雷淵集 卷7》《承政院日記 英祖 32年 2月 27日》

신이 홀로 감당할 수 있는 일이 아니기에, 한결같은 두려운 마음은 깊은 곳에 임하듯, 살얼음을 밟듯 하는[99] 정도가 아닙니다.

아! 국가에서 이 관직을 설치함에 반드시 산림에 있는 덕을 이룬 선비를 그곳에 두었던 것은 그 뜻이 어찌 우연이겠나이까? 진실로 습성(習性)이 물드는 것으로 말하면 유년 시기보다 빠른 때가 없고 언행이 감화를 주는 것으로 말하면 몸소 법도를 보이는 것보다 절실한 것이 없습니다. 반드시 이러한 사람을 얻어 연마하기를 점진적으로 하여야 바야흐로 근본을 가다듬고 바른 도리를 기르도록 하는 공효를 기대할 수 있습니다. 이것이 어찌 견문도 적고 학문이 천박한 자가 함께 할 수 있는 것이겠나이까.

일전에 향리에 있던 유신(儒臣)이 숙덕(宿德)과 중망(重望)이 있다 하여 이 선발에 뽑히었는데 조야에서 모두들 적임자를 얻었다고 기뻐하였습니다. 그런데 유신이 질병을 이유로 사양하고 조정에 나올 기약이 없는데 조가에서 관례에 따라 하유(下諭)하였을 뿐, 그 뒤에 간곡한 말로 부르셨다는 것을 들어보지 못하였으니 신은 이를 안타깝게 생각합니다.

원손의 타고난 자질이 조숙하고 슬기로워 양지(良知)[100]가 바야흐로 열리고 있는지라 언어와 문자를 깨우치게 할 수 있을 듯하니 일찍 가르치는 방법을 일률적으로 느슨하고 간략하게 하는 것은 마땅치 않습니다. 지난번에 대조(大朝)의 연석(筵席)에서 한 중신이 내시 가운데

99 두려움은……하는 : 《시경》 〈소민(小旻)〉에 "두려워하고 경계하여 깊은 못에 임한 듯이 하고 살얼음을 밟듯이 하노라.〔戰戰兢兢, 如臨深淵, 如履薄氷.〕"라는 말이 있다.

100 양지(良知) : 144쪽 주83 참조.

성실하고 신중한 자를 택하여 원손을 모시게 하자고 청하였는데 성상께서는 매우 옳다고 여기셨습니다. 이렇게 하는 것도 진실로 몽양(蒙養)의 일단이긴 하지만 유독 유신을 돈독히 부르는 일에 있어서만은 일찍이 한마디 말씀도 하지 않으시니 신은 이것이 의혹스럽습니다.

신은 며칠 동안 대궐에서 숙직하면서 묵은 병이 다시 도지는 바람에 자리보전하고 누워 거의 사람 구실을 하지 못하고 있습니다만 기왕에 구구한 생각이 있는지라, 감히 말씀드리지 않을 수 없었습니다. 바라옵건대 저하께서 깊이 유념하시고 성의를 더욱 가하시어 유신을 불러들이소서. 보도(輔導)의 책임을 전적으로 주시어 실효를 거둘 수 있게 하여 주신다면 신에게도 또한 다행이겠나이다.

병으로 소명을 어기고 찬수당상(纂修堂上)[101]을 사직한 상서 을해년(1755, 영조31)[102]

病違召命 辭纂修堂上書 乙亥

삼가 아뢰옵니다. 신은 일전에 성균관의 겸임 자리에 있으면서 유생들을 권유하여 들여보내라는 명을 삼가 받들었사온데, 마침 모친의 병세가 심해졌기로 감히 간절한 사정을 아뢰었습니다. 그러나 저하께서는 해임의 명을 내리지 않으시고 힘써 직임을 살피라고 하셨나이다. 이틀 사이에 다섯 번 소패가 연이어 내려왔는지라 분수와 의리를 두려워하여 정을 억누르고 명을 따랐습니다. 그러나 신의 어리석은 생각으로는 유생의 권당(捲堂)[103]이 정도가 지나친 점도 혹 있기는 하지만 본래 견지하는 바가 있는지라, 강제적인 명령으로 들어가게 해서는 안 되고 반드시 성상께서 위로하고 타일러주신 연후에 조용히 들어가기를 권하여야만 바야흐로 힘쓰기가 수월하다고 여겨졌습니다. 그러나 여러 번에 걸쳐 초기(草記)[104]를 올렸으나 보시게 할 방법이 없었고 한나절

101 찬수당상(纂修堂上) : 남유용이 《천의소감(闡義昭鑑)》 찬수청 당상이 된 것을 이른다.

102 을해년(1755) : 남유용의 나이 58세 되던 해이다.

103 권당(捲堂) : 성균관 유생(儒生)들이 행하던 일종의 동맹휴학을 말한다. 일명 공당(空堂), 공관(空館)이라고도 한다. 주장이 관철되지 않을 때, 또는 자치기관인 재회(齋會)에서 결정된 사론(士論)에 대하여 부당한 처분을 받게 될 때, 유생들이 식당에 들어가는 것을 거부하거나 아니면 성균관을 비워두고 나가 버리는 행동을 하였다.

104 초기(草記) : 각 관사에서 어떤 사안에 대해 정식 계목(啓目)을 갖추어 왕에게

을 청대(請對)하였으나 들어오라는 허락을 받지 못하였는지라, 전하고 싶은 구구한 충정을 끝내 성상께 도달하게 할 방법이 없었나이다.

다만 성묘(聖廟 문묘)를 공당(空堂)이 되게 하여 엿새를 끌어왔으니 이는 실로 드물게 있는 일이요, 곧 신의 직무 수행이 형편없는 것이라 그 죄를 피할 곳이 없습니다. 필경 해임의 가벼운 벌만으로는 죄의 만분의 일도 갚기에 부족할 것입니다. 그러나 성교(聖敎) 속 말씀이 매우 엄하여 신자로서 감히 들을 수 없는 것이 있었는지라 신은 반도 채 봉독하지 못하고 부끄럽고 두려워, 며칠이 지나도록 마음이 안정되지 않았나이다. 감히 문자를 들여보내 간절한 심정을 우러러 아뢰지도 못하고 그저 사차(私次)로 물러가 움츠려 있으면서 공손히 엄한 견책을 기다릴 따름이었습니다.

그런데다가 천한 몸의 병이 또다시 환절기에 더욱 심해졌는데 날이 오래 지나도록 치료하지 않았더니 증상이 갑자기 변하여 한증과 열증이 번갈아 공격하고 담증(痰症)과 화증(火症)이 교대로 치솟다가 호흡이 가빠지고 식은땀이 나는 것이 잠시도 보전할 수 없을 듯하고, 먹지도 못하고 잠도 자지 못하여 사람인지 귀신인지 구분하지 못하게 된 것이 지금 또 며칠 밤낮이 되었나이다.

일전에 대조(大朝)로부터 찬수(纂修)를 담당한 제신들은 입시하라는 명이 있었사온데 송구스럽고 움츠러든 신의 처지를 생각하면 진실

아뢰는 것이 아니고 간략한 방식으로 승정원에 올려 왕에게 전달될 수 있도록 한 문서이다. 권당이 발생하면 수복(守僕)이 대사성(大司成)이나 동지사(同知事)에게 보고하고 조정에서는 개유사(開諭使)를 보내 취관(就館)을 권하는 한편, 그 연유를 묻고 소회(所懷)를 진술하게 하여 이를 초기(草記)로 써서 왕에게 올렸다.

로 감히 태연하게 대궐에 나아갈 수 없나이다. 더군다나 지금 의식이 가물가물한 상황은 곧 꼼짝도 못 하는 환자[105]와 같은지라 비록 뻔뻔한 얼굴로 무릅쓰고 나아가려고 하여도 실상 조금도 스스로 힘을 써 볼 수 있는 형편이 아닙니다. 그리하여 특교(特敎)가 내려옴에 끝내 삼가 받들지 못하였으니 의리와 분수로 헤아려 볼 때 만 번 죽어도 오히려 가벼운지라, 침상에서 전전하면서도 두려운 마음 편안치 못하여 거의 병이 고통스럽다는 것도 느끼지 못하고 있나이다.

이에 만 번 죽을 것을 무릅쓰고 감히 미천한 신의 간절한 마음을 펴오니 엎드려 바라옵건대 자애로우신 저하께서는 빨리 위벌(威罰)을 내리시고 신이 전후에 지은 죄를 무겁게 처벌하시어 나라 법을 엄중히 하소서. 이어서 신이 가지고 있는 찬수의 직임을 풀어주시어 몸조리를 편히 할 수 있게 하여 주신다면 천만다행이겠나이다.

105 꼼짝도……환자 : 원문의 '籧篨'는 몸을 굽히지 못하는 추악한 병으로, 얽매여서 행동이 자유롭지 못한 것을 가리킨다. 본래 대자리〔竹席〕의 이름으로 사람들이 이것을 엮어서 둥근 곳집을 만들었는데, 그 모양이 마치 몸이 붓고 종기가 나서 구부리지 못하는 사람과 같다 하여 붙여진 이름이다. 《詩經 新臺》

《천의소감》 발문의 찬술을 사양한 상서[106]

辭撰闡義昭鑑跋文書

삼가 아뢰옵니다. 신이 삼가 듣기로, 어제 연석(筵席)에서 대신이 아룀으로 인해 《천의소감(闡義昭鑑)》의 발문을 신에게 찬진(撰進)케 하도록 하라는 명을 내리셨다 하니 지극히 두렵고 황공한 마음 이기기 어렵나이다. 신의 문사(文辭)가 졸렬하고 비루하여 이 직임에 맞지 않는 것은 우선 말할 겨를도 없고, 이전에도 이러한 종류의 글들은 국가가 후세에 전하는 문자와 관계되기 때문에 반드시 현직에 있는 관각의 신하로 하여금 찬진하게 하는 것이 통례였으니 대개 그 사체(事體)를 중히 여기고 고사(故事)를 보존하기 위함이었습니다. 하물며 이 책을 찬수(纂修)하는 본의가 지극히 엄중함에리까. 성상께서 직접 쓰신 윤음(綸音)이 책의 머리에 서문으로 있은즉 발문은 진실로 누구나 감히 할 수 있는 바가 아닙니다.

현재 관각(館閣)의 직임을 띠고 있으면서 찬수(纂修)의 일을 아울러 맡고 있는 사람 중에 적임자가 없지 않은데 이 응제하는 사람을 내버려 두고 신에게 옮겨서 일을 맡기시니 이는 사체를 중히 여기고 고사를 보존하는 방법이 아닌 듯합니다. 신의 사사로운 의리로 보아도 어찌

106 천의소감……상서 : 《천의소감(闡義昭鑑)》은 영조(英祖)의 명에 의해 1721년(경종1)부터 1755년(영조31)까지의 토역(討逆) 사실을 모아 1766년(영조42) 광주부(廣州府)에서 간행한 책으로, 신임사화(辛壬士禍)에서 탕평책(蕩平策)에 이르기까지의 전말을 기록했다. 남유용(南有容)이 결국 그 발문을 적었다.

감히 마치 자기의 소임인 양 구차하게 받들어서 대착(代斲)[107]의 기롱을 남기겠나이까. 설령 신이 일찍이 관각에 있으면서 이러한 일에 참여한 적이 있으므로 의당 한 문장 정도는 쓸 수 있어야 한다고 말할 수 있다 해도, 지금 찬수하는 중신 중에 원임(原任 전임) 관각자가 한 사람뿐이 아니니 이 또한 신이 감히 엽등(躐等)해서 감당할 수 있는 것이 아닙니다.

엎드려 원하옵건대 저하께서는 대조께 여쭈시어 빨리 신에게 내리신 발문을 찬진하라는 명을 다른 사람에게 고쳐 내리게 하여 주소서. 그리하여 대사(大事)가 구차하게 미봉되는 데 이르지 않도록 하여 주시면 이보다 더 큰 다행이 없겠나이다.

107 대착(代斲) : 본래 감당하기 어려운 일을 하다가 다른 사람의 비웃음만 산다는 말인데, 여기서는 분수에 맞지 않는 벼슬살이를 가리킨다. 《노자(老子)》 제74장(章)에 "대저 큰 목수를 대신해서 자귀질을 하면 자기 손을 다치지 않는 이가 드물다."라고 하였다.

동지경연사를 사임하고 겸하여 선정의 증고[108]에 연호를 쓰지 말아달라고 청한 상서

辭同知經筵事兼請先正贈誥勿書年號書

삼가 아뢰옵니다. 일전에 대조(大朝)께서 시학(視學)[109]을 하실 적에 신은 외람되이 동지경연(同知經筵)의 명을 받들었기로 강석(講席)에서 모시면서 성대한 의례도 볼 수 있었나이다. 비록 계고(稽古)의 능력[110]으로 토론에 보탬이 되어 준 것은 없었으나 이날 은총을 입은 것은 이미 고인보다 많았으니 지극한 영광과 기쁨을 뭐라 말씀드려야 할지 모르겠나이다. 다만 경연의 논사(論思)[111]는 예로부터 극선(極選 최고의 선발)이라 일컬어졌으니, 진실로 학문이 깊고 아름다운 명망이

108 선정(先正)의 증고(贈誥) : '先正'은 송시열과 송준길을 말하고 '贈誥'는 추증하는 사령장이다. 송시열은 1756년(영조32) 2월 23일 왕명으로 의정부 영의정에 추증되었고 그해 송준길과 함께 성균관 문묘에 종사되었다. 남유용은 1756년(영조32) 예문 제학으로 있으면서 우암과 동춘의 문묘 종사 교서와 반교문을 지어 올렸다.

109 시학(視學) : 봄과 가을에 임금이 몸소 태학(太學)에 거둥하여 선성(先聖)에게 제사를 올리고 나서 제생(諸生)들을 고시(考試)하던 제도이다

110 계고(稽古)의 능력 : 옛일을 고증하여 현실에 적절히 대처하는 것으로, 학문 연구에 매진하여 실생활에 적용할 수 있는 힘을 말한다. 후한(後漢) 환영(桓榮)이 광무제(光武帝)로부터 태자 소부(太子少傅)의 임명을 받자, 가르치던 유생들을 모아 놓고는 "오늘날 이런 은총을 받게 된 것은 모두가 계고의 힘이니, 어찌 분발하지 않을 수 있겠는가."라고 말한 고사가 있다. 《後漢書 卷37 桓榮列傳》

111 논사(論思) : 학문을 강론하고 사리를 논변하는 직책인데 곧 경연관(經筵官)을 지칭한다.

있어 일세에 추앙과 심복을 받는 자가 아니라면 함부로 제수되는 것도 온당치 않고 무릅쓰고 차지하고 있는 것 또한 온당치 않습니다.

신이 이 직임에 제수된 것은 실로 시학(視學)이 있기 하루 전이었습니다. 일은 눈앞에 닥쳐있고 사양할 방법은 없기에 비록 억지로 나가 명에 응함을 면치 못했으나 꾸물거리면서 구차히 자리만 차지하고 있는 처지일 뿐 어찌 신이 사사로운 의리로 감히 나갈 수 있는 것이겠나이까. 엎드려 비옵건대 인자하신 저하께서는 미천한 신의 간절한 마음을 굽어살피시어 빨리 신의 경연사 자리를 해임하시어 공가(公家)의 선발을 엄중히 하시고 미천한 분수를 편히 하여 주소서.

또 신이 삼가 듣건대 일전에 대조의 경연에서 선정신(先正臣) 송시열(宋時烈)을 종사(從祀)하라는 교서(敎書) 속에 관함(官銜)을 잘못 쓴 일로 승지(承旨)와 지어 올린 사람을 문비(問備)하라는 명이 있기에 이르렀다고 합니다.[112] 이른바 지어 올린 사람이 바로 신입니다. 신과 같은 형편없는 사람이 외람되이 큰 소임을 맡아 왕언의 엄중함을 빌어 대현의 덕을 기렸으니, 일을 그르치는 것을 면하게 된 것만도 진실로 다행일 뿐입니다. 선정(先正)의 증질(贈秩)의 있고 없고의 문제나, 상고하여 검토하고 계품(啓禀)하는 문제는 담당 관원이 있으니 신이 감히 관여할 바가 아닙니다.

비록 그러하나 이런 기회에 성상의 귀를 열게 함으로써 선정이 아직

112 일전에……합니다 : 《송자대전》〈연보〉에 의하면 당시 송시열에게 의정부 영의정(議政府領議政)을 특별히 추증(追贈)하고 예관을 보내어 치제하였다. 배향을 윤허하는 교서(敎書)에 선생의 관함(官銜)을 영의정(領議政)으로 잘못 기입하였는데, 이를 아뢰니 상이 정원(政院)으로 하여금 교서를 다시 쓰게 하라는 명을 내렸다. 《국역 송자대전 부록 제12권 연보(年譜) 11 숭정(崇禎) 129년 병자》

도 표창되어 증직되지 못한 것을 실로 일대의 결전(缺典)이라 여기시고 특별히 추후에 명을 내리시어 상공의 자리에 두는 총애를 베푸시게 되었으니 일이 사문(斯文)에 관계되어 있고 성덕이 빛을 발한 것이라, 신 또한 황공한 가운데 함께 영광스럽습니다.

그런데 신이 선정(先正)의 연보를 고증해보니 효종대왕(孝宗大王)께서 일찍이 특교(特敎)를 내리셔서 모든 선정의 고명(誥命)에 오랑캐의 연호를 쓰지 못하게 하는 것을 영구히 정식(定式)으로 삼으셨습니다.[113] 당시 군신관계의 성대함의 일단을 여기에서 살펴볼 수 있고, 《춘추(春秋)》 존양(尊攘)의 의리[114] 역시 그 속에 깃들여 있으니 지금까지도 나라 사람들이 입으로 전하며 아름다운 일로 여기고 있습니다.

신은 이번 증작(贈爵)의 고명에서 또한 옛 관례에 따라 저들의 연호를 쓰지 않음으로써 한편으로는 어진 이를 존중하는 선조의 뜻을 본받고 한편으로는 눈을 씻고 바라보는 선비들의 시선을 집중시키는 것이 사의에 합당하다고 생각합니다. 신 논사(論思)의 직임에서 아직 해임되지 않았기로 진실로 품은 생각이 있어서 감히 숨기지 못하였나이다.

113 효종대왕께서……삼으셨습니다 : 효종이 즉위하자마자 응교(應敎) 조윤(趙贇)이 상소하여 대행대왕(인조)이 정하신 제도라고 하면서 "정축년 이래로 종묘의 축사(祝辭)와 조신(朝臣)의 고신(告身)에 연월〔歲月〕만을 쓰고 연호(年號)는 사용하지 않는다."라는 말을 전하였다. 청의 연호를 쓰지 말아 선왕의 뜻과 대업을 이으라는 의미였다. 효종은 민감한 사안임을 알고 정원에 밀교(密敎)를 내려 대신들의 집을 일일이 방문하여 몰래 논의하게 하였는데 대신들의 의견이 같은지라 마침내 따랐다. 이후 숙종과 영조도 청의 연호를 쓰지 말도록 지시하였다.《英祖實錄 16年 5月 28日》

114 춘추……의리 : '존양'은 존왕양이(尊王攘夷)의 준말로 즉 왕실(王室)을 높이고 이적을 물리친다는 뜻이다. 공자가 《춘추》를 저술할 때 이 원칙에 입각했다.

보양에 관한 사의를 아뢰면서 겸하여 비국 제조의 해임을 청한 상서 병자년(1756, 영조32)[115]

陳輔養事宜 兼請解備局提調書 丙子

삼가 아뢰옵니다. 신은 본디 담현증(痰眩症)[116]을 앓아 겨울부터 봄까지 내내 힘들어하고 있었는데 게다가 눈에 백태까지 끼어 매우 고통스러운 상황인지라 사물을 거의 알아볼 수가 없습니다. 그리하여 원손궁(元孫宮)께 한 달에 세 번 나아가 뵙는 것을 간혹 법도대로 하지 못하여, 직무를 비우고 있으니 두려운 마음 편치 못합니다.

또 삼가 생각하건대 원손은 지금 겨우 5세인데 조숙함이 평범치 않아 몸가짐과 행동이 점점 규범을 갖추어 가는지라 아이의 교만하고 게으른 습성이 밖에 드러나지 않습니다. 이것으로 성조(聖朝) 가법(家法)의 엄정함을 볼 수 있고 원손이 가진 천부적 자질 또한 미루어 알 수 있습니다.

신은 나아가 뵙는 날마다 매번 《효경(孝經)》과 《소학(小學)》의 중요어를 가지고 그 자구를 해설해 드리는데, 송독할 때에 음절이 어긋나지 않는 것이 마치 글의 뜻을 대략 알고 계신 듯하고, 간혹 잠규(箴規)가 있으면 이 또한 마음을 기울이고 귀담아 받아들이시니, 덕성을 성취함에 있어서 지금이 시급한 때입니다. 그런데 신처럼 변변치 못하여 본디 학문에 어두운 사람이라면 비록 하루에 세 번 나아가 뵙는다 한들

115 병자년(1756) : 남유용의 나이 59세 되던 해이다.

116 담현증(痰眩症) : 담(痰)으로 인하여 어지럼증이 생기는 병증이다.

끝내 형식적으로 응하고 예나 갖추는 데 귀결되고 말 터, 몽양(蒙養)의 도에 무슨 도움이 되겠나이까.

신은 일전에 상서를 올려 재야의 유신(儒臣)을 불러들이시라고 청한 바 있고 저하께서는 유념하시겠다고 답하셨나이다. 그런데 일 년 넘게 귀 기울여 들었는데도 돈독하게 부르시는 거조가 거의 없으니 신은 참으로 민망하고 답답합니다. 만일 원손이 아직 어리니 그 보도의 절차를 조금 천천히 밟아도 된다고 하신다면 신은 그렇지 않다고 생각합니다. 《소학》을 가르치기 시작하면서부터는 밥을 먹고 말을 제대로 하는 것부터 가르침이 되지 않음이 없습니다. 지금 원손의 지식이 점점 자라 천리(天理)와 인욕(人慾)을 장차 분별하려 하니, 도와서 이끌고 덕으로 감화시키기 위해서는 바로 지금의 때를 놓치지 않아야 합니다. 비록 평상시에 모시는 반열의 사람이라도 신중하게 골라야 마땅한 법이거늘 하물며 근본을 바루고 바른 도리를 기르는 공부에 있어서 이처럼 느슨하고 소홀해서야 되겠습니까. 엎드려 바라옵건대 저하께서는 다시 유념해 주시어 정성을 다해 유신을 불러들이시고 전적으로 보도의 책임을 맡기시어 실효를 거둘 수 있도록 해 주소서.

또 신이 을묘년(乙卯年)[117]의 〈보양일록(輔養日錄)〉을 고찰해보니 최초로 임명된 3인 외에 그 당시 보양관이 아룀으로 인하여 두 사람을 더 임명하였고, 또 유선(諭善)[118] 등의 관원을 두어 혹은 함께 나와서 뵙기도 하고 혹은 번갈아 와서 뵙게 하기도 하였다 합니다. 비록 질병

117 을묘년(乙卯年) : 152쪽 주95 참조.

118 유선(諭善) : 영조 때, 세손강서원(世孫講書院)의 벼슬 이름이다. 좌유선과 우유선을 각각 1명씩 두었는데, 당하(堂下) 3품에서 종2품 사이의 사람으로 등용하였다.

이나 사고가 있더라도 많은 인원이 서로 미루거나 바꿀 수 있어서 나와서 뵙는 예를 혹여라도 폐하거나 빠트리는 일이 없었습니다. 그때 저하께서 강보에 계실 때였는데도 보익의 도구가 이처럼 자세하였으니 어찌 오늘날 마땅히 본받아야 할 것이 아니겠습니까. 바라옵건대 저하께서 성상께 여쭈시고 대신들에게 하문하시어 대략 이 선례를 따라 마땅함을 헤아려 인원을 더하여 주소서. 그들로 하여금 시간별로 진대(進對)해서 좌우에 벌여 있도록 하여 엄숙하고 공경스러운 모습을 눈으로 널리 접하고 의리에 관한 이야기를 번갈아 귀로 듣게 한다면 말하지 않고 느끼지 못하는 중에 심오한 논의를 묵묵히 깨닫게 되는 것이 어찌 적다고 하겠습니까. 신은 양지(良知)를 이끌어내고 총명(聰明)을 여는 것으로는 이것보다 좋은 것이 없다고 생각하오니 엎드려 바라옵건대 유념하여 살펴주소서.

신은 상서를 다 쓰고 난 뒤, 비로소 일전에 빈대(賓對)[119]에서 대신(大臣)이 진달함으로 인해 새로 임명된 비당(備堂 비변사의 당상관) 가운데 일을 보지 않고 있는 자들은 문비(問備)하라는 명이 있었다고 하는 말을 들었습니다. 신 역시 그 가운데 하나인지라 황송한 심정을 이길 수 없나이다. 신은 천성이 우활하여 백에 한 가지 장점도 없고 세상일이나 인사에 있어서 도무지 마음을 기울이지 못합니다. 예사로운 직무도 오히려 역할을 다하지 못할까 두려운데 하물며 지금 맡은 일은 그 책임의 큼과 맡기신 일의 무거움이 과연 어떠합니까. 그런데도 신과 같이 흐리멍덩한 일개 서생이 그 사이에 섞여 끼게 된다면 종핵(綜

119 빈대(賓對) : 의정(議政)·대간(臺諫)·옥당(玉堂)의 관리들이 입시하여 임금에게 중요한 정무(政務)를 상주(上奏)하던 일이다. 차대(次對)라고도 한다.

核)[120]하는 정사에 누가 되는 것이 어찌 작다고 하겠습니까?

바야흐로 지금은 기근과 도적으로 근심 걱정이 눈에 가득하고, 안팎을 돌아보면 한 곳도 병들지 않은 곳이 없습니다. 나라를 다스리고 백성을 보호하는 계책은 전적으로 조정에 책임이 있으니, 일을 환하게 꿰뚫어보고 능란하게 처리할 줄 아는 선비로 하여금 좋은 계책과 훌륭한 생각을 내게 하여 매번 기의(機宜)에 맞게 된다 하더라도 오히려 구제하지 못할까 두려운 법인데, 신이 무슨 재주와 식견이 있어 만분의 일이라도 도움이 될 수 있다고 뻔뻔스럽게 무릅쓰고 나가겠나이까? 말을 하지 않고 앉아 있다가 태연히 물러 나온다면 나랏일에 무슨 도움이 되겠습니까? 알지 못하는 것을 강변하며 아는 척하고 하지 못하는 것을 덮으면서 할 수 있는 척한다면 신의 마음에 부끄러움이 있게 될 것입니다. 이리저리 헤아려 보아도 명을 받들 길이 없어 빈청(賓廳)과 본사(本司)의 자리에서 똑같이 머뭇거리고 있으니 스스로를 이미 깊이 헤아렸기 때문이지 그저 병 때문만은 아닙니다. 엎드려 바라옵건대 굽어살피시어 빨리 체차의 명을 내려주시어, 공가(公家)의 선발을 엄중히 하시고 신의 분수를 편히 해 주신다면 이보다 더 큰 다행이 없겠나이다.

120 종핵(綜核) : 일의 본말을 종합하여 자세히 밝히는 것을 뜻한다.

겸대하고 있는 경연·빈객·보양의 세 가지 직임을 해임해주실 것을 간청한 상서[121]

乞解兼帶經筵賓客輔養三任書

삼가 아뢰옵니다. 신은 일전에 외람되이 빈객(賓客)의 겸직을 맡게 되었나이다. 이제 바야흐로 세자께서 학문에 부지런히 힘쓰시어[122] 강연(講筵)이 연일 열리고 있으니 좌우 보도(輔導)의 반열에 있는 자들을 더욱 신중히 가려 뽑아야 하는데 변변찮은 몸을 돌아보면 실로 적합한 사람이 아닌지라 소장을 올려 해직을 청하면서 해면될 수 있으리라 기대하였습니다. 그런데 마침 대조(大朝)께서 친히 무사(武士)들을 시험하는 날을 만나 신은 이날 외람되이 병조 참판에도 제수되었나이다. 시위(侍衛)의 반열을 잠시라도 비워서는 안 되는 터라 의리와 분수를 해칠 것이 두려워 힘써 나아가 명을 받들었으니 이 때문이라도 새로 제수된 겸직을 요행히 받을 수 없는 것은 이미 분명해진 것입니다.

121 겸대하고……상서 : 1756년(영조32) 남유용이 원손 보양관으로 있으면서 좌부빈객 동지경연사가 되었다. 동지경연사는 조선 시대 경연청(經筵廳)에 소속된 종2품의 관직이고 좌부빈객은 조선 시대 세자시강원에 두었던 종2품직으로 보통 타관이 겸직했다. 남유용은 이때 병조 참판도 겸했다.

122 학문에……힘쓰시어 : 원문의 '時敏'은 《서경(書經)》 〈열명 하(說命下)〉에 보이는 말로, "배움은 뜻을 겸손하게 해야 하니, 힘써서 때로 민첩하게 하면 그 닦여짐이 올 것이니, 독실하게 믿어 이것을 생각하면 도가 그 몸에 쌓일 것이다.〔惟學, 遜志, 務時敏, 厥修乃來, 允懷于玆, 道積于厥躬.〕"라고 하였다. 채침(蔡沈)의 집전(集傳)에서는 '시민'을 '어느 때고 민첩하지 않음이 없는 것〔無時而不敏〕'이라고 하였다.

또 신은 마음속에 삼가고 두려워하는 바가 있습니다. 대저 경연에서 논사(論思)를 하고 궁빈(宮賓 세자시강원의 좌우빈객)으로 강학과 토론을 하며 원손(元孫)을 보양(輔養)하는 일은 그 책임의 막중함과 인선의 엄격함이 과연 어떠합니까. 명망과 실상이 모두 높은 사람에게 담당하게 하여도 오히려 머뭇거리며 사양을 할 터인데 하물며 학문도 보잘것없고 견문도 적은 신에게 일시에 겸직하여 세 가지 역할을 다하라 하십니까. 신의 마음이 부끄럽고 불안한 것은 저 한 몸의 사사로움에 관련된 것이라 족히 말할 것이 있겠습니까마는 두려운 것은 성조(聖朝) 명기(名器)의 무거움이 신으로 인해서 가벼워져, 부질없이 당세의 식자들로 하여금 나라에 사람이 부족하다고 함부로 논하게 될까 하는 것이니, 작은 일이 아닙니다.

또 신은 평소 풍습(風濕)[123]을 앓고 있고 귀도 잘 들리지 않아 꽉 막힌 상태로는 문대(問對)에 지장이 있습니다. 대저 윤화정(尹和靖)[124]과 같은 대유(大儒)도 오히려 귓병 때문에 강관을 고사하였는데 신이 아무리 불초하기로소니 감히 이 의를 잊을 수 있겠나이까.

신이 외람되이 장단자를 올려 경연사를 해임시켜 달라 간청한 것이 벌써 몇 달째인데 한결같이 승정원에 의해 저지되고 내쳐졌기로, 지내면서 늘 민망하고 마음이 졸여 어깨에 짐을 짊어지고 있는 듯하였습니다. 그런데 뜻하지 않게 묵은 짐도 내려놓지 않은 상태에서 또 거듭 짐을 짊어지게 되니 이것이 어찌 신처럼 보잘것없고 졸렬한 자가 감당

123 풍습(風濕) : 습기로 인하여 뼈마디가 저리고 아픈 병이다.

124 윤화정(尹和靖) : 북송 말과 남송 초의 도학자인 윤돈(尹焞, 1061~1132)으로, 자는 언명(彦明), 호는 화정이다. 젊었을 때 정이천을 사사(師事)했다.

할만한 일이겠나이까. 엎드려 원하옵건대 자애로우신 세자께서는 신의 지극히 간절한 마음이 참으로 가슴에서 우러나오는 것이요, 의례적으로 사양하는 것이 아님을 굽어살펴주시어 신의 여러 가지 직임을 아울러 면직시키시어 조정에는 관직을 함부로 준다는 기롱이 없고 신에게는 자리를 훔쳤다는 부끄러움이 없게 하여 주소서.

사헌부 대사헌을 사직한 상서
辭司憲府大司憲書

삼가 아뢰옵니다. 신은 외람되이 변변치 못한 몸으로 차지해서는 안 될 자리를 잘못 차지하였사온데 바탕이 골경(骨鯁)[125]이 아니고 병이 고황(膏肓)[126]에 들었는지라 진퇴의 의에 대하여 이미 충분히 헤아리고 있었던 터였는데, 마침 시험 기간을 만났습니다. 감대(監臺 사헌부 감찰)에 인원은 부족하고, 대조께서 조섭하시는 중이신데[127] 성념(聖念)을 번거롭게 해드리겠고, 장관이 직접 가라고 하는 특교까지 내리시게 되니 의리상 가서 일을 하여야 하겠기에 감히 자신을 돌보지 않은 채 명을 받들고 밤낮을 이어 분주히 복무한 것이 지금 벌써 며칠째입니다.

125 골경(骨鯁) : 짐승의 뼈나 생선의 가시를 말한다. 억세어 목에 잘 넘어가지 않으므로 듣기 거북한 직간(直諫)을 비유하는데, 그래서 직간하는 신하를 골경지신(骨鯁之臣)이라고 일컫는다. 《史記 卷56 陳丞相世家》

126 고황(膏肓) : 뱃속 깊은 곳에 있는 장기(臟器)로, 병마가 그곳으로 들어가면 치료할 수 없다고 한다. 전하여 고질병이 든 것을 뜻하는 말로 쓰인다. 춘추 시대 진 경공(晉景公)이 병이 들어 진(秦)나라의 명의(名醫)를 청하였는데, 그가 오기 전에 경공의 꿈에 두 수자(豎子)가 서로 말하기를 "내일 명의가 오면 우리를 처치할 것이다. 그러니 우리가 고(膏)의 밑과 황(肓)의 위로 들어가면 명의도 어찌하지 못할 것이다." 라고 하였다. 다음 날 명의가 와서 진찰하고는 "병이 고황(膏肓)의 사이에 들어갔으니 치료할 수 없다." 하였다. 《春秋左氏傳 成公10年》

127 대조께서……중이신데 : 제왕이 조회를 보지 않음을 의미한다. 세자가 대리청정을 하고 있었기 때문에 이른 말이다.

신은 평소 고질병이 있는데 풍담(風痰)이 빌미가 되어 조금이라도 조섭을 못 하면 걸핏하면 위험한 지경까지 갑니다. 명을 받든 몸이라 스스로 편히 있을 겨를이 없기로 새벽안개 저녁 바람을 맞으며 적잖이 손상을 입으면서도 하루 이틀 억지로 참고 넘겼사온데, 시예(試藝 재예(才藝)를 시험함) 자리에 나아가 앉아 있을 때 홀연 정신이 혼미해져 꿈속에 있는 듯 느껴지더니 사지 관절의 마비가 바람을 맞은 곳에서 갑자기 일어나고 머리와 눈이 어지러운 증상이 사람 많은 곳에서 심해졌습니다. 물러나 곁에 있는 관사에 누웠으나 사방을 분간하지 못하였는지라 곁에서 보는 이들이 안타깝게 여겼고 신 또한 사람인지 귀신인지 구분할 수 없는 지경이었습니다. 지금 신의 병세가 이와 같으니 비록 억지로 기력을 차려 의관을 갖추고 자리에 참석하고자 해도 형세상 어찌할 수 없습니다.

또 생각건대 지방의 관원은 모두 이미 올라왔고 새로 제수된 대신(臺臣)은 탈 없이 남아있으니 변통하여 인원을 갖추는데 사람이 없다고 근심할 것이 없습니다. 신의 현재 증세의 경우 반드시 제때 치료해야 비로소 살길을 찾을 수 있는지라 이에 감히 번거롭고 시끄러운 것을 피하지 않고 죽음을 무릅쓴 채 자애로우신 저하께 호소하나이다. 엎드려 바라옵건대 저하께서는 굽어살피시어 신이 가지고 있는 직명을 빨리 해면시켜 주소서. 그리하여 시사(試事)로 하여금 오랫동안 시행되지 못하는 데 이르지 않도록 하여 주시고 남은 목숨 조금이라도 연장하게 하여 주시면 공적으로나 사적으로나 더할 나위 없이 다행이겠나이다.

원손 사부를 사직한 상서 정축년(1757년, 영조33)

辭元孫師傅書 丁丑

삼가 아뢰옵니다. 신이 지극히 어리석고 비루한 몸으로 외람되이 보양의 직임을 맡은 지 이제 3년이 되었습니다. 터럭만큼도 보탬이 되지 못하였는지라 늘 두려워하며 마치 깊은 못과 골짝에 임한 듯하였사온데[128] 천만뜻밖에도 삼가 제지(除旨)를 받들고 보니 신을 원손사부(元孫師傅)로 삼으신다는 것이었고, 상견례(相見禮)의 날을 잡으라는 명이 있었습니다. 신은 정신없이 두렵다가 이어서 부끄러움에 땀이 흘러 몸 둘 바를 알지 못하였나이다.

무릇 보도(輔導)로 직분을 삼는 자 누군들 엄격하게 뽑힌 사람이 아니겠습니까마는 이 관직을 설치한 것은 실로 지금부터 시작되었습니다.[129] 대개 〈주관(周官)〉 보부(保傅)[130]의 의를 본떠 전적으로 어린 나이의 세손을 훈도하고 이끄는 책임을 맡기는 것이니, 지위와 명망의 막중함이 다른 자리와 비교가 되지 않습니다. 숙덕(宿德)과 굉유(宏儒)로 일세에 본보기가 되는 자가 아니라면 의의(擬議)할 수 없는데,

128 신이……하였사온데 : 남유용은 영조 30년(1754) 8월에 원손 보양관(元孫輔養官)에 임명되었고, 영조 33년(1757) 1월에 원손사부(元孫師傅)에 임명되었다. 이후 또 영조 34년(1758) 7월에 원손사부에 임명되었다. 《承政院日記 英祖 30年 8月 29日, 33年 1月 2日, 34年 7月 5日》《雷淵集 附錄 年譜》

129 이 관직을……됩니다 : 《조선왕조실록》을 통틀어서 원손사부라는 명칭은 남유용에게 처음으로 나타난다.

130 주관(周官)의 보부(保傅) : 148쪽 주88 참조.

지금 그 직책을, 들어서 이미 시험해 보았으나 공효가 없었던 신에게 제수하시니 그 처음 관직을 설치하였던 뜻이 어찌 참으로 이와 같았겠나이까.

신이 삼가 보니 성명(聖明)께서 나라를 다스릴 때에는 명분과 실제를 자세히 살피어 비록 작은 관직, 말단 관료라고 하더라도 반드시 사람과 관직이 서로 걸맞게 하려고 노력하였습니다. 신은 이러한 거조를 아름답게 여겨, 이 도를 잘 따르고 바꾸지 않으면 나라가 잘 다스려질 것이라고 늘 생각하였나이다. 지금 설령 노둔한 힘이나마 다하여 성덕을 도울 수는 없을지라도 또 어찌 차마 명기(名器)를 더럽혀서 성세에 누를 끼치겠나이까? 신은 진실로 재주가 없어 장점이라고 할 것이 없고 구구하게 힘을 쓰는 것은 오직 졸렬한 분수를 삼가 지키어 생각이 혹여라도 여기에서 넘지 않도록 함으로써 조금이라도 성은에 보답하려는 것일 뿐입니다. 그런데 지금 외람되이 맡은 일을 돌이켜 헤아려 보면 등에 짐을 져야 할 자가 수레에 탔다는 말[131]로도 그 참람함을 비유하지 못할 것입니다. 개인적인 마음이 부끄럽고 위축되는 것이야 어찌 말할 것이 있겠나이까. 당세 식자들이 성조(聖朝)를 위해 이번 거조를 안타까워할까봐 두려울 뿐입니다.

또 신은 근래에 풍비(風痺)[132]를 앓았는데 그 증세가 중풍과 유사하여 팔이 마비되고 눈이 어질어질한 것이 조짐이 좋지 않습니다. 일전에 유생의 과시(課試) 때문에 며칠간 찬바람을 쐬었더니 병세가 악화되었습니다. 자칫하다가는 겨울에서 봄까지 이어질 것이므로 지금 맡

131 등에……말 : 150쪽 주92 참조.

132 풍비(風痺) : 151쪽 주93 참조.

고 있는 궁빈(宮賓 세자 시강원의 좌우빈객)의 직임을 한결같이 헛되이 지니고 있을 수는 없기에 장단(長單 사직소)으로 해임을 간청한 지 지금 또 며칠이 지났습니다.

앞서 올린 사직 상소가 허락을 입지 못하였는데 새로운 명이 잇달아 내려왔으니 이 두 직임을 돌아보건대 어찌 한 사람이 아울러 맡을 수 있는 것이겠나이까? 관방(官方 관원이 되어 응당 지켜야 할 법도)으로 헤아려보아도 의당 변통이 있어야 하기에 이에 감히 번거롭고 외람됨을 피하지 않고, 대략 문자를 들여보내, 신의 간절함이 진정 마음속에서 나오는 것이요 빈말로 사양하는 것이 아님을 자애로우신 저하께서 굽어살펴주시기를 간청하고자 하옵니다. 신이 가지고 있는 빈객과 사부의 직임을 아울러 면직하시어 공가(公家)의 선발을 엄중히 하시고 미천한 분수를 편히 하여 주신다면 이보다 더 큰 다행이 없겠나이다.

음식물을 하사해 주신 것에 사례하며 겸하여 원손사부를 해임시켜 주실 것을 청한 상서

謝賜食物兼請解元孫師傅書

삼가 아뢰옵니다. 일전에 연석에서 대조(大朝) 전하께서 특별히 신의 이름을 들어 다시 원손사부(元孫師傅)를 제수하시고는 보도(輔導)에 마음을 쓰라 하셨습니다. 그러고는 대신(大臣)이 아뢺으로 인하여 걸군(乞郡) 한 가지 일은 시행치 말고 음식물을 선사(宣賜)하여 노모를 보살피게 하라 하셨으니[133] 성상의 융숭하신 은총이 상례(常例)를 훨씬 뛰어넘었기로 황송하고 감격스러워 어찌할 바를 알지 못하였나이다. 이어서 신같이 용렬한 자질의 하품(下品) 인간이 외람되이 재상의 반열에 끼어 터럭만큼도 도움이 되지 못하고 그저 부끄러움과 두려움만 쌓아가고 있음을 생각하고는, 어린 나이 원손을 보양(輔養)하는 책임은 분명 신이 감당할 바가 아님을 분명히 알게 되었습니다. 그런데도 뻔뻔한 얼굴로 명을 받들면서 감히 끝내 사양하지 못한 것은 장구(章句)나 가르치면서 조금이라도 정성을 바쳐 만분의 일이라도 보답

133 대신이……하셨으니 : '乞郡'은 늙은 부모가 계실 때 그 봉양을 위하여 수령이 될 것을 주청하는 것을 말한다. 좌의정 김상로(金尙魯)가 "원손(元孫)을 보양(輔養)하는 일을 잠시도 비울 수가 없는데, 전 사부(師傅) 남유용이 모친이 늙고 집이 가난하다는 이유로 글을 올려 걸군(乞郡)하니, 이 사람은 외직으로 내보내는 것이 마땅하지 않다"라고 하면서 "청을 들어주지 말고 고례(古例)에 따라 식물(食物)을 후하게 내리는 것이 좋겠다"라고 하자 임금이 그대로 따랐던 사실을 가리킨다. 《英祖實錄 33年 10月 3日》

할 기회를 삼고자 할 따름이었습니다.

원손의 덕성이 날로 성장하고 학문이 점차 발전하게 되었는데도 신은 또 망설이고 연모하며 차마 바로 떠나지 못하였습니다. 비록 모친이 늙고 집안이 가난하여 봉양이 시급하였으나 묵묵히 직무를 수행하며 사적인 것을 말할 경황이 없었던 것이 지금 4년이 되었습니다. 가을에 마침 신이 현직에서 해면될 수 있게 되었기로 그제야 감히 까마귀의 사정(私情)[134]으로 저하의 귀를 모독하여 다행히 곡진한 윤허를 입었사온데, 생각지 못하게도 한 달이 못 된 사이에 다시 이 제수의 명을 받들게 되니 신은 진실로 당황스럽고 두렵사옵니다. 한 마리 기러기가 날아가건 모이건[135] 넓은 조정에 많아지고 적어질 것이 무에 있다고 갑자기 이렇게 그릇된 은혜를 입는지 모르겠나이다.

이 시점에 보도(輔導)는 진실로 급선무라 강석(講席)에 둘 모든 이들을 더욱 잘 가려 뽑아야 마땅합니다. 현재 전망(前望 전에 천거하였던

134 까마귀의 사정 : 까마귀는 자신의 어미가 길러준 은혜를 생각하여 늙은 어미에게 먹이를 가져다가 먹인다는 데서 유래하여 어버이에 대한 효심을 뜻한다. 진(晉)나라 이밀(李密)의 〈진정표(陳情表)〉에 "신(臣) 밀(密)은 이제 나이 44세요, 조모 유씨(劉氏)는 이제 나이 96세이니, 이는 신이 폐하께 충절을 다할 날은 길고, 유씨에게 보답할 날은 짧은 것입니다. 까마귀의 사사로운 정을 끝까지 봉양할 수 있기를 원하나이다."라는 구절이 있다.

135 한 마리……모이건 : 양웅(揚雄)의 〈해조(解嘲)〉에 벼슬길을 두고 "강호의 참새나 발해의 새는 네 마리의 기러기가 날아와 모여도 많아지지 않고, 한 쌍의 오리가 날아가 버려도 적어지지 않는 것과 같다."라고 표현한 것이 있다. 《漢書 卷87下 揚雄傳》 강가나 호숫가에 기러기 한 마리가 날아오거나 날아갔다고 해서 많아지거나 줄어드는 것이 아니듯이, 벼슬길에 나아갈 사람은 매우 많으니 존재감 없는 몇 사람이 가고 오는 것은 아무 상관이 없다는 뜻이다.

후보) 가운데 차례가 된 사람과 기타 문학이 뛰어난 선비들이 우뚝 줄지어 있으니 뽑아서 맡김에 있어 어찌 사람이 적다고 걱정할 일이겠습니까? 그런데 지금, 이미 시험해 보았으나 공효를 거두지 못한 신에게 다시 종전에 감당하기 어려웠던 직임을 맡기시면서 마치 지금 이 직임은 신이 아니면 안 될 것처럼 하시니 이는 미천한 분수에 있어서는 진실로 황공하고 부끄러움을 이기지 못할 일이요, 조가(朝家)의 거조(擧措)로 헤아려 보아도 어떠한지 모르겠습니다.

음식물을 하사하심에 이르러서는 더더욱 유례없는 은총에 관련된 것입니다. 이전에 이러한 임금의 하사품을 받은 경우는 대부분 기로소(耆老所)에 든 신하나 학식과 명망이 높은 선비에게 특별히 주는 주급(周急)[136]의 은전에서 나온 것이었으니 어찌 신과 같이 형편없는 사람이 외람되이 이러한 영광에 끼는 경우가 있었겠습니까? 신은 진실로 성상의 뜻이 신의 구구한 사적 형편을 안타깝게 여기시어 은혜로 노모를 봉양하게 해 주신 것임을 알았기에 감히 바로 사양하지 못하고 삼가 절하고 머리 조아리며 삼가 받았나이다. 덕(德)은 음식을 건네주신 은혜[137]와 짝하고 인(仁)은 솜옷을 입혀주신 따뜻함[138]을 넘어섰는지라

136 주급(周急) : 경제적으로 곤궁한 신하를 구휼해 주는 것이다. 조선 시대 대신이 치사(致仕)한 경우에 그의 노후 생활을 보장하기 위한 방편으로 쌀과 소금과 땔나무 따위를 매년 봄과 가을, 그리고 세시(歲時)에 3차례 지급하였다.《國譯萬機要覽 戶曹各掌事例 別例房》

137 음식을……은혜 : 원문의 '推食'은 임금이 신하에게 각별히 은총을 쏟는 것을 말한다. 한(漢)나라 장수 한신(韓信)이 한 고조(漢高祖) 유방(劉邦)에게서 받은 은혜를 술회하면서 "옷을 벗어 나에게 입세 하고 먹을 것을 건네주어 나에게 먹게 하였다."라고 한 고사가 있다.《史記 卷92 淮陰侯列傳》

모자가 서로 마주 보고 하늘 같은 성상의 자애에 감축하였습니다. 그 은혜를 갚을 길을 생각하면 털끝이나 피부도 아낄 것이 아니오나, 재주 없고 식견이 얕아서 크나큰 책임을 맡겨주신 뜻에 부응하지 못하였는데 게다가 노쇠하고 고질병이 있어 지업(志業)이 시들고 꺾였는지라, 성상의 은혜를 저버리고 그저 죄만 더할까 두려워 가슴을 쓰다듬으며 두려워하면서 한순간도 편치 못하옵니다.

일찌감치 문자를 들여보내 성상의 은혜에 사례하는 마음을 우러러 아뢰고 겸하여 무릅쓰고 있기 어려운 뜻을 호소했어야 마땅했는데 오래 앓던 풍현(風眩)[139]이 추워지면서 갑자기 심해지는 바람에 병상에서 괴로워한 지 열흘이 지난 지금에서야 비로소 어렵사리 서본(書本)을 갖추어 대략 작은 정성을 펴게 되었나이다. 엎드려 간청하옵건대 자애로우신 저하께서는 긍휼히 여겨 굽어살피시고 전하께 조석으로 안부를 여쭙는 여가에 신의 뜻을 옮겨 전달해 주시어 신의 직명을 해면하시고 어진 선비를 그 자리에 처하게 하여 주소서. 그리하여 강학이 오래 폐해지는 지경에 이르지 않고 천한 분수가 조금이라도 편해질 수 있다면 천만다행이겠나이다.

138 솜옷을……따스함 : 원문의 '挾纊'은 아랫사람을 보살펴 주는 임금의 배려를 뜻하는 말이다. 춘추 시대 초자(楚子)가 소(蕭)를 정벌할 때 신공 무신(申公巫臣)이 왕에게 말하기를 "군사들이 추위에 떨고 있으니 왕께서 삼군을 순찰하고 군사들을 위로해 주신다면 군사들은 다 솜옷을 입은 듯이 따스함을 느낄 것입니다."라고 한 바 있다. 《春秋左氏傳 宣公12年》

139 풍현(風眩) : 몸이 허한 때에 풍사(風邪)가 머리에 침습하여 생기는 어지럼증의 일종이다.

양관 대제학을 사직한 상서 무인년(1758, 영조34)[140]

辭兩館大提學書 戊寅

삼가 아뢰옵니다. 세월이 빠르게 흘러 양 혼전(魂殿)의 상담(祥禫)[141]이 어느덧 지나고 여름도 막바지에 접어들었습니다. 대조(大朝)와 소조(小朝)[142]께서는 시절을 돌아보며 애모(哀慕)하시는 마음 더욱 망극하셨으리라 삼가 생각하니 아랫사람으로서 지극히 슬픈 마음 이길 수 없나이다.

이어 생각건대 신은 외람되이 무능하고 용렬한 몸으로 맑은 조정에 몸담고 있으면서 일찍이 작은 재주나 털끝만큼의 보탬도 없이 그저 선대의 음덕을 빌어 지나치게 특별한 은총을 입었나이다. 전후에 밟아

140 무인년(1758) : 남유용의 나이 61세 되던 해이다.

141 양 혼전(魂殿)의 상담(祥禫) : 양 혼전은 숙종의 계비(繼妃) 인원왕후(仁元王后) 김씨(金氏)의 혼전(魂殿) 효소전(孝昭殿)과 영조의 비 정성왕후(貞聖王后) 서씨(徐氏)의 혼전인 휘령전(徽寧殿)을 말하고, 상담(祥禫)은 소상과 담제(禫祭)를 가리킨다. 정성왕후는 이 글을 쓰기 1년 전 1757년(영조33) 2월에 승하하였고 인원왕후는 그로부터 한 달 뒤인 1757년 3월에 승하하였다. 사람이 죽은 지 한 돌 만에 지내는 소상을, 연제(練祭)라고 한다. 담제(禫祭)는 대상(大祥)을 치르고 한 달을 건너뛰어 26개월이 되는 달 하순의 정일(丁日)이나 해일(亥日)에 지내는 제사이다. 초상(初喪)으로부터 26개월 만에 지내나, 아버지가 생존한 모상(母喪)이나 처상(妻喪)일 때에는 초상으로부터 15개월 만에 지내는데, 영조가 생존해 있었기 때문에 이 규정을 적용한 것으로 보인다. 실제로 이해 휘령전(徽寧殿)의 담제(禫祭)를 효소전(孝昭殿)의 연제(練祭) 뒤에 거행하였다.

142 대조와 소조 : 대리청정이 있을 때, 임금은 대조라고 하고 대리청정을 맡은 세자나 세제는 소조(小朝)라고 부른다.

온 이력도 분수에 넘치지 않음이 없는데 새로 입은 명에 이르러서는 더욱 꿈에선들 도달할 수 없는 것이라, 신은 마치 깊은 못이나 골짝에 떨어진 듯 참으로 놀랍고 두려워 차라리 도망하고 싶었으나 할 수 없었나이다.

대저 학사(學士)로 직임을 삼는 자들이라면 누군들 엄격히 선발된 사람이 아니겠습니까마는 하나의 '대(大)' 자가 더해지고 삼관(三館)의 수장을 겸하는 것이라면 직무가 더욱 무겁고 선발의 방법이 더욱 엄격합니다. 그러므로 식자들은 이 직임이 마땅한 사람을 얻었는지를 보아 문교(文敎)의 쇠퇴와 융성, 사추(士趨 선비의 지향)의 음란함과 올바름, 사명(辭命)의 득실[143]을 열에 여덟아홉 점쳤습니다. 그러니 이 직임을, 위에서는 재주 없는 이에게 함부로 제수할 수 있겠으며 아래에서는 역량을 헤아리지 않고 무릅쓰고 차지하고 있을 수 있겠나이까.

조종조(祖宗朝)의 성세에는 인재를 기르는 것을 평소에 하여 재주를 온전히 갖추고 학문이 깊은 사람들이 성대히 배출되었는데, 그럼에도 400년 동안 이 선발에 든 사람은 백 명이 되지 않았으니 어렵게 여기고 신중히 선발한 것을 알 수 있습니다. 지금 인재의 융성함이 설령 옛날에는 미치지 못한다 하여도 진실로 신보다 나은 사람을 구한다면 아마도 말로 헤아리고 수레에 실을 정도일 터인데 어찌 사람이 적다고 걱정할 일이겠나이까.[144] 그런데도 기어이 신과 같은 최하의 사람을 취하시

143 사명(辭命)의 득실 : 외교문서를 잘 쓰고 못 쓰는 데서 오는 국익의 득실을 말한다.

144 말로……일이겠나이까 : 물건이나 인재 따위가 많아서 그다지 귀하지 않음을 이르는 말이다. 삼국 시대 오(吳)나라 조자(趙咨)가 위(魏)나라에 사신 갔을 때 위 문제(魏文帝) 조비(曹丕)가 그와 문답하고 그의 달변에 감동하여, "오나라에 그대와 같은

어 '나라의 문형'이라 이름하신다면 신의 부끄러움과 불안함은 그래도 한 몸의 사사로운 문제에 관한 것이라 족히 말할 것이 없겠으나 두려운 것은 명기(名器 관직)를 내리고 받는 엄중함이 이로 말미암아 더욱 가벼워지고 국가에서 관직을 설치한 뜻이 신으로 말미암아 점차 어그러지게 되는 것입니다.

신이 재주도 없고 학문이 깊지 못한 것은 저 혼자만 분명히 알고 있는 것이 아닙니다. 신이 외람되이 대조와 소조를 강연(講筵)에서 모신 세월이 쌓였으니 그 허술하고 실속 없는 실상을 성조(聖朝)에서 이미 굽어 살피셨을 것이요, 신이 외람되이 관각의 직임을 맡은 것이 한두 번에 그치지 않으니 거칠고 서툴러 감당할 수 없는 정상을 나라 사람들 또한 이미 잘 알고 있을 터, 어찌 신이 다 말하기를 기다린 뒤에야 환히 알 수 있는 것이겠나이까. 오직 노쇠하고 해이해져 중임을 감당하지 못하리라는 것만은 평소 저를 아끼고 사랑하는 옛 친구라고 하더라도 신이 스스로 알고 있는 것만은 못할 것입니다. 하물며 감히 세자 저하[145]께서 굽어 살펴주시기를 바랄 수 있겠나이까.

신은 젊어서 고질병에 걸려 학문에 힘을 쓰지 못하였고 지금 노년에 접어들어서는 결국 자포자기 상태가 되었나이다. 지기(志氣)는 날로

자가 몇이나 되는가?"라고 묻자, 조자가 "총명하고 특달(特達)한 자가 80~90인이요, 나 같은 자는 수레로 싣고 말로 될 수 있을 정도〔車載斗量〕여서 다 셀 수도 없다."라고 답한 데서 나왔다. 《資治通鑑 漢紀 昭烈帝 元年》

145 세자 저하 : 원문은 '离明'이다. '이(离)' 자는 '이(離)' 자와 같다. 《주역》 〈이괘(離卦) 상전(象傳)〉에 "밝음이 둘인 것이 이(離)이니, 대인이 이를 보고서 밝음을 이어 사방을 비춘다.〔明兩, 作離, 大人以, 繼明, 照于四方.〕"라고 한 데서 유래하여 이명은 군위(君位)를 세습(世襲)할 세자를 일컫는다.

더욱 쇠퇴하고 총명(聰明)은 날로 더욱 줄어드는데 풍담(風痰)이 빌미가 되어 생긴 병이 사색하는 것을 몹시 방해하여 옛날에 외웠던 것은 모조리 잊어버리고 새로 얻는 것은 이어지지 않는지라, 글을 써서 주고받는 모든 일을 부득이 한결같이 사절하고 있는 실정입니다. 때로 간혹 억지로 짓기도 하지만 비유하자면 몽당붓으로 글씨를 써서 예리한 맛이 도무지 없고, 무딘 칼로 그릇에 아로새겨서 흠을 덮을 수 없는 것과 같습니다. 이와 같은 기량으로는 비록 자잘한 문장을 짓는 일도 걸맞게 하지 못할까 두려운데 어찌 문단을 주도하고 제왕의 계책을 찬란한 문장으로 빛내는 일을[146] 만분의 일이라도 해내리라 기대할 수 있겠나이까. 신이 걸맞은 사람이 아님을 이미 마음속으로 알고 있는데 슬그머니 스스로 감추고 몰래 차지해서는 안 될 자리를 차지한다면 필경 직무를 망친 죄에서 감히 도망칠 수 없게 될 터, 성상의 인선을 욕보이고 문치(文治)에 누를 끼치는 것이 어떠하겠나이까.

또 신에게는 마음속에 조심스럽고 두려운 것이 있습니다. 문형이 그 후임자를 상소로 천거하는 것은 본디 국조(國朝)에 고사(故事)가 있사오나 반드시 한 시대 사단(詞壇)의 종장(宗匠)으로 중망을 받는 사람을 기다린 뒤에야 천거할 수 있었으니 이는 드물고 일상적이지 않은 천거였기 때문입니다. 지금 신은 본디 고인과 같은 출중한 재주를 가지고 있지 못한데 도리어 근래 드물게 있는 선발에 들었으니 이것

146 제왕의……일을 : 원문의 '黼黻'은 옛날에 임금의 대례복(大禮服)인 곤복(袞服)에 수놓았던 화려한 문양을 말한다. 보(黼)는 흰색과 검은색으로 자루 없는 도끼 모양을, 불(黻)은 검은색과 푸른색으로 '아(亞)'자 모양을 수놓은 것으로, 전하여 유려하고 찬란한 문장(文章)을 비유한다.

이 어찌 미천한 신의 분수로 감히 편할 수 있는 것이겠나이까. 백번을 생각해보아도 명을 받들 가망이 절대 없는데 연달아 청재(淸齋)[147]하는 일을 만나 아뢰어 호소할 길이 막혔기로 매일 엄한 부르심을 피하면서 죄가 산처럼 쌓이고 있으니 황공하고 민망한 구구한 마음이 어찌 다만 사사로운 것 때문만이겠습니까. 엎드려 바라옵건대 자애로우신 저하께서 굽어 살피시고 대조께 여쭈어 신에게 새로 제수하신 대제학의 직임을 빨리 전면(鐫免)하시어 공사 간에 다행스럽게 하여 주소서. 크나큰 바람을 이기지 못하겠나이다.

147 청제(淸齋) : 몸을 청결히 하여 재계(齋戒)하는 것을 말한다. 인원왕후의 연제와 정성왕후의 담제 등이 연달아 있었기 때문에 이른 말인 듯하다.

양관 대제학을 사직한 상서 두 번째

辭兩館大提學書 再書

삼가 아뢰옵니다. 신은 일전에 문자를 들여보내 새로 제수하신 직임을 해임시켜 주실 것을 바랐나이다. 졸렬하고 어눌한 문사가 비록 숭고하신 분을 감격시키기에 부족하였겠사오나 진실하고 꾸밈이 없는 간절한 마음만은 어쩌면 굽어살펴주시리라 기대하였사옵니다. 그런데 비지(批旨)를 받들고 보니 생각했던 바와 크게 어긋났는지라 신은 진실로 굽어보고 우러러보며 움츠릴 뿐 더욱 몸 둘 바를 모르겠나이다.

삼가 생각건대 성명(聖明)하신 성상께서는 어좌에 계시면서 총체적으로 다스리시는 것으로 정사를 펴시어 크고 작은 관직을 막론하고 장단점에 따라 자리를 얻게 하려 하셨으니 매우 아름다운 뜻입니다. 그런데 미천한 신에 대해서는 의용(擬用)[148]이 걸맞지 않으니 난쟁이에게 천균의 무게를 짊어지고 억지로 달리게 하는 것과 거의 다름이 없습니다. 엎어지고 넘어질 우려가 어찌 이 한 몸에 그칠 뿐이겠나이까. 신은 이 직임에 대하여 백에 하나도 감당할 수 없사온데, 감히 명을 받들 수 없는 이유를 개괄하자면 세 가지가 있기로 감히 죽음을 무릅쓰고 아뢰오니 엎드려 바라옵건대 조금이나마 살펴주소서.

신은 타고난 성품이 오활하여 세상 물정을 잘 모르고, 일체의 영달도 마음속에 두지 않았나이다. 우연히 빈 자리를 채우게 되어서[149] 자

148 의용(擬用) : 합당한 사람을 임금에게 천거하여 서용하는 것을 말한다.

149 우연히……되어서 : 원문의 '承乏'은 적당한 인재가 없어서 자기가 잠시 그 빈자

급과 경력을 성취할 수 있게 되었사오나 전후에 거쳐 간 이력이 주제 넘지 않음이 없었으니 고인이 나무란바 청관(淸官)과 미작(美爵)을 종신토록 편히 앉아서 얻은 자[150]와 불행히도 가깝습니다. 그래서 평상시에도 항상 마치 못이나 골짝에 떨어질 듯 부끄럽고 두려워하며 가득 차면 덜게 된다[151]는 걱정과 그만둘 줄 알고 만족할 줄 알아야 한다[152]는 경계를 일찍이 잠시라도 마음속에서 잊은 적이 없습니다. 하물며 지금 외람되이 받은 관직은 지망(地望)의 청요(淸要)함과 책임의 막중함이 다른 자리와 비교될 수 없음에리까. 신이 만일 영화를 탐하고 군신 간의 분의(分義)를 어길까 두려워하여 몰래 차지해서는 안 될 자리를 차지하고 있으면서 본래 가지고 있었던 것처럼 한다면 이는 다만 초심을 저버리는 것에 그치지 않을 터, 사람이 나무라고 귀신이 책망하는 것[153]이 당연한 이치일 것이니, 이것이 명을 받들 수

리를 채운다는 뜻으로, 즉 벼슬에 임명됨을 겸사하여 이르는 말이다.

150 청관과……얻은 자 : 《주자대전(朱子大全)》 권25 〈한 상서에게 답한 편지〔答韓尙書書〕〉에서 주희가 "저는 지난번 소명을 사양하였는데 관직을 고쳐 제수하였습니다. 지금 또 바뀐 관직으로 인하여 이런 제수가 있었으니, 제가 만약 이 관직을 받고 사양하지 않는다면 이것은 미관과 요직을 조용히 사직하고 물러났다가 편안히 앉아서 부름을 받게 된다는 것입니다."라고 말한 바 있다.

151 가득……된다 :《서경》 〈대우모(大禹謨)〉에 "덕은 하늘을 감동시켜 멀어도 이르지 않음이 없으니, 가득 차면 덜게 되고 겸손하면 더하게 되는 것이 천도이다."라는 말이 나온다.

152 그만……한다 : 《도덕경(道德經)》 44장에 "만족할 줄을 알면 욕되지 않고, 그만둘 줄을 알면 위태롭지 않게 된다."라는 말이 있다.

153 사람이……책망하는 것 : 《장자》 〈천도(天道)〉에 "자연의 즐거움을 아는 사람은 하늘의 원망을 받지도 않고 사람의 비난을 받지도 않고 사물의 얽매임도 받지 않고 귀신의 책망도 받지 않는다."라는 말이 나온다.

없는 첫 번째 이유입니다.

신은 젊었을 적에 일찍이 뜻을 독실히 하여 학문을 하지도 못하였고 중년에는 병을 많이 앓아 노느라 학문이 더욱 황폐해졌습니다.[154] 고금의 서적은 한 귀퉁이도 엿보지 못한 것[155]이 대부분이고, 보통의 글도 전혀 문장을 이루지 못하니 견식의 고루함과 재사(才思)의 둔박함을 사람들도 기롱하고 신 또한 스스로 비웃습니다. 변려(騈儷) 등의 문체 같은 것이 이르면 더욱 세상에서 필요로 하는 글에 속하는데 이미 쌓인 공부가 없어 문장의 법도에 완전히 무지하여, 사륜(絲綸)을 대찬(代撰)할 때는 손가락을 다쳐 피를 내고 땀만 뻘뻘 흘리는 격이라[156] 짧고 졸렬한 재주를 숨길 수 없고, 공령문(功令文 과거를 볼 때 짓는 글)의 성적을 매길 때는 진주를 버려두고[157] 자갈을 간택하는 격이라 감별에 혹

154 노느라……황폐해졌습니다 : 한유(韓愈)의 〈진학해(進學解)〉에 "학업은 근면함에서 정진(精進)되고 노는 데서 황폐해지며, 행실은 생각하는 데서 이루어지고 내버려두는 데서 허물어진다."라고 한 말이 있다.

155 한 귀퉁이로……것 : 원문의 '窺斑'은 대롱 구멍을 통해 표범의 얼룩무늬를 엿본다는 뜻으로, 전체의 모습을 조관하지 못하고 겨우 사물의 일부분만을 보는 데 그치는 아주 협소한 안목이나 소견을 비유하는 말이다. 진(晉)나라 왕헌지(王獻之)가 소년 시절에 도박 놀음을 옆에서 지켜보다가 훈수를 하자, 그 가운데 한 사람이 "이 아이도 역시 대롱으로 표범을 엿보면서 그 반점 하나만을 보는 식이다."라고 비웃었던 고사에서 나왔다. 《世說新語 方正》

156 손가락을……격이라 : 재능이 부족한 사람이 쓰여서 고생하는 것을 비유한 말이다. 한유(韓愈)의 〈제유자후문(祭柳子厚文)〉에 "서투른 목수는 재목을 깎다가 손가락을 다쳐 피를 흘리고 땀만 뻘뻘 흘린다."라는 말이 나온다.

157 진주를 버려두고 : '遺珠'는 초야에 묻혀 있어 알려지지 않은 현인(賢人)을 비유한 말이다. 당나라 때 적인걸(狄仁傑)이 변주(汴州)의 판좌(判佐)가 되었다가 서리에게 무함을 당했는데, 당시 하남도 출척사(河南道黜陟使) 염입본(閻立本)이 그를 보고

착오를 일으키기도 합니다. 조종조(祖宗朝) 때 이 관직을 설치한 목적은 장차 사령(辭令)을 아름답게 꾸며 사방의 이목을 주목시키기고 뛰어난 인물을 선발하여 선비들에게 표준을 세우는 것이었거늘 이 두 가지 모두 신이 할 수 없으니 이것이 명을 받들 수 없는 두 번째 이유입니다.

문교(文敎)가 피폐해지고 해이해지는 것은 지금보다 심한 때가 없었습니다. 나라에서 인재를 배양하는 공적이 성대(盛代) 때보다 못하고, 학교에서 사람을 새롭게 진작시키는 방법이 옛 선인들의 뜻에서 말미암지 않습니다. 유생들은 단정히 앉아 학업에 전념하는 것을 옹졸한 계획이라 여기고 문사들은 책 읽는 것과 정사에 종사하는 것을 두 갈래라 여깁니다. 뜻과 지향이 낮아지고, 점차 서로 물들어가서 풍습이 한바탕 변하더니 뒤섞여 동색(同色)이 되었는데 신과 같은 자 역시 그 중 한 사람일 따름입니다. 지금 신으로 하여금 본보기가 되는 자리에 있게 하여 훈도하고 이끄는 책임을 맡게 한다면 이는 참으로 이른바 '남에게 질정을 받기에도 겨를이 없는데 어찌 남을 바로잡을 수 있겠느냐'는 격입니다. 문치에는 도움이 되지 못하고 배우지 않는 자들을 권면하기에나 알맞을까 두려우니 이것이 명을 받들 수 없는 세 번째 이유입니다.

옛날의 신하는 벼슬살이에 구차하지 않아서 사마광(司馬光)과 같은 덕망이 높은 큰선비라 하더라도 할 수 없는 일에는 오히려 사양을 하였습니다.[158] 하물며 신이 할 수 없는 것은 단지 사륙문(四六文)뿐이 아니

"창해의 유주(遺珠)라 할 만하다."라고 하였다.

158 사마광과……하였습니다 : 127쪽 주53 참조.

옵고 무릅쓰고 명을 받을 수 없는 이유가 하나둘에 그치지 않음에리까.

게다가 부들이나 버들 같은 체질[159]로 병을 많이 앓고 일찍 쇠하였는지라 정신은 시들고 흐릿해져 옛날 배운 것을 모조리 잊어버렸고, 글 짓는 방법도 아득해져서 도리어 옛 걸음걸이[160]도 잃어버렸습니다. 설령 지금 이러한 직임을 맡고 있다 하여도 오히려 역량을 헤아려 물러나야 마땅하거늘 도리어 새로 명이 내려옴에 억지로 스스로를 수식하면서 감당하지 못할 실상을 덮고 그저 일신의 영화만 차지하려 한다면 신 자신은 비록 부끄러움을 모른다 하더라도 식자들에게만은 남몰래 비웃음거리가 되지 않겠습니까.

생각을 이미 충분히 해 보니 의리상 반드시 사직해야 하는데 하루 이틀 헛되이 화려한 직함을 가지고 있으면서 포만(逋慢 책임을 회피하고 게을리함)의 죄를 짓고 더욱 도망갈 곳이 없어졌나이다. 이에 감히 번독(煩瀆)함을 피하지 않고 전에 아뢴 간절한 심정을 다시 아뢰오니 엎드려 바라옵건대 자애로우신 저하께서는 신의 사직이 진정 간절한 마음에서 나온 것이요 그럴듯하게 꾸며 나온 것이 아님을 헤아리시어 신에

159 부들이나……체질 : 부들과 버들은 매우 나약한 기질의 나무로 약한 체질을 비유한다. 진(晉)나라 고열지(顧悅之)가 간문제(簡文帝)와 동갑이었는데도 이른 나이에 머리칼이 하얗게 세었다. 황제가 그 이유를 물으니 "신은 포류(蒲柳)와 같은 체질이라서 가을이 가까워지면 벌써 잎이 지고 맙니다."라고 하였다. 《世說新語 言語》

160 옛 걸음걸이 : 전국 시대 연(燕)나라의 청년이 조(趙)나라 서울 한단(邯鄲)에 가서 한단 사람들의 한아한 걸음걸이를 배우다가 걸음걸이가 아직 익숙해지기 전에 중도에 그만두고 고향으로 돌아갈 적에는 자기 고향 본래의 걸음걸이도 잊고 한단의 걸음걸이도 제대로 배우지 못하여 결국은 엉금엉금 기어갔다는 고사에서 온 말로, 전하여 남의 것을 본받으려다 이루지 못하고 도리어 자기 것까지 잊게 되는 것을 비유한다. 《莊子 秋水》

게 새로 제수하신 직명을 빨리 개차(改差)하여 주소서. 그리하여 공기(公器 관작)를 엄중히 하고 천한 분수를 편히 하여 주신다면 이보다 더 큰 다행이 없겠나이다.

양관 대제학을 사직한 상서 세 번째
辭兩館大提學書 三書

삼가 아뢰옵니다. 신은 충정을 다 쏟아내 두 번이나 높으신 존엄을 번거롭게 하면서 혹시라도 곡진히 혜량하시어 윤허를 내려 주실까 기대하였사온데 비사(批辭)를 받들고 보니 윤허하심이 아직 없으셨나이다. 신의 성의가 얕고 박하여 위로 저하의 귀에 이르기에 부족해서이거나, 아니면 저하께서 벼슬을 받고 으레 사양하는 것으로 보시고 사람과 자리가 걸맞지 않은 것을 혹 다 굽어살피지 못한 것이 아니겠나이까. 신은 이에 지극히 황공하고 답답한 마음 더욱 이기지를 못하겠나이다.

아! 문운(文運)의 성쇠는 치도(治道)와 더불어 서로 오르락내리락하고, 성쇠의 기틀은 또 문형을 잘 얻었느냐에 달려 있습니다. 예부터 관사(官師 관사(官司)의 장관)의 선발이 이토록 한결같이 조심스러웠던 이유는 단지 한 관직으로 한 신하를 영화롭게 하는 일일 뿐 아니라 진실로 관계된 바가 이와 같이 무겁고 또 크기 때문이었나이다.

신이 삼가 보건대 국조(國朝) 400년간 공덕(功德)이 우뚝하고 찬란하여 큰 제작(制作 예악에 관한 전장제도)이 있었고 큰 호령(號令)이 있었습니다. 그리하여 완염(琬琰)[161]의 광채가 진실로 백대를 찬란히 비출 수 있었사온데 그 찬란한 문장[162]을 윤색한 공으로 말한다면 당시 문형

161 완염(琬琰) : 주(周)나라 때 홍벽(弘璧)과 함께 서서(西序)에 보관되어 있던 진귀한 보옥으로 뛰어난 문장을 뜻한다. 간책(簡冊)의 기록을 아름답게 표현한 것이다.

을 맡은 자들이 일찍이 도움을 주지 않은 바가 없었습니다.

또 삼가 살펴보건대 조종조(祖宗朝) 때에는 이름난 신하, 훌륭한 재상들이 성대하게 줄지어 나왔습니다. 경술을 잘하는 이도 있었고 문장을 잘하는 이도 있어 성명(聲明)[163]의 융성함이 진실로 한 시대를 경영하기에 충분했사온데, 그 문풍을 진작시키고 백성들을 권면한 공을 찾는다면 당시에 문형을 맡은 자가 힘을 기울인 덕분이 아님이 없었습니다. 대저 하나의 관직에 인재를 얻음으로써 국가가 그 효과를 입는 것이 이와 같을진댄 인재를 잃음으로 그 폐해를 받을 것 또한 미루어 알 수 있을 터, 관직을 내리고 받을 때에 신중히 하지 않을 수 있겠나이까.

근래 들어서는 인재를 양성하는 도구가 점차 옛날 같지 않고 학직(學職)[164]을 선발하는 방법도 날로 무너져 가게 되었는지라 결국 문단을 통솔하는 임무 역시 천신(賤臣)에게 미치게 되었습니다. 그런데 신이 무슨 학술이 있어서 문교(文敎)를 보필할 수 있고 무슨 문장이 있어서 고명(誥命)을 수식할 수 있겠으며 무슨 식견이 있어서 훌륭한 인재들을 깨우칠 수 있다고 감히 당돌하게 이 직임에 의의(擬議)될 수 있겠나이까. 세 가지 가운데 하나도 없는데 비록 명을 따라 주선하면서 맡겨 쓰시려는 저하의 덕의(德意)를 조금이나마 받들고자 한들 장차 어디에서 도움을 드릴 수 있겠나이까.

162 찬란한 문장 : 원문의 '黼黻'은 184쪽 주146 참조.

163 성명(聲明) : 성음(聲音)과 광채(光彩)를 의미하며, 훌륭한 교화(敎化)와 문명(文明)을 비유하는 말로 쓰인다.

164 학직(學職) : 성균관이나 향교 등에서 교육을 담당하는 벼슬을 이른다.

고(故) 상신(相臣) 장유(張維)는 문형을 사양하며 말하기를 "설사 지금 세상에 이 임무를 감당할 만한 사람이 전혀 없다 하더라도 신 같은 사람이 자리를 메워서는 절대 안 될 것입니다"라고 하였나이다.[165] 이 말은 장유에게 있어서는 본디 지나친 겸사이겠으나 신의 입장에서 보면 진실로 제 입에서 낸 말과 같습니다.

신은 진실로 재주가 없는데다가 졸박하고 고지식한 성품은 꾸미거나 속이는 것도 못 하옵니다. 하물며 감히 저하의 명찰(明察) 아래에서 감정을 속이고 언사를 문식하여 제 몸 편하게 할 계획을 하겠나이까. 혈성(血誠)을 다 해 호소하기를 두 번 세 번 하면서도 그치지 않는 이유는 바로 조정에서 사람을 등용함에 있어 그 재목을 잘못 쓰지 않고 미천한 신이 관직을 받음에 이어 분수를 잃지 않기 위함일 뿐입니다.

엎드려 바라옵건대 자애로우신 저하께서 중임이 헛되이 제수되어서는 온당치 않다는 것을 깊이 살피시고 또 지극히 간절한 마음을 곧장 내치셔서는 안 됨을 헤아리시어 아침저녁 문안드리는 여가에 대조께 여쭈어서 신에게 새로 제수한 삼관(三館)의 직명을 빨리 전개(鐫改)하여 주소서. 그리하여 공사 간에 편해지도록 하여 주신다면 매우 큰 다행이겠나이다.

165 고(故) 상신(相臣)……하였나이다 : 장유(張維, 1587~1638)는 본관은 덕수(德水), 자는 지국(持國), 호는 계곡(谿谷), 시호는 문충(文忠)이다. 이조 참판, 부제학, 대제학 등을 지냈다. 정묘호란 때 왕을 모시고 강화도로 호종하였고, 최명길(崔鳴吉)과 함께 화의론을 주장하였다. 이 말은 장유가 올린 〈대제학을 사면하는 차자-두 번째〔大提學辭免箚 再箚〕〉에 있다. 《谿谷集 卷18》

의금부에서 심문을 받고 특별히 방면을 받은 뒤에 또 대제학을 사직한 상서
禁推特放後 又辭大提學書

삼가 아뢰옵니다. 신이 누차 혈성(血誠)을 다 해 호소하였으나 윤허하시는 말씀은 날로 아득하고, 엄한 소명을 여러 번 어기었는지라 죄는 날로 깊어만 가는데, 평소 앓던 담벽증(痰癖症)[166] 또한 덩달아 더위를 타고 몹시 심해졌나이다. 이미 처벌받을 죄를 범한 데다가 침과 뜸에 자꾸 곤욕을 당하고 있어서 참으로 죽을 날이 얼마 남지 않은 듯 두렵사온데, 생각지 않게 일전에 입시하라고 하는 대조의 명을 삼가 받들었습니다. 신이 비록 형편없는 사람이오나 가마를 기다리지 않는 의[167]는 대략 들어 알고 있사온데 하물며 특별히 부르시는 명을 받고 어찌 감히 한시라도 머뭇거릴 수 있겠나이까. 그러나 무거운 짐이 어깨에 있으니 앞으로 나아가는데 뒤뚝거리는 것을 스스로 느끼게 되고, 깊은 병이 몸을 휘감았으니 억지로 명을 따를 수도 없사옵니다.

명을 어긴 죄 만 번 죽어도 오히려 달게 여겨야 하거늘 치대(置對)[168]

166 담벽증 : 인체의 기혈이 순조롭게 운행되지 않아서 장기의 진액이 일정 부위에 몰려 걸쭉하고 탁하게 된 것을 담(痰)이라 하는데 이것이 옆구리 등에 통증을 유발하는 증상이다. 《巢氏諸病源候總論 癖病諸候痰癖候》

167 가마의……의 : 왕의 소명(召命)을 받고 급히 달려가는 것을 말한다. 《논어》〈향당(鄕黨)〉에 "왕의 부름을 받으면 수레에 멍에를 멜 때까지 기다리지도 않고 뛰어갔다."라는 말이 나온다.

168 치대(置對) : 의금부나 국청(鞫廳) 등에서 직접 심문하여 답변하게 하는 일 또는

의 가벼운 벌로 어찌 만분의 일이나마 족히 속죄하겠나이까. 그런데도 지극히 어질고 인자하신 성조(聖朝)의 은혜를 곡진히 입어 죄명이 결정[169]되지도 않고 용서의 은택이 도리어 쏟아졌나이다. 신은 이날 감축하는 마음과 황공한 마음이 절절히 교차하여 집에 움츠리고 엎드려서 말없이 견책을 기다리고 있으면서 차라리 홀연 잠들어 깨어나지 않았으면 하는 마음[170]이었으나 그렇게 되지도 않았나이다.

뜻밖에 이제 소명이 또 내려왔으니 신의 분의(分義)에 있어서는 진실로 다급히 달려가 명을 받들고 다른 것을 생각할 겨를이 없어야 마땅할 것이옵니다. 다만 삼가 듣건대 그날 성교(聖教)가 지극히 엄중하였다고 하니 가슴을 쓸어내리며 스스로 반성하면서 황공한 마음에 흘린 식은땀이 아직 마르지도 않았나이다. 비록 너그러이 용서해주시는 은혜를 입어 감옥의 귀신이 되는 것을 면했다고 하더라도 그 죄를 돌이켜 생각하면 여전히 석고대죄(席藁待罪) 가운데 있는데 또 어찌 감히 총애를 믿고 태연스레 반열에 나아가 영화만 탐하고 죄를 잊는 죄에 스스로 빠지겠나이까.

이에 감히 병든 몸을 이끌고 열 번 거꾸러지고 아홉 번 쓰러지면서 삼가 대궐 밖에 나아와 피를 쏟는 간절한 마음을 아뢰옵니다. 엎드려 바라옵건대 자애로우신 저하께서는 굽어살피시어 빨리 신이 현재 가지

심문을 받아 답변하는 일을 말한다.

169 죄명이 결정 : 원문의 '勘斷'은 죄상을 심리하여 해당하는 형률을 적용시키는 것이다.

170 홀연……마음 : 《시경》 〈토원(兎爰)〉에 "온갖 근심 모여드니, 차라리 잠이 들어 깨어나지 말았으면.〔逢此百罹, 尙寐無吪.〕"이라는 말이 있다.

고 있는 직임을 삭직하시고 명을 만홀히 한 죄를 중형으로 다스려 주소서. 그리하여 조정의 기강을 엄숙히 하시고 개인적인 분수를 편히 하여 주신다면 천만다행이겠나이다.

이담의 상서[171]로 인하여 죄를 청한 상서

因李潭書請罪書

삼가 아뢰옵니다. 당록(堂錄)[172]이란 중요한 선발이거늘, 신은 밝지 못한 감식과 주밀하지 못한 견문으로 외람되이 직임을 맡은 사람의 일원이 되어 출척(黜陟)에 참여하였나이다. 그러니 그 권형(權衡)을 한 것이 어찌 물정에 딱 맞았다고 할 수 있겠나이까. 더구나 이번 권록(圈錄 홍문록)은 여러 해를 지나 성사되었는지라 뛰어난 인재들이 적체되어 있어 선발이 더욱 어려웠기로, 처음에는 간략하게 뽑으려 했던 것이 결국은 조금 많아지는데 이르렀습니다. 그 형세가 본디 그러하긴 하였지만 이 일로 신을 탓한다면 신 또한 마다하지 않을 것이옵니다. 그러나 앞서 교리(校理) 이담(李潭)이 운운한 것처럼 사욕을 따르고 공의를 멸시했다는 것으로 붓을 휘둘러 죄를 성토하는 것 또한 이상하

171 이담의 상서 : 교리 이담(李潭)이 관록(館錄)에 든 신사운(申思運), 안표(安杓) 등이 대신(大臣)의 족당, 혹은 문형과 가까운 인친(姻親)이라는 것을 문제로 삼아 상서를 올린 것을 말한다. 사사로운 뜻을 함부로 행하고 사람을 취사(取舍)하려 하였으므로 권점에 참여한 이천보, 남유용 등 여러 당상(堂上)을 견책하고 파면하는 벌을 마땅히 시행하여야 한다고 주장하였으나 당시 대리청정을 하고 있던 세자가 허락하지 않았다. 《英祖實錄 34年 7月 9日, 20日》

172 당록(堂錄) : 도당록(都堂錄)의 준말이다. 홍문관(弘文館)의 교리(校理)·수찬(修撰)을 임명하기 위한 2차 선거(選擧) 기록으로서, 의정(議政)·찬성(贊成)·참찬(參贊)·이조 판서(吏曹判書) 등이 모여 홍문록(弘文錄)에 오른 명단에서 적합한 사람의 이름 위에 권점(圈點)을 찍은 뒤 그 권점의 수를 헤아려 임금에게 올리면, 득점의 순위대로 임명하였다.

지 않습니까.

그중 안표(安杓)의 일 한 가지는 전적으로 신을 공격한 것이라 신은 놀랍고 두려워서 며칠 지나도록 마음이 안정되지 않았나이다. 아! 신과 안표가 비록 인척의 친분이기는 하나, 원래 피할만한 혐의가 없으니 그저 하나의 오래된 지인일 뿐입니다. 비록 신이 직접 천거하기는 하였으나 신에게 있어서는 부끄러울 일이 없습니다. 게다가 그의 자질과 행동, 문장과 학문이 평소에 사우(士友)들의 추앙을 받아 신이 말을 꺼내기를 기다리지 않아도 그 이름이 이미 공좌(公坐 공무로 인한 회의)에서 나온 터였는데 신이 어찌 스스로 법 밖의 혐의에 얽매여 여러 동료들의 논의를 굳이 막을 수 있었겠으며 또 신이 어찌 생각지도 못한 배척을 미리 헤아려 이제 막 나아가는 사람의 앞길을 막을 수 있었겠나이까. 상정(常情)으로 헤아려 보아도 이러한 이치는 없을 것입니다. 사람들이 비록 이해해 주지 않아도 신은 부끄러움이 없습니다.

다만 들으니 이담이 주상전하 앞에서 주대(奏對)를 할 때, 말은 분명히 이해할 수 없으나 뜻은 실로 깊고도 교묘하였다고 하니 근신이 임금께 고하는 말이 어찌면 이리도 황탄(謊誕)할 수 있습니까. 신은 그것이 걱정스럽습니다.

이경옥(李敬玉)과 신사운(申思運)의 선발이 진실로 합당했던 것으로 말하면 중의(衆議)가 인정한 바였고 신 또한 인정한 것이었습니다. 나머지 인원을 취사할 때에도 어찌 가부의 논란이 없었겠습니까마는 결국 중의(衆議)가 동의한 것에 신 역시 동의한 것이니 그때의 사실은 이와 같을 뿐입니다.

아! 지존의 명을 받들어 경연에 들 선비를 선발하는데 그 자리에 있었던 누군들 감히 깨끗하고 한결같은 마음을 갖지 않겠습니까. 그러나 모든 사람들이 기뻐하기는 어렵고 경박한 풍속은 떠들기를 좋아하니 사람들이 선(善)이라고 하면 신도 함께 영광을 누리는 것이고 사람들이 불선(不善)이라고 하면 신에게 죄가 있는 것, 무슨 많은 변명을 할 수 있겠나이까.

그러나 신은 속으로 의혹이 드는 것이 있나이다. 이담이 기왕에 신에게 사욕을 따르고 공의를 멸시했다고 지목하였으니 이는 신하로서 지극한 죄인데 죄를 청하지 않았습니다. 반면, 문형의 산점(散點 정기적 인사 행정 외에 수시로 행하는 인사 행정)이 없는 것은 고례(古例)에서 쉽게 알 수 있는 일인데 이담은 어찌 알지 못하고 이에 대해 죄를 청하였는지 이것이 신이 알 수 없는 일입니다. 엎드려 비옵건대 세자 저하께서 빨리 위명(威命)을 내리시어 신이 공의를 멸시하고 사욕을 따른 죄를 중하게 처벌하소서. 그리하여 직무 수행이 형편없는 자의 경계로 삼으신다면 이보다 더 큰 다행이 없겠나이다.

어머님을 찾아뵙기 위해 휴가를 청한 상서
乞暇省母書

삼가 아뢰옵니다. 신은 외람되이 서본(書本)을 올리고 삼가 중죄로 처벌해 주실 것을 기다렸사온데 저하의 비답을 받들고 보니 견책을 내리지 않으셨을 뿐 아니라 도리어 너그럽게 포용해주시는 마음을 곡진히 보여주셨나이다. 이어서 삼가 들으니 일전에 대조(大朝)께서 빈대(賓對)[173]에서 원손의 강학 일이 긴급하다고 속히 올라오라는 명을 내리셨다고 하옵니다. 죄를 지은 미천한 신하로 여기지 않으시고 오히려 다시금 성상께서 진념해 주시니 황공하고 감격하여 몸 둘 바를 모르겠나이다. 마땅히 명을 듣고는 일어나 떠나 덕의(德意)를 우러러 받들어야 할 것이옵니다. 그러나 평소 앓고 있던 풍담(風痰)의 질환이 이 환절기를 만나 조섭을 제대로 하지 못하는 바람에 자꾸 도지고 위중해졌습니다. 게다가 몸이 날로 쇠약해져 기력이 병을 대적하지 못하는지라 몸을 침상에 의지한 채 하나의 지리(支離)[174]한 사람이 되고 말았는데, 마음으로는 며칠만이라도 몸조리를 하고 들어가 새로 내리신 명에 사은하고 한 번이라도 강석에 오르고 물러 나오려고 하였습니다.

그런데 지금 들으니 신의 노모가 조카의 영남 고을 임소(任所)에

173 빈대(賓對) : 의정(議政)・대간(臺諫)・옥당(玉堂)의 관리들이 입시하여 임금에게 중요한 정무(政務)를 상주(上奏)하던 일이다. 차대(次對)라고도 한다.

174 지리(支離) : 신체(身體)가 해체되어 쓸모없는 사물 또는 신체가 완전하지 못한 불구자를 가리키기도 하는데, 여기서는 곧 늙고 병든 몸을 비유한다. 《장자》 〈지락(至樂)〉에 지리숙(支離叔)이란 사람의 이야기가 나온다.

계시는데 열흘 남짓 병을 앓고 계신다고 합니다. 증상이 학질과 비슷하여 위장이 막혀 먹지를 못하고 정신이 어지러워 잠을 이루지 못하며 숨 쉬는 것이 위태롭고 탕약이 효험이 없는데 병중에도 신을 보고 싶은 생각에 말씀할 때마다 눈물을 흘리신다고 합니다. 생각해보면 신의 어미는 집에 있으면서 먹는 것이 부실하여 늙고 쇠약해져 가는 것이 날로 심해졌나이다. 다행히 노인에게까지 은혜를 미루시는 대조(大朝)의 성덕을 입어 신의 조카로 하여금 신을 대신하여 관청의 봉양을 받도록 해 주신 덕분에[175] 추위와 더위를 잘 지내고 별일 없이 조금 편안할 수 있었으니 천은(天恩)이 미친 바에 감격스러운 마음 망극하였나이다.

지금 이 질병의 빌미는 대개 근래 장마의 습기로 인해 생겼는데 몸에 손상을 입힌 것이 가볍지 않은 데다가 치료를 잘하지 못하여 결국 위독한 지경에 이르렀는지라, 신은 자나 깨나 어머님을 걱정하고 그리워하는 가운데 이 소식을 듣고 오장이 다 타들어가 홀연 죽을 것 같았나이다. 그래서 3월에 휴가를 얻어 효소전(孝昭殿)의 상사(常事)[176]를 지낸 뒤 바로 가서 돌봐드리려고 하였사온데 그때 마침 천한 몸의 병이 자주 사경에 이르게 되더니 곧이어 혹독한 더위까지 만나 오늘날까지 지체되고 있습니다. 신의 어미가 헤어진 뒤 예전에 비해 몸이 얼마나 파리해지고 쇠약해졌는지, 원기(元氣)가 얼마나 손상되어 가는지 알지 못

175 다행히……덕분에 : 원손 사부로 있던 남유용이 어머님 봉양을 이유로 사직을 청하자 조카 남공필에게 예안 현감(禮安縣監)를 제수하여 대신 봉양하게 하였다. 《뇌연집》 권21 〈종자공필묘지명(從子公弼墓誌銘)〉 참조.

176 효소전(孝昭殿)의 상사(常事) : 원문의 '常事'는 소상을 가리킨다. 효소전은 인원왕후 김씨의 혼전으로 이때 소상을 치렀다.

한 채 근 천리 밖 영외에 떨어져 있으면서 소식도 때마다 접하지 못하고 있는데, 신 역시 쇠약해지고 병이 중하여 신음 중에 계시는 노모께 근심 걱정을 끼쳐 드리고 있는 형편입니다.

하찮은 개인적 사정으로 신이 어찌 감히 외람되이 저하의 귀를 번거롭게 할 수 있겠습니까마는 신의 마음이 이미 어지러워 다른 생각을 할 겨를이 없사옵니다. 지금 막 병든 몸을 이끌고라도 날을 정해 달려가 어머님을 살펴드리고 싶지만 관함(官銜)에 몸이 매인지라 감히 고하지 않고 곧바로 떠날 수 없기에 만 번 죽을 것을 무릅쓰고 미천한 정성을 대략 토로하옵니다. 엎드려 바라옵건대 자애로우신 저하께서 곡진히 살펴주시어 지극한 마음을 펼 수 있게 하여 주신다면 천만다행이겠나이다.

그리고 신은 돈녕부(敦寧府)[177]에 새로 제수되었사온데 정례(政例 인사 행정의 준례)상 무릅쓸 수 없는 것이 있사옵니다. 전에는 의친(議親) 관계[178]가 없으면서 이 부에 벼슬을 하게 된 자는 대개 소장을 올려 해직될 수 있기로, 이에 감히 전례[179]를 끌어들여 스스로 아뢰오니 바라

177 돈녕부(敦寧府) : 조선조 때 돈녕(敦寧), 즉 왕실 친척의 친목을 위한 사무를 처리하던 관청이다.

178 의친(議親) : 팔의(八議)의 하나로, 곧 임금의 단문 이상친(袒免以上親), 왕대비(王大妃)·대왕대비(大王大妃)의 시마 이상친(緦麻以上親), 왕비(王妃)의 소공 이상친(小功以上親), 세자빈(世子嬪)의 대공 이상친(大功以上親)을 말한다.

179 전례 : 판돈녕부사에 제수된 김흥경(金興慶)이 "무릇 본부의 관원은 원래 의친(議親)이 아니면 의망할 수 없는 것이 규례인데……지금 전조(銓曹)에서 상세히 살피지 않고 신을 부망(副望)의 자리에 잘못 두었고 은혜로운 낙점이 또한 잘못 내렸다"라고 하면서 사직을 청한 바 있다. 그러자 영조가 "의친이 아닌 것을 알았으니 본식은 체자하도록 허락한다."라고 하였다. 《承政院日記 英祖 7年 8月 9日》

옵건대 유사에게 명하여 속히 전개(鐫改)를 행해 주소서.

또 신이 삼가 듣건대 원손께서 강독의 과정을 잘 따르고 있어 문리(文理)가 날로 자라난다고 하니 매번 이러한 소식을 받들 때마다 기뻐 잠을 이룰 수가 없습니다. 신이 몇 달 동안 혹은 질병으로 인해 혹은 견책을 받고 파직된 상태에 있었기로 비록 경광(耿光)[180]을 가까이하고 영명한 목소리를 들을 수 없었으나, 구구한 연모의 정성은 어찌 한순간 조금이라도 느슨해졌겠나이까. 지금 비록 멀리 나가지만 본디 감히 오래도록 지체할 계획은 없사옵니다. 그러나 모친의 병세가 더했다 덜했다 하여 미리 헤아리기 어려운지라 멀리서 헛되이 직함을 띠고 시일을 끌고 있는 것은 공가의 체모나 사적인 의리에 있어서 지극히 편치 못한 것이니, 또한 바라옵건대 즉시 전면(鐫免)을 허락하시어 편안한 마음으로 왕래할 수 있도록 하여 주소서.

180 경광(耿光) : 훌륭한 덕을 표현한 말로 흔히 임금을 지칭하는데 여기서는 세손을 가리킨다.

뇌연집

제11권

소차 疏箚

서 序

계사 啓辭

응제문 應製文

소차 疏箚

문형을 천망하는 일로 거듭 소명을 어긴 후 죄를 청한 상서[1]
以文衡薦望再違召命後 請罪書

삼가 아뢰옵니다. 신이 병석에 누워 다 죽어가는 와중에 삼가 문형(文衡 대제학(大提學))을 천망(薦望)하라는 명을 받들었사온데, 대조(大朝)의 명이 있은 지 반날도 지나지 않아 패초(牌招)가 재차 내려왔습니다. 가령 신의 사정과 형세에 외람됨을 무릅쓰고 받아들일 만한 것이 있다면 어찌 감히 한 걸음을 머뭇거리고 한 시각을 지체하겠사옵니까.

아! 신이 그동안 사람들에게 받은 비방이 어떤 말이었습니까. 한 번 권점(圈點)을 찍은 일로 바로 '사사로움을 좇는다.'는 죄목에 몰아넣었는데 그것이 가리키는 말뜻의 심각함을 헤아림에 한때의 가벼운 질책으로 그 죄를 갚을 수 있는 바가 아닌 것이 있으니, 지금에 이르러 돌이켜 생각하면 식은땀이 온몸을 적십니다. 이 한 가지 일만 보더라도 신이 감히 전(前) 문형으로서 자처할 수 없음이 분명하고, 조정에서는

1 문형을……상서 : 1758년(영조34) 11월, 영조가 신임 대제학을 선발할 것을 재촉하면서 남유용(南有容) 등을 불러 권점(圈點)을 행하게 하였다. 남유용은 누차 소패(召牌)를 어기고 나아가지 않았고, 이 상서는 이때 올린 것이다.

마땅히 신을 전 문형으로 대우하여서는 안 됨이 확실합니다. 혹시라도 세월이 조금 오래되었고 군신 간의 의리와 분수가 두려워 지난날의 허물을 무릅쓰고 오늘날의 명을 따르는 일이 있기도 하나, 신과 같은 이는 이것으로 스스로 핑계를 삼을 수 없사옵니다.

생각건대 신이 그동안 맡은 직무를 그르치고 이런저런 말들을 초래하였던 것은 오로지 권점하는 일 때문이었는데, 오늘날 명하신 바 또한 천거(薦擧)에 관한 일입니다. 권점을 하고 천거를 하는 것은 같은 부류의 일입니다. 신이 비록 염치를 버리고 태연하게 맡고자 한다고 해도 어찌 국체(國體)의 손상과 당대의 비웃음을 염려하지 않을 수 있겠습니까. 철벽이 앞에 막혀있어 걸어갈 길이 없고 거듭 소명이 내려옴에 또 위포(違逋 임금의 소명을 어기고 나오지 않음)를 면치 못하였으니, 신의 죄 이에 이르러 만 번을 죽어도 오히려 가벼울 것이옵니다.

이에 감히 소략하나마 짧은 글을 올려 신의 위태롭고 간절한 사정을 우러러 아뢰옵니다. 엎드려 바라옵건대, 자애로우신 저하께서는 굽어 살피시어 우러러 대조께 아뢰어 성명(成命)을 거두게 하여주시고 소명을 만홀히 한 신의 죄를 중히 다스려 조정의 기강을 엄히 하시고 미천한 분수를 편안케 하여주신다면 천만다행이겠사옵니다.

우부빈객을 사임하는 상서[2] 기묘년(1759, 영조35)
辭右副賓客書 己卯

삼가 아뢰옵니다. 세월이 쉬이 흘러 양 혼전(魂殿)의 대상(大祥)과 담제(禫祭)가 이미 끝났으나,[3] 삼가 생각건대 대조(大朝)와 소조(小朝)의 슬퍼하며 그리워하는 마음은 처음과 같으실 것이니 어찌 다함이 있겠사옵니까.

하늘이 나라를 보우하여 크게 굽어살피셔서 우리 대조 전하에게 봉작(封爵)의 경사가 있으신 지 이에 회갑이 되었고[4] 곤성(坤聖 왕비)과 세손(世孫)의 수책(受冊 책봉(冊封)을 받음)의 예(禮)가 차례대로 이루어졌으니,[5] 팔도의 생민들이 모두 기뻐하며 송축하였사옵니다.

2 우부빈객을 사임하는 상서 : 남유용은 1759년(영조35) 11월에 우부빈객에 제수되었다.

3 세월이……끝났으나 : 혼전(魂殿)은 국상(國喪)이 일어났을 때 장사를 마치고 종묘에 입향할 때까지 신위를 모시는 곳을 말한다. 여기서 '양 혼전'은 숙종의 비 인원왕후(仁元王后) 김씨의 효소전(孝昭殿)과 영조의 비 정성왕후(貞聖王后) 서씨의 휘령전(徽寧殿)을 가리킨다. 1757년(영조33) 2월 15일에 중전 서씨가 승하하고, 같은 해 3월 26일에 대왕대비 김씨가 승하하였다. 이에 1759년 2월 14일에 장헌세자가 휘령전에 나아가 재기제(再朞祭)를 거행하고, 3월 26일에 영조가 효소전에 나아가 대상(大祥)을 거행하였다. 또 1758년 4월 11일에 장헌세자가 휘령전에서 대제(大祭)를 거행하고, 1759년 5월 1일에 영조가 효소전에 나아가 담제(禫祭)를 거행하였다.

4 우리……되었고 : 영조는 이때로부터 60년 전인 1699년(숙종25)에 6살의 나이로 연잉군(延礽君)에 봉하여졌다.

5 곤성(坤聖)과……이루어졌으니 : 영조는 1759년(영조35) 6월 22일에 51세 연하인 정순왕후(貞純王后) 김씨를 왕비로 맞아 대혼(大婚)을 거행하였으며, 다음 달인 윤6월

신은 성품이 본래 어리석고 정상이 매우 절박하여 앞에서 일을 그르쳤던 허물과 뒤에서 명(命)을 만홀(漫忽)히 하였던 죄 모두 용서받을 수 없음에 속하니 무거운 형벌에 처하여져야 합당할 것이옵니다. 그러나 성상의 도량이 하늘과 같아 너그럽게 용서를 내리셨으니 남쪽으로 출보(黜補)하였다가 이미 되돌리시고 동쪽으로 귀양 보냈다가 바로 사면하시는 등 잠깐 위엄 있는 견책을 보이셨다가 마침내는 넘치게 은총을 내려주셨습니다.[6] 대저 따스한 양기(陽氣)가 베풀어지는 것은 일물(一物)에만 사사롭게 하는 것이 아니어서 꿈틀거리는 생물 등속에 마치 이불을 두루 덮어주듯 한다고 합니다. 예전에 그런 말을 들었는데 지금 그 말을 믿게 되었으니, 머리를 바치고 간장(肝臟)을 갈라낸들 어찌 족히 보답이 되겠사옵니까.

신이 요행히도 하늘 같은 자애를 입어 겨우 구속에서 벗어났으나 벌이 죄를 갚지 못하여 귀신의 질책이 뒤를 따라 이르러 풍비(風痺)와 담훈(痰暈)의 몹쓸 증세가 모두 갖추어졌으니, 하루아침에 훌쩍 세상을 떠나 임금의 은혜에 보답하고자 하였던 초심(初心)을 영원히 저버리게 될까 참으로 두려웠사옵니다. 병석에서 다 죽어가며 온갖 상념이 다 끊어졌으나 오직 이 한 가지 일만은 또렷하게 마치 마음에 맺힌

22일에 훗날의 정조를 왕세손에 책봉하였다. 이는 인원대비와 정성왕후의 탈상(脫喪)과 부묘(祔廟)가 끝나기를 기다렸다 거행한 것이었다.

6 신은……내려주셨습니다 : 남유용은 1758년(영조34) 11월에 영조가 의도하던 정휘량(鄭翬良) 대신 이존중(李存中)을 문형(文衡)으로 천거한 일로 울산 부사(蔚山府使)로 출보(出補)되었다가 2달 후인 1759년 1월에 다시 부름을 받고 예문 제학이 되었다. 2달 후인 3월에 다시 식년 회시의 시관(試官)으로 나오라는 소명을 어겨 철원부(鐵原府)로 도배(徒配)되었으나, 3달 후인 6월에 석방되고 11월에는 우부빈객에 제수되었다.

듯하옵니다.

생각지도 못하게 성조(聖朝)에서 사면을 베풀어 차마 버리지 않으시더니 동궁 빈객(東宮賓客)에 임명한다는 고명(誥命)과 역마를 내어 불러올린다는 은혜로운 교지(敎旨)가 조정에서 내려와 하루 사이에 베풀어졌습니다. 우러러 생각건대 덕의(德意)의 융숭하고 두터움은 꿈속의 생각이라 해도 또한 이에 미치지 못할 것이니, 비록 신이 어리석고 흐리멍덩하나 어찌 느낄 줄 모르겠사옵니까. 하물며 저하께서 뜻을 분발하시어 양연(兩筵)이 날마다 열리고 전학(典學)[7]의 부지런함이 듣기에 흡족하다는 말을 들었사옴에리까. 신은 주연(冑筵)에 참여했던 구물(舊物)로 초야에 묻혀 지내면서 매양 이러한 소식을 받들 때마다 기쁜 마음에 밥 먹는 것도 잊어버리고 있사옵니다.

만약 신의 질병과 딱한 처지에 조금이라도 바뀔 만한 형세가 있다면 그날로 명을 따라 한 번이라도 성덕(聖德)을 가까이하는 것이 참으로 신의 커다란 바람이오나, 지금 신의 처지상 무릅쓰고 나아가기 어려운 것이 질병을 안고 억지로 나아가기 어려운 것보다 한층 더 심합니다. 매양 지난날 임금의 하교(下敎)가 얼마나 엄중하였었는지, 그때 신의 마음이 얼마나 두려웠었는지 엎드려 생각할 때마다 비록 세월이 조금 오래되었다고 해서 다시 발탁되는 은혜를 입는다 하더라도 신의 죄는 참으로 전과 같사옵니다. 시골집에 누워 쉬는 것이 분수에 이미 요행인데, 도리어 어찌 감히 임금의 총애를 믿고 조정의 대로를 여유롭게 다니면서 죄를 잊어버리고 영화를 탐한다는 기롱을 스스로 취하겠사옵니까.

7 전학(典學) : 항상 배움에 힘쓴다는 뜻으로, 제왕의 학문을 뜻하기도 한다.

충분히 헤아려 본 결과 관직에 나아갈 길이 없는데 신이 헛되이 자리를 차지하고 있음으로써 혹시라도 강석(講席)에 결원이 생기게 될까, 이것이 제 마음에 더욱 황공하고 민망함이 지극하옵니다. 이에 감히 소략하나마 문자를 올려 위태롭고 간절한 심정을 우러러 아뢰옵니다. 엎드려 바라옵건대, 자애로우신 저하께서는 굽어살피시어 신의 현재의 직함을 속히 전삭(鐫削)하시고 뒤이어 이조(吏曹)로 하여금 다시는 관직에 추천하지 말게 하시어 무너진 기강을 엄숙히 하여 미천한 신의 분수를 편안케 하여주신다면 천만다행이겠사옵니다.

새로 내린 자질을 거두어주실 것을 청한 상소 을유년(1765, 영조41)

請收還新資疏 乙酉

삼가 아뢰옵니다. 신이 천만뜻밖에도 삼가 신을 특별히 자헌대부(資憲大夫) 지중추부사(知中樞府事)에 제수하신다는 은혜로운 교지를 받들었는데,[8] 신은 명을 듣고 놀라고 두려워 우러러 성은(聖恩)에 감축하고 굽어 미천한 분수를 돌아보면서 몸 둘 바를 알지 못하였나이다.

돌아보건대 신의 질병이 고질이 된 상황을 전후로 외람되이 문자로 아뢴 것이 한두 번이 아니었는데 삼가 자애로우신 성상의 헤아리심을 입어 그 실상을 환히 꿰뚫고 성청(聖聽)을 어지럽힌 것을 죄로 삼지 않으시면서 겸대(兼帶)하고 있는 양(兩) 직임의 해면(解免)을 윤허하고 몸조리하기에 편하게 해주셨으니, 천지가 덮어주는 것 같은 은혜와 부모가 돌보아주는 것 같은 자애를 신은 바야흐로 감격스럽기 그지없어 오직 보답할 곳이 없을까봐 두렵사옵니다.

지금 이에 새로운 명을 내려 은혜로이 발탁하시는 것이 어찌 신의 바람이 일찍이 이르렀던 바이며 분수가 견딜 만한 바이겠습니까. 더구나 사지(辭旨 말씀의 뜻)의 넉넉하고 융숭함이 통상의 예(例)에서 한참 벗어나 있음에리까. 이연(离筵 서연(書筵))에 있어 초학(初學)의 발전

8 신이……받들었는데 : 영조는 남유용이 10년 동안 문형(文衡)을 담당하고 또 세손을 보도(輔導)한 공이 있다고 하여, 1765년(영조41) 7월에 특별히 지중추부사에 제수하였다.

같은 것은 오로지 순수하고 아름다운 저하의 자질과 순수하고 바른 가정의 법도에서 말미암은 것이라 신에게 어찌 기록할만한 약간의 공로나마 있겠습니까마는 칭찬을 내리시는 말씀이 문득 사륜(絲綸 교서(教書))에 드러났으니 신은 이에 부끄러움과 두려움이 교차하여 더욱 몸 둘 바가 없사옵니다.

신은 성명(聖明)하신 전하께서 특별히 잠리(簪履)의 구물(舊物)[9]에게 외람되이 영광과 은총을 빌려주시어 잊지 않고 기억해주시는 뜻을 보이시는 것일 따름이라는 것을 참으로 잘 알고 있습니다. 다만 가만히 엎드려 생각건대, 열경(列卿)의 반열에 특별히 제수하심은 이것이 얼마나 특별한 은전입니까. 비록 밤낮으로 힘을 다해 모시는 신하의 자리에 있다 하더라도 오히려 마땅히 재덕(才德)이 모두 넉넉하고 공적이 평소에 드러난 이를 택한 연후에야 베풀어도 지나치지 않고 받아도 주제넘은 것이 아니옵니다. 그런데 신과 같은 자는 본래 가죽나무나 상수리나무처럼 쓸모없는 재목인 데다 게다가 갯버들처럼 일찍 시들시들해져서[10] 책임감이 없고 게을러 직책을 제대로 수행하지 못한 죄만 쌓여있고 관직을 두루 거치면서 녹훈(錄勳)할만한 공적은 아직까지

9 잠리(簪履)의 구물(舊物) : 《위서(魏書)》 〈우충전(于忠傳)〉에서 나온 말로, 정계에서 물러나 있다가 다시 등용된 신하가 자신을 기억하여 불러준 임금의 은혜에 감사하는 마음을 표현할 때 주로 쓰는 말이다. 남유용은 67세이던 1764년(영조40)에 파직되었다가 다음 해 2월에 좌부빈객에 제수되고 5월에 예문 제학에 제수되었으며, 7월에 지중추부사에 특별 제수되었다.

10 갯버들처럼 일찍 시들시들해져서 : 갯버들은 가을이 오면 무엇보다 먼저 잎이 시들기 때문에 허약하거나 일찍 늙는 것을 비유하는 말로 쓰이게 되었다. 중국 진(晉)나라의 신하 고열지(顧悅之)가 "신은 갯버들 같은 체질이라서 가을이 가까워지면 벌써 잎이 지고 맙니다."라고 한 데서 나온 말이다. 《世說新語 言語》

없어 이미 밟아온 가자(加資)의 등급도 너무 지나치지 않은가 도리어 두려운데 어찌 다시 발탁하시어 성스러운 조정의 종리(綜理 종합적으로 살펴서 처리함)의 정사에 누를 끼쳐야 마땅하겠사옵니까. 군신(君臣)의 분수와 의리를 헤아림에 여러 날 동안 마음이 편치가 않사오니, 감히 어리석음을 무릅쓰고 명을 받들 수 없는 것은 다만 종전처럼 질병을 안고 억지로 나아가기 어렵기 때문만은 아닐 따름이옵니다.

이에 감히 죽음을 무릅쓰고 호소하여 지엄하신 성상을 번거롭게 하오니, 엎드려 바라옵건대 자애로우신 성상께서는 특별히 굽어살피시어 속히 신에게 새로 내려온 자질(資秩) 및 이번에 제수하신 직명(職名)을 거두시어 맑은 조정의 관직(官職)으로 하여금 가벼워지고 업신여겨지는 데 이르지 않게 하시고 또한 땅강아지나 개미와 같이 미천한 신의 목숨으로 하여금 한결같은 은택을 입을 수 있게 하여주신다면 천만다행이겠사옵니다.

형조 판서를 사임하는 상소
辭刑曹判書疏

삼가 아뢰옵니다. 신이 물러나 살며 병으로 신음하던 중에 삼가 형조 판서의 직임에 제수하신다는 은혜로운 교지를 받들었는데, 명을 듣고 까무러칠 듯 놀라 몸 둘 바를 살피지 못하였습니다.

무릇 신의 질병이 고질이 되어 관직에 나아갈 수가 없는 상황을 이미 전후의 문자에서 다 말씀드려 자애로우신 성상의 굽어살피심을 입었으니, 신이 병석에 누워 쉬며 몰골을 보존할 수 있었던 것은 우리 임금의 베푸심 아님이 없었사옵니다. 신이 바야흐로 크신 은혜에 감축(感祝)할 겨를도 없는데 도리어 어찌 감히 구마(狗馬 개나 말)와 같은 신의 천한 질병을 가지고 전하의 정섭(靜攝 안정하여 조섭함) 중에 하나하나 끄집어내 어지럽히겠사옵니까. 다만 엎드려 생각건대 본 조(曹)의 직무의 바쁘고 번거로움이 다른 관아와는 견줄 수가 없어 무릇 중죄인으로 감옥에 갇혀 감처(勘處)를 기다리는 자가 장관의 손에서 재결을 받지 않음이 없으니, 그 직임의 긴요하고 중대함이 어찌 하루라도 헛되이 지니고 있음을 용납할 수 있겠사옵니까. 그런데 신이 지리(支離)하고 우매하여 일 년 내내 움츠리고 사는 몸으로 외람되이 장관의 자리를 차지하고 전적으로 청단(聽斷)을 맡게 된다면 공무를 방치한 죄를 신이 참으로 감히 면할 수 없을 것이니, 어찌 성스러운 조정의 종리(綜理)의 정사에 누를 끼침이 없겠사옵니까. 이것이 신이 성청(聖聽)을 어지럽힌 데 대한 주벌을 피하지 않고 죽음을 무릅쓰고 거듭 호소함을 스스로 그만둘 수 없는 까닭이옵니다.

이어서 가만히 엎드려 생각건대, 우리 전하께서 고대의 성왕(聖王)께서 정사에 피로를 느끼시던 연세에[11] 만기(萬機)를 직접 근심하고 애쓰시느라 날 저물도록 수라를 드실 겨를이 없으실 정도이니 무릇 대소 신료의 자리에 있는 자 가운데 누가 감히 밤낮으로 봉직하며 여정(勵精 정신을 가다듬어 나라를 다스림)의 정치를 보필할 것을 생각지 않겠습니까. 그러나 신과 같은 자는 분주히 일한 효과는 없고 포만(逋慢 책임을 회피하여 게을리 함)의 죄만 쌓여 은혜를 받음이 무거울수록 은혜를 저버림이 더욱 심해지는 것이 마치 의리와 분수에 완전히 어두운 자만 같사옵니다. 스스로 돌이켜봄에 두렵고 떨려 살아도 죽은 것만 못하기에 천패(天牌)가 내려옴에 달려가 받들 계책이 없어서 외람되이 미천한 신의 간절한 사정을 아뢰며 고개를 들어 울며 호소하옵니다.

엎드려 바라옵건대 성명(聖明)하신 전하께서는 곡진하게 살피시어 신이 새로 제수받은 직명(職名)을 속히 전개(鐫改)하시어 막중한 직무로 하여금 비워짐이 없게 하시고 미천한 분수로 하여금 그런대로 편안케 하여주시면 다행스러운 마음 이길 수 없겠나이다.

11 우리……연세에 : 임금이 정사에 힘이 부칠 정도로 연로하였다는 의미이다. 《서경》〈대우모(大禹謨)〉에서 중국 고대의 순(舜) 임금이 "짐이 제위에 있은 지가 33년이라, 늙어서 부지런히 해야 할 정사에 게으르다."라고 한 데서 나온 말이다. 이때 영조의 나이는 72세였다.

대사헌을 사임한 상소 병술년(1766, 영조42)
辭大司憲疏 丙戌

삼가 아뢰옵나이다. 하늘과 조종(祖宗)께서 우리 국가를 보우하사 성상의 체후가 점차 회복되시기에 이르렀으니 신하와 백성들이 경하하고 기뻐함이 어찌 다함이 있겠사옵니까. 엎드려 바라옵건대, 병이 조금 나았을 때 조심하라는 경계를 깊이 진념하여 더욱 절선(節宣 계절의 변화에 맞게 몸을 조섭함)의 방도에 신중하셔서 온 백성이 공경히 기원하는 마음에 부응하소서.

이어서 생각건대, 신이 평소에 앓던 담질(痰疾)이 계절이 바뀌는 즈음에 더욱 깊어진 데다가 때마침 내의원(內醫院)의 직숙을 맡은 지 한 달쯤 되면서 조정에 들어가 여러 날 문후를 여쭈었는데 저의 마음이 허둥지둥 근심스러워 스스로 통증과 가려움증이 몸에 있음을 깨닫지 못하고 병든 몸뚱이를 채찍질하여 연일 문후를 올리는 반열에 나아가 그런대로 조그마한 정성을 펴는 여지로 삼았습니다. 비틀비틀 기다시피 하며 반열의 사이에 끼는 데 부끄러움이 있었사온데, 뜻밖에도 이때에 대사헌에 제수하신다는 교지가 갑자기 천만뜻밖에 내려왔으니, 명을 듣고 까무러칠 듯 놀라 더욱 몸 둘 바를 알지 못하였사옵니다.

무릇 개나 말과 같이 천한 신의 질병은 이미 성명(聖明)하신 전하께서 굽어살피신 바라 지난번 형조에 제수하셨을 때에도[12] 또한 자애로우

12 지난번……때에도 : 바로 전해인 1765년(영조41)에 형조 판서에 제수되었던 사실을 가리킨다.

신 성상의 굽어살피심을 입어 곧바로 은혜로운 체차(遞差)를 허여받았사온데, 하물며 지금 외람되이 제수받은 직책은 사헌부의 우두머리와 관계된 것이라 책임의 긴요하고도 막중함이 추관보다 더함이 있음에리까. 그런데 신과 같이 늙고 병든 자로 하여금 계속 이대로 헛되이 관직을 차지하게 둔다면 공무(公務)를 방치한 죄를 신이 참으로 감히 면할 수가 없겠거니와, 어찌 성스러운 조정의 종리(綜理)의 정사에 누가 됨이 없겠사옵니까.

지금 담(痰)으로 인한 어지럼증과 다리에 경련이 이는 증세 때문에 참으로 자력으로 일어나 움직일 형편이 아니라 일전에 국자감시(國子監試)의 소패(召牌)와 기거(起居 임금의 안부를 물음)의 반열에 모두 달려나갈 수가 없었사옵니다. 죄는 명령을 도피한 데 있고 정성은 전하의 안부를 드리지 못하여 스스로 돌아봄에 두렵고 떨려 살아도 죽은 것만 못하니, 이에 감히 처벌을 무릅쓰고 고개를 들어 정섭(靜攝)하고 계시는 중에 울며 호소하옵니다.

엎드려 바라옵건대, 성명(聖明)하신 전하께서는 긍휼한 보살핌을 곡진히 내리시어 신이 현재 띠고 있는 직명(職名)을 속히 전삭(鐫削)하시어 시종일관 생성(生成 낳고 길러줌)의 은택을 입을 수 있게 하여주시고 이어서 성청(聖聽)을 어지럽힌 신의 죄를 다스려 조정의 기강을 엄숙히 하여주신다면 다행함을 이길 수 없겠나이다.

벼슬에서 물러날 것을 청한 상소[13] 정해년(1767, 영조43)
乞致仕疏 丁亥

삼가 아뢰옵나이다. 양(陽)의 덕이 바야흐로 밝아오고[14] 나라의 명운(命運)이 오직 새로워[15] 성상의 체후 강녕하심이 날이 갈수록 더욱 강해지시고 동궁 저하께서는 혼정신성(昏定晨省)하고 남는 겨를에 학문이 날로 진취하여 문리가 현저하게 드러나서 듣기에 흡족하니, 만년토록 이어질 종묘사직의 아름다움에 억조창생이 덩실덩실 춤을 추었으며 신과 같이 노쇠한 자 또한 조금이나마 죽지 않고 더 살아서 가없는 경사를 볼 수 있게 된 것을 스스로 다행스럽게 여겼사옵니다.

신에게는 내심 간절한 바람이 있사온데, 간절히 바라는 바는 곧 예(禮)의 떳떳한 법도와 나라의 오래된 제도로서 성상께서 일찍이 신하들에게 허여하셨던 바입니다. 감히 옛사람들의 인년(引年 나이가 들어 관직에서 물러남)의 관례에 의거하여 혈성(血誠)을 다해 호소하오니 환히 살펴주시기를 바라옵니다.

신은 본래 용렬하고 노둔한 자질로 어찌 세상을 담당하겠다는 뜻이 일찍이 있었겠습니까. 다만 어버이께서 연로하고 집안이 가난하여 과

13 벼슬에서……상소 : 《영조실록》 43년(1767) 1월 5일의 기사에, 사직(司直) 남유용이 상소하여 휴퇴(休退)하기를 비니 윤허하였다는 말이 보인다.

14 양(陽)의……밝아오고 : 봄이 되어 만물을 생장시키는 양기(陽氣)가 발현하고 있다는 말이다.

15 나라의……새로워 : 성군(聖君)이 나타나 천명(天命)을 받음으로써 나라의 면모가 쇄신되었다는 말이다.

거를 보아 벼슬길에 나아갔다가 분수 밖에 조정의 명부에 이름을 올려 은총을 넘치게 입고 외람되이 열경(列卿)의 반열에 올라 영화가 부모에게까지 미쳤으니, 이것이 어찌 신이 스스로 이룰 수 있는 바였겠습니까. 대개 반평생 동안 입은 것이 천지(天地)가 길러주시는 것 같은 인(仁) 아님이 없었사옵니다.

대저 관문(關門)을 지키고 딱따기를 치는 천한 자도 오히려 직분을 다할 것을 생각하고 뱀이나 참새 같은 미물도 도리어 은혜를 갚을 것을 가슴에 품는데, 신이 비록 불초하나 어찌 분수를 따라 보답할 것을 생각하지 않겠사옵니까. 그러나 재주는 일을 경륜하기에 부족하고 지혜는 세상에 쓰이기에 어두워 누차 임용되었으나 걸핏하면 일을 그르쳤습니다. 게다가 몇 년 전부터는 고질병에 시달려 해를 넘기고 시일이 지나는 동안 한낱 불구자가 되어 벼슬에 있을 때에는 다만 하는 일 없이 자리만 차지하는 부끄러움을 더하고 소명(召命)이 있을 때에는 항상 소명을 어기고 나오지 않는 죄를 범하였으니, 의리와 분수가 모두 이지러져 중벌을 받음이 마땅하옵니다. 그런데 성명(聖明)하신 전하께서는 지극히 인자하신 마음으로 굽어 헤아리시어 노쇠하고 병든 실상을 긍휼히 여겨 살피시면서 오히려 미천한 구신(舊臣)을 차마 끝내 버리지 않으시고 높은 직질(職秩)로 은총을 보이시고 한가한 부서에 배치하는 것으로 우대하시어 몸조리하기 편하게 하여 주셨으니, 신이 병석에 누워 쉬면서 몸골을 보존하고 있는 것 또한 천지가 덮어주는 것 같은 은혜 아님이 없사옵니다.

매번 남몰래 엎드려 생각하건대, 은혜를 받음이 저와 같은데 은혜를 저버림이 이와 같으니 비록 성스러운 조정이 관대하여 번번이 포용하신다 하더라도 신의 개인적인 의리상 어찌 감히 요행으로 견책을 면하는 것을 떳떳하게 여기고 신이 나서 스스로 편하게 여길 따름일 수 있겠사옵니까. 옛날의 신하들은 어리석음이 직임을 이길 수 없으면 물러나고 질병이 일을 감당할 수 없으면 물러났으니, 신이 물러나야 마땅한 것이 참으로 이미 오래됐사옵니다.

다만 조정에 선 이후로 조그마한 공로도 스스로 바친 것이 없으면서 갑자기 벼슬을 내놓고 물러나 쉬겠다는 청을 진달하는 것은 참으로 두렵고 부끄러워 감히 하지 못하고, 조정의 직함에 하는 일 없이 매여서 다만 녹봉(祿俸)만 훔치다가 어느덧 세월이 흘러 지금에 이르러서 허접스럽게 나이만 70이 다 되었사옵니다. 대저 70이 되어 벼슬을 그만두는 것은 성인(聖人)의 밝으신 가르침이며[16] 신하의 커다란 예법(禮法)이니, 가령 신에게 얄팍하나마 재능이 있고 다른 질병이 없어도 이제 마땅히 그만두어야 하는 나이에 이르렀으니, 오히려 예로써 물러나는 것이 마땅합니다. 하물며 기러기 한 마리가 왔다 갔다 해봤자 너른 조정에 있으나 마나 한데 병들고 노둔한 나이로 말안장을 내려놓아야 할 때가 되었음에리까.

엎드려 생각건대, 우리 전하께서는 일세(一世)를 권면함에 청렴한 절개로써 기르시고 민심을 곡진히 살피시어 바라는 바가 있으면 반드시 이루게 하여주십니다. 혹시라도 구석구석 비추어주시는 은혜를 입어 간절한 마음을 굽어살피셔서 저의 남은 생에 특별히 쇠잔한 몸에 은혜를 베풀어주시어 스스로 경서(經書)의 뜻이나 지키는 일에 취미를 붙여 그런대로 신의 사적(私的)인 분수를 펴게 하여주실 수 있을는지

16 대저……가르침이며 : 《예기(禮記)》 〈내칙(內則)〉 및 〈곡례 상(曲禮上)〉에 나온 말이다.

요. 그렇다면 거룩하신 주상에게 있어서는 한결같이 보살펴주시는 은혜가 될 것이고 미천한 신하에게 있어서는 늘그막에 소원을 이룸이 될 것이니, 천지의 조화가 낳고 기르는 것과 같은 은택은 신의 몸이 가루가 된다 해도 만분의 일도 갚을 수 있는 바가 아닐 것이옵니다.

충정(衷情)이 북받쳐 성청(聖聽)을 번거롭게 하여드림이 이에 이르렀으니 신이 더욱 죽을죄를 지었사옵니다. 엎드려 바라옵건대 자애로우신 성상께서는 외람됨을 용서하시고 곧바로 유음(兪音 허락한다는 임금의 대답)을 내려주신다면 천만다행이겠사옵니다.

새로 제수한 자질을 거두어주실 것을 청한 상소[17] 봉조하 때
請收還新授資秩疏 奉朝賀時

삼가 아뢰옵니다. 신이 지난겨울에 기로소(耆老所)에 소속된 신하들의 뒤를 따라 영수각(靈壽閣)에서 가까이 모시면서 이미 외람되이 진작(進爵 자질(資秩)을 올려줌)의 행렬에 끼었고 또 술잔을 내려 주시는 은혜를 입었으니,[18] 이 몸이 오늘날 누리는 영광은 죽어도 장차 유감이 없을 것이옵니다.

법가(法駕)가 돌자마자 은혜로운 교지가 계속해서 내려와 숭정대부의 반열에 가자하라는 은혜로운 명이 이미 물러난 미천한 신하에게까지 구분 없이 미침에,[19] 은혜는 통상적인 격례(格例)를 벗어나고 총애는 사적인 분수를 넘어서 황송하면서 감격스러워 몸 둘 바가 없었사옵니다. 곧바로 짧은 글을 써서 반드시 사양해야 하는 뜻을 외람되이

17 새로……상소 : 남유용이 71세이던 1768년(영조44)에 올린 글이다.

18 신이……입었으니 : 남유용은 70세이던 1767년(영조43) 정월에 기로소에 들어갔으며, 그해 12월에 영조가 영수각(靈壽閣)에 행차하여 기로소의 신하들을 입시하라 명하고 술을 하사하였다고 한다. 《雷淵集 年譜》

19 법가(法駕)가……미침에 : 법가는 임금이 타던 수레의 한 가지로, 주로 의식(儀式)을 거행하기 위해 나갈 때 타던 수레이다. 《영조실록》 43년(1767) 12월 18일의 기사에 의하면, 이날 영조가 영수각에 행차하여 예를 행한 후 기로소의 신하들을 입시하라 명하고, "옛날에는 나이 많은 신하가 많았는데 오늘은 입시한 사람이 4명밖에 안 되니 내 애석한 생각이 든다. 김시영(金始煐)·심성진(沈星鎭)·남유용(南有容)·김상익(金尙翼)에게 특별히 품계를 올려 주라."라고 한 후 숭정대부로 가자하였다고 한다.

아뢰었으나 승정원에서 막혀 친람(親覽)하는 데 이르지 못하였고, 바야흐로 다시 이전의 간청을 아뢰려던 참에 때마침 집안의 우환이 한 달을 넘기고 증세가 구기(拘忌)[20]와 관련됨을 만나 감히 글을 올려 성청(聖聽)을 어지럽힐 요량을 하지 못하였으며, 조상을 추증(追贈)하는 한 가지 일에 이르러서는 신은 애초에 전례(前例)가 있는지 알지 못하였습니다.

마지막으로 전조(銓曹)의 관리가 경진년의 정식전교(定式傳敎)를 와서 보여주고, 신의 양대(兩代) 조상에 대한 증고(贈誥)[21]를 가지고 이번 달 16일 정사에 옥새를 찍어서 선포하였습니다. 이어서 삼가 듣건대 엊그저께 상참(常參 약식 조회(朝會))할 때 대료(大僚)가 증전(贈典)을 곧바로 거행한 것을 가지고 전조(銓曹)의 당상관을 종중추고(從重推考)할 것을 간청하였다고 하는데,[22] 신은 그 말을 듣고 놀라고 두려운

20 구기(拘忌) : 좋지 않게 여겨 꺼리거나 피한다는 뜻으로, 전염병이나 장례(葬禮) 등의 일로 인해 외부인의 접촉을 피하는 것을 의미한다.

21 증고(贈誥) : 이미 작고한 4품 이상의 신하에게 벼슬을 추증(追贈)할 때 주는 사령장을 뜻한다.

22 대료(大僚)가……하는데 : 대료는 종1품 이하의 관원들이 삼정승을 지칭하던 칭호로, 여기서는 영의정 김치인(金致仁)을 가리킨다. 《영조실록》 44년(1768) 1월 17일의 기사에 의하면, 영의정 김치인이 "치사(致仕)한 뒤에 올라간 자급(資級)과 치사하기 전에 올라간 자급은 조금 다른 점이 없지 않습니다. 그런데 어제 정사(政事)에서 남유용의 선조 양대(兩代)에 대한 추증을 곧바로 거행하였으니, 해당 전관(銓官)을 엄중하게 추고하소서."라고 하였다. 이에 영조가 추증을 회수하라는 말이냐고 물었다. 이에 김치인이 "이는 오직 성상께서 처리하시기에 달려 있습니다만, 치사의 전후는 사실 그리 크게 다르지는 않습니다."라고 하자, 전관을 추고하지 말고 근래에 있었던 예에 따라 시행하라고 명하였다고 한다.

마음을 이기지 못하였으며 곧이어 그때 아뢴 말씀이 조지(朝紙 조정의 소식지)에 나온 것을 보고 일전에 대료가 벼슬을 그만둔 신하에게 추은(推恩)하는 것은 위법(違法)의 소지가 있다는 내용으로 사뢴 바가 있음을 비로소 알았습니다. 그런데 다만 거조(擧條)의 내용이 다 같지 않기 때문에[23] 해당 조(曹)에서 미처 들어서 알지 못해 이렇게 전례에 따라 거행함이 있었으며 신 또한 귀머거리나 장님처럼 소식에 어두워 곧바로 은혜로운 증고(贈誥)를 받고 마치 아무 일도 없는 것처럼 태연하였으니, 저의 마음이 부끄럽고 불안한 것이 시간이 흘러도 안정되지 않으며 감히 지나간 일이라고 해서 조금이나마 풀어지거나 하지 않고 있사옵니다.

대저 벼슬을 그만둔 사람에게 특별히 추은(推恩)을 허여하는 것을 정식(定式)으로 삼으신 것은 오로지 효리(孝理 효로써 천하를 다스림)를 미루어 넓히시려는 성상의 은덕에서 나온 것이니, 대료가 성상의 뜻을 우러러 살필 것을 생각하지 않음이 없을 터임에도 이와 같이 한 까닭은 아마도 또한 관가의 법도를 신중히 하려는 뜻에서 말미암은 바일 것입니다. 그러나 부모에게 추급(推及)하는 은전을 아끼는 것이 어찌 물러난 신하에게 격식 밖의 자급(資級)을 내리는 것을 어렵게 여기고 신중히 하는 것만 하겠사옵니까.

이어서 삼가 생각건대, 성명하신 전하께서는 기왕에 신의 치사(致

23 거조(擧條)의……때문에 : 거조는 조정에서 매일 내는 소식지를 가리킨다. 신하들이 임금에게 정사(政事)를 진달하면 승정원에서 보도할만한 내용을 취사선택하여 산하기관인 조보소에 내려보냈으며, 조보소에서 이를 발표하면 각 관청이나 기관에서 파견된 기별서리들이 필사해 가는 방식으로 작성되었다. 따라서 거조의 내용과 체제가 동일하지 않았다고 한다.

仕)를 윤허하셨은즉 이내 일개 사직을 청한 몸으로 한갓 총애를 받는 영광에 기대어 함부로 은혜로운 자급을 더럽혀서는 안 됨이 조정에서 밤낮으로 애쓰는 신하들에 스스로 견주어볼 때 그 의리가 분명합니다. 어찌 신이 글을 마친 후에야 굽어살피심이 있기를 기다리겠사옵니까. 엎드려 바라옵건대, 자애로우신 성상께서는 굽어살피시는 인자함을 특별히 미루셔서 신에게 새로 제수하신 자급을 속히 거두어주신다면 곧 추은(推恩)의 여부는 저절로 논할 것이 없게 되고 신의 사적인 의리 또한 그럭저럭 안정을 얻게 될 것입니다. 신은 황공한 마음 감당치 못하겠나이다……

역사 기록에 관한 일을 상언한 상소 임진년(1772, 영조48)

上言史事疏 壬辰

결국 올리지 않았다.

삼가 아뢰옵니다. 신이 소싯적에 이현석(李玄錫)[24]이 엮은 명사(明史)[25]를 얻어 보았는데, 기원이 숭정(崇禎)에서 그치고 홍광(弘光) 이후는 편외(編外)에 덧붙여 보이면서[26] 아래로 참국(僭國)과 나란히 두었으니[27] 일찍이 이를 애통히 여기면서 이 책은 지어지지 않는 것이

24 이현석(李玄錫, 1647～1703) : 조선 후기의 문신으로, 본관은 전주이며 자는 하서(夏瑞), 호는 유재(游齋)이다. 1675년(숙종1) 문과에 급제한 후 경상도 관찰사・춘천부사・한성부 판윤・우참찬・형조 판서 등을 역임하였다. 실학자 이수광(李睟光)의 증손으로 실용적 사상을 바탕으로 한 각종 정책을 입안하였고, 성리학은 존심양성(存心養性) 등 실천적인 덕목에 치중하였다. 저서로 《명사강목》・《유재집》 등이 있다.

25 명사(明史) : 이현석이 지은 《명사강목(明史綱目)》을 가리킨다. 태조(太祖)부터 남명(南明) 영력제(永曆帝)까지 중국 명나라의 역사를 강목법으로 저술한 책으로, 신병으로 미처 완성하지 못하고 그의 사후 후손들에 의해 완성되었다. 1728년(영조4) 영조에게 진상되고 1736년에 간행되었으며, 1771년 종계(宗系) 문제와 관련된 주인(朱璘)의 평이 실렸다 하여 그 부분이 세초된 후 재간행되었다. 모두 24권 30책이다.

26 기원이……보이면서 : 숭정(崇禎)은 중국 명나라의 마지막 황제인 의종(毅宗) 숭정제 때의 연호이며, 홍광(弘光)은 중국 남명(南明)의 제1대 황제인 홍광제 때의 연호이다. 《명사강목》은 1권～24권・보유(補遺)・부록(附錄)으로 이루어져 있는데, 제24권에서 명나라의 마지막 황제인 의종을 다루고 명나라의 뒤를 이은 남명의 황제들은 모두 부록에서 다루고 있다. 이 때문에 이현석이 남명을 정통으로 취급하지 않았다는 후대의 비판이 제기되었다.

27 아래로……두었으니 : 참국(僭國)은 국가라 부르면 안 되는데 국가라고 참람(僭濫)한 나라를 가리킨다. 《명사강목》의 부록에는 남명의 홍광제(弘光帝)・융무제(隆武

나왔다고 생각하였사옵니다. 그리하여 문득 감히 외람되고 주제넘음을 잊고서 사사로이 한 권의 책을 찬수(撰修)하였는데[28] 애초에 사기(史記)를 찬수한다고 스스로 견준 것이 아니라 다만 중화와 오랑캐의 성쇠(盛衰) 및 제통(帝統)의 존망(存亡)의 자취를 드러냈을 따름이옵니다. 그런데 질병이 여러 해 동안 이어져 찾아보고 조사할 수가 없어서 먼지 낀 상자에 버려둔 것이 또한 장차 수십 년이 되어갑니다.

지금 새로 사국(史局)을 연 후에[29] 신의 책을 가지고 그릇되이 전하께 전한 자가 있어 처음에는 참교(參校 참고하여 교정함)하라 명하셨다가 마침내는 간행하라 명하셨으니 신이 이에 놀라 까무러칠 지경이었습니다. 손괴(損壞)된 작은 권질(卷帙)이 아직 상자를 벗어나지도 않았는데 쓰이기에 적합한지 적합하지 않은지를 신하들이 어떻게 알고서 갑자기 이렇게 아뢰었는지 알지 못하겠사옵니다. 이는 다만 신의 책이 아직 전하의 살핌을 거치지도 않았는데 좌우의 말이 먼저 들어갔기 때문일 따름이옵니다.

帝)·소무제(紹武帝)에 이어 영력(永曆) 연간의 왕에 대한 사실까지 서술하고 있다. 영력은 명나라의 마지막 황제인 숭정제의 사촌동생인 계왕(桂王) 주유랑(朱由榔)이 융무제의 동생 소무제를 무시하고 따로 남명의 황제 지위에 오른 후 바꾼 연호이다.

28 사사로이……찬수(撰修)하였는데 : 남유용이 지은 《명사정강(明史正綱)》을 가리킨다. 《뇌연집》에서는 《명서정강(明書正綱)》이라 이름을 바꿔 표기하고 있다.

29 지금……후에 : 1771년(영조47) 6월 6일에 봉조하(奉朝賀) 홍계희(洪啓禧)가 "《명사강목》은 빠지거나 착오된 부분이 많고 주인(朱璘)의 이름자가 기록되어 있다는 이유로 이미 모두 세초(洗草)하였으므로, 우리 동방에는 《명사》가 한 부도 없게 되었으니 실로 결점이 있는 일입니다."라고 하였다. 이에 영조가 명나라에 대한 통일된 신사(信史)를 완성하도록 명하였고, 다음 해에 사국(史局)을 열었다. 《英祖實錄 47年 6月 6日》

신의 책은 참으로 성상의 필요에 응하여 당대의 쓰임이 되기에 족하지 않사옵니다. 바야흐로 문자로 저의 어리석은 견해를 갖추어 아룀으로써 성명(成命)을 거두어들이시기를 바랐었는데, 상소가 아직 올라가기도 전에 책이 들어가 버렸은즉 아직 한두 책(策)을 다 읽으시기도 전에 전하의 우레와 같은 위엄이 이미 동하였습니다.[30] 옛날에 이단의 책으로 세상을 어지럽히고 교화를 해치는 것은 물과 불 속에 던져 영원히 뿌리를 잘라버렸는데, 지금 신의 책이 이미 그 죄를 입었은즉 신의 죄 또한 어찌 이루 다 말할 수 있겠사옵니까.

삼가 성상의 도량으로 너그러이 용서하심을 입어 결국 가벼운 처분을 받았으니 죄를 갚기에 부족하였으며 세월이 별로 지나지도 않았는

30 상소가……동하였습니다 : 영조가 사국(史局)을 열고 명사(明史)를 찬집하라고 하자 찬집에 참여하는 신하들이 남유용의 《명사정강》을 추천하였다. 이에 영조가 원고를 가지고 오라 명하고 시종신에게 태조기(太祖紀)를 읽어보라고 하였다. 그런데 "대리시 경(大理寺卿) 이사로(李仕魯)를 죽였다[殺]."라고 한 구절을 듣고, "남모(南某) 또한 황조(皇朝)의 신하인데 어찌 그리 '살(殺)'자를 직설적으로 쓸 수 있는가."라고 하였다. 또 홍광기(弘光紀)를 읽어보라고 하였는데, "황제가 남쪽 수도에 있었다."라고 한 구절을 듣고 놀라며 "서법(書法)이 이러하다면 반드시 나라에 큰일이 생길 것이다."라고 하였다. 이에 남유용에게 원고를 세초(洗草)하도록 명하고 서용(敍用)에서 배제하라는 처벌을 내렸다가 얼마 후 다시 서용하라는 명을 내렸다. 《雷淵集 年譜》 이에 대해 《정조실록》 24년(1800) 윤4월 29일의 기사에, "남 봉조하(南奉朝賀)가 일찍이 《명사》를 저술하면서 홍광(弘光) 이후 세 황제에게 다 제호(帝號)를 붙여 썼는데 그 사실이 청나라에 유포될 우려가 있으므로 선조(先朝) 때 불태워버리라는 명이 있었다."라는 말이 보인다. 또 《영조실록》 48년(1772) 1월 26일의 기사에 의하면, 영조는 남유용이 책 이름에 '정강(正綱)'이라는 말을 쓴 것이 주자(朱子)와 같으니 참람하고 외람되다며 이후로 사기(史記)에 관계되는 것은 감히 사사롭게 찬집할 수 없다는 것을 법령으로 정하도록 하라고 하였다.

데 문득 거두어 서용(敍用)하심을 입고 이어서 침전(寢殿)에서 소대(召對)하게 하셨으니, 이는 전하의 추상(秋霜)과도 같은 가르침이며 해와 달 같은 굽어보심 아님이 없사옵니다. 그러면서 신에게 말씀하시기를 재앙은 비록 스스로 만들었으나 그 마음은 용서할 만한 것이 있다고 하셨으니, 은혜로이 덮어주심이 하늘과 같아 감격하여 떠받드는 마음 끝이 없사옵니다.

비록 그러하나 이 일로 인하여 사국(史局)에서 집필하는 신하가 지난 일을 전철로 삼아 다가올 일을 근심하여 여러 방면에서 구애(拘礙)를 받고 있다는 말을 들었으니, 과연 이와 같다면 이는 자못 특별히 책을 편찬케 하신 뜻이 아닌지라 신은 남몰래 애석하게 생각하옵니다. 신이 막 역사 기록에 관한 일로 꾸지람을 입고 또 입을 열어 잘잘못을 말하는 것이 망령된 줄 잘 알겠사오나, 마음에 쌓인 바가 있어 감히 감출 수가 없으니 성명하신 전하께서는 재량하여 살펴주시기 바라옵니다.

신이 삼가 선현의 기록에서 들은바 "하늘의 도는 음(陰)이 왕성하다고 하여 양(陽)을 생성하지 않음이 없고 사람의 도는 형세가 곤궁하다고 하여 의(義)를 수립하지 않음이 없으니, 이것이 〈비풍(匪風)〉과 〈하천(下泉)〉이 성인(聖人)에게 취해진 까닭이다."[31]라고 하였습니다. 〈서명(西銘)〉[32]에 이르기를, "대군(大君)은 우리 부모의 종자(宗子)이다."[33]라고 하였습니다. 이제 교활한 자의 손에 멸망한 종자가 있는데

31 하늘의……까닭이다 : 중국 북송의 철학자 정자(程子)가 《시경》 〈하천(下泉)〉을 해설하면서 한 말이다.

32 〈서명(西銘)〉 : 중국 북송의 성리학자 장재(張載)가 지은 명(銘)의 제목이다.

종자의 자손이 환란을 피해 사방으로 옮겨가서 겨우 문호(門戶)만 세워도 종묘(宗廟)도 있고 신하와 백성도 있다면 이 또한 종자일 따름이요, 이 또한 대군일 따름입니다. 비록 힘이 대적할 만하지 않고 세력은 압도되는 바 있어서 조빙(朝聘)의 정성과 번병(藩屛)[34]의 충성을 다할 수 없다 하더라도, 의(義)라는 것은 밥 한 끼 먹는 동안이라도 잊을 수 없는 것입니다. 이백 년 동안 선왕(先王)과 선정(先正)께서 한마음으로 지키면서 항상 실추될까 두려워했던 것이 곧 이 의(義)였을 따름이옵니다.

송(宋)나라의 마지막 황제 조병(趙昺)이 그의 천하를 다 잃고 애해(崖海)의 배 안에서 우거(寓居)하고 있을 때에도 천자라는 이름은 여전히 그대로였으니 후세에 역사를 편수하는 자가 황제의 계통을 부여하지 않을 수 없었사옵니다. 게다가 홍광(弘光) 이하 삼황(三皇)[35]은 모두 고황제(高皇帝 태조(太祖) 주원장(朱元璋))의 후예이자 신종(神宗)의 친손으로서, 의황(毅皇)이 순사(殉社)하였던[36] 초창기에 선대 조정의 유신(遺臣)에 의해 옹립·추대되어 한 귀퉁이에서 나라를 세우고 전하

33 대군(大君)은……종자(宗子)이다 : '대군'은 천자(天子)를 가리키고, '우리 부모'는 건곤(乾坤)을 가리키며, '종자(宗子)'는 맏아들이라는 뜻이다. 즉 천자는 우리가 사는 우주라는 부모의 맏아들과도 같은 존재라는 뜻이다.

34 번병(藩屛) : 울타리, 즉 천자의 나라를 지키는 제후국을 가리킨다.

35 삼황(三皇) : 남명의 제1대 황제인 홍광제(弘光帝) 이하 융무제(隆武帝), 영력제(永曆帝)를 가리킨다.

36 의황(毅皇)이 순사(殉社)하였던 : 의황은 명나라의 제16대 황제이자 마지막 황제인 의종(毅宗)을 가리킨다. 1644년 4월 25일 이자성(李自成)의 반란군에 의해 북경이 함락되자 처첩(妻妾)과 딸을 죽이고 자결하였다.

기를 삼대(三代)에까지 이르러 당시의 충성스럽고 의로운 무리들이 모두 다 그 정삭(正朔)을 받들었습니다. 세상에 명사(明史)가 없다면 그만이거니와 만약 있는데 숭정(崇禎 의종(毅宗)) 후 황제의 계통이 삼황에게 돌아가지 않는다면 누구에게 속하여야 마땅하겠사옵니까. 의(義)를 굽혀 생존을 도모함은 일국(一國)의 권도(權道)요, 이름을 바로잡고 정통을 존숭함은 천하의 상경(常經)입니다. 이미 천하의 상경(常經)이라 말하고서 일국의 권도를 가지고 마침내 덮어버릴 수 없는 것은 분명하옵니다.

삼가 듣건대 사국(史局)의 일이 거의 끝나가는데 삼황 때의 일을 대개 이현석(李玄錫)의 잘못된 전례를 따라 나란히 부록으로 두었다고 하니 이는 참으로 참국(僭國)으로 대우한 것이요, 명나라로부터 단절시킨 것이옵니다. 망한 나라를 남아있게 하고 끊어진 세대를 이어주는 《춘추(春秋)》의 의리로 볼 때 어떠하겠사옵니까. 혹자는 말하기를, "이러한 의리는 당대에 행해지지 않은 바라 우선 부록으로 엮은 것일 따름이니, 그것이 황제의 계통이 되는 데 해(害)가 되지 않는다." 라고 합니다. 이는 절대로 그렇지 않사오니, 제왕이 전하는 순서는 소(昭)와 목(穆)이 질서정연하거늘 빛나고 빛나는 적통을 원사(原史)의 밖에서 둘로 나누어놓고 뒤이어 이를 변명하며 "황제의 계통이 되는 데 해가 되지 않는다."라고 하니, 이는 후세의 의혹을 불어나게 하는 것이옵니다.

또 성인(聖人 공자(孔子))께서 《춘추(春秋)》를 지으시고 주자(朱子)께서 《강목(綱目)》을 찬수하신 것[37]은 모두 장차 그것으로 천하 만세의

37 주자(朱子)께서……것 : 주희(朱熹)의 《자치통감강목(資治通鑑綱目)》을 가리킨

대법(大法)을 보이려 하신 것일 따름이지 일찍이 세상에 쓰이는 것에 급급한 적이 없었사옵니다. 신 또한 지금 이에 역사를 찬수하면서 마땅히 후세에 드리움에 뜻을 두어야 하지 지금 세상에 쓰이는 것에 뜻을 두어서는 안 된다고 생각하옵니다. 공자께서 말씀하시기를, "하(夏)나라의 예(禮)를 내가 말할 수 있으나 기(杞)나라에서 충분히 증거를 대주지 못하고, 은(殷)나라의 예를 내가 말할 수 있으나 송(宋)나라에서 충분히 증거를 대주지 못한다."[38]라고 하셨으니 대개 안타까워하신 것입니다. 신이 남몰래 헤아려보건대 지금 천하의 모든 나라 가운데 홀로 청구(靑丘 조선(朝鮮)) 한 지역만이 대명(大明)의 기나라와 송나라가 될 수 있사옵니다. 훗날 왕자(王者)가 있어서 일어나 황조(皇朝 명(明)나라)의 시종(始終)을 증거 대고자 한다면 반드시 장차 우리에게서 취하여야 할 것이니, 흥망성쇠의 기미와 옳고 그름의 분별을 이와 같이 거칠고 엉성하게 하여서는 안 될 것이옵니다.

삼가 바라옵건대, 성명하신 전하께서는 깊이 유념하시고 곰곰이 생각하시어 역사를 편수하는 신하에게 조서(詔書)를 내려 《송사(宋史)》 덕우제(德祐帝) 이하의 의로운 체례[39]를 똑같이 적용함으로써 대일통

다. 북송의 역사학자 사마광(司馬光)의 《자치통감》 294권을 59권의 강목체로 정리한 것으로, 역사적 사실보다는 의리(義理)를 중심으로 기술한 것이 특징이다.

38 하(夏)나라의……못한다 : 《논어》 〈팔일(八佾)〉에 나온 말로, 공자(孔子)는 이 말 이후에 "이는 문헌이 부족하기 때문이니, 문헌이 넉넉하다면 내가 내 말을 증거 댈 수 있을 것이다."라고 하였다.

39 《송사(宋史)》……체례 : 덕우제(德祐帝)는 남송의 제7대 황제인 공제(恭帝)를 가리킨다. 1274년에 도종이 죽자 4살의 나이로 즉위하였는데, 1276년 몽고 군대가 쳐들어오자 사 태후(謝太后)와 함께 성문을 열고 나가 투항하였다. 이에 6살의 나이에 포로

(大一統)의 뜻을 밝히게 하시고 이를 금궤석실(金匱石室)에 담아 명산(名山)에 보관하여 백세(百世)를 기다리게 하시기를 바라옵니다. 16대(代)의 문헌제도 같은 것은 이미 정사(正史) 100여 권이 비각(秘閣)에 있으니 무릇 상고하여 논할 일이 있을 때에는 이 책에 기대지 않고도 충분할 것이옵니다.

무릇 신이 진달한 바는 역사 기술의 체제에 관계된 것이라 모름지기 몸소 어전에 나아가 직접 아뢰고 윤허를 받아야 할 것이옵니다. 그러나 평소 다리가 마비되고 귀가 잘 안 들리는 증상을 앓고 있던 것이 이미 고질이 되어 조정에서 일을 주선하고 전하의 말씀을 받드는 것이 모두 강행할 수 있는 것이 아니라 문득 상소를 들여 감히 어리석고 비천한 말씀을 바치오니, 신은 죽을죄를 지었음에 더욱 황공하옵니다.

로 잡혀 북으로 끌려가 영국공(瀛國公)으로 강등되었고, 나중에는 핍박당하여 머리를 깎고 출가하였다. 후에 문자옥(文字獄)이 일어나 사사(賜死)되었다. 《송사》의 본기(本紀)는 모두 47권으로 이루어져 있는데, 47권에 영국공(瀛國公), 즉 공제(恭帝)·단종(端宗)·소제(少帝)를 함께 다루어서 황제로 인정하였다.

계사 啓辭

이종성이 승정원에 상소한 일로 인하여 올린 계사

무진년(1748, 영조24)

因李宗城疏政院啓辭 戊辰

방금 대사헌 이종성(李宗城)이 올린 상소[40]가 승정원에 이르렀는데 그가 얽어낸 말을 보니 잘못되고 망령된 것투성이였사옵니다. 대저 합사(合辭)하여 논하는 것이 얼마나 엄중한 일인데 대헌(臺憲)의 수장에 있는 몸으로 방자하게 죄인을 비호하는 계책을 세워 '나라를 제 몸처럼 여긴 정성과 임금을 섬긴 충절'이라는 말로 극구 칭찬하기까지 하고 반대로 징토(懲討)의 의론은 '억지 주장을 주도면밀하게 늘어놓은 것'으로 귀결시켰으니, 사람이 방자하고 무엄함이 어찌 이러한 지경에까지 이른단 말입니까.

아아! 두 사람의 죄는 종묘사직에 관련된 것이니 참으로 군신(君臣)

40 대사헌……상소 : 당시 삼사(三司)에서 이광좌(李光佐)·조태억(趙泰億) 두 대신에게 역적을 비호한 죄가 있다며 관작을 추탈하고자 하였다. 이에 이종성이 두 대신의 충심을 모두가 알고 있는데 삼사가 억지를 부리고 있으며, 더구나 이광좌와는 사제(師弟)와도 같은 의리가 있어 가만히 있을 수 없다는 내용의 상소를 올리고 장단(長湍)으로 돌아가 버렸다.

간의 의리를 아는 자라면 감히 사사로운 정에 치우치거나 자신과 친한 이를 두둔하는 마음을 그 사이에 두지 말아야 마땅할 것이옵니다. 그런데 이에 감히 앞장서서 기치를 세우고는 대론(大論)의 승부를 겨룸에 공언(公言)하고 쟁송(爭訟)하면서 다시 돌아보고 두려워함이 없사옵니다. 인심이 잘못된 길로 빠져들고 민이(民彝 사람이 지켜야 할 떳떳한 도리)가 무너지고 끊어짐이 한결같이 이에 이르렀으니, 앞으로 다가올 근심이 또한 어디엔들 있지 않겠사옵니까.

신등(臣等)의 직책이 왕명을 출납하는 데 있는지라[41] 변괴를 목도한 후 놀라고 분한 마음 지극하여 감히 의례에 따라 들여보낼 수 없어 조심스레 승정원의 고규(故規)에 부쳐 감히 어리석은 의견을 진달하오니, 엎드려 바라옵건대 성상께서는 처분을 분명하게 내리시어 조정의 위엄을 높이시고 기강을 엄숙히 하옵소서.

41 신등(臣等)의……있는지라 : 승정원에서 근무한다는 말로, 당시 남유용은 우부승지의 자리에 있었다.

빈청에서 권도를 따르실 것[42]을 청한 계사 정축년(1757, 영조33)

賓廳請從權啓辭 丁丑

삼가 아뢰옵니다. 세월이 멈추지 않고 흘러 대행 자성 전하(大行慈聖殿下)의 찬빈(欑殯)이 이미 이루어지고[43] 나라 안의 사람들이 모두 수복(受服)하였으니[44] 어버이를 잃은 듯한 애통함은 종천(終天)토록 가없을 것이옵니다. 삼가 생각하옵건대 성상의 애통하고 그리운 심정 한이 없으실 터인데, 어떻게 견디실 수 있겠습니까.

신이 비록 허둥지둥 달려와 목 놓아 울고 있는 중이오나 내심 애가 타고 두려워 모든 사람이 한마음으로 감히 서둘러 호소하지 않을 수 없는 것이 있으니, 이에 굽어살펴주시기를 한목소리로 기원하나이다.

생각건대 우리 전하께서는 노년에도 정사에 힘쓰시어 백성들의 일에 노심초사하시느라 몇 년 전부터 거의 평안하신 날이 없었사옵니다. 그런데 이제 한 달 가까이 탕약 시중을 드시다가 문득 자성 전하께서 승하하시게 되자 체후(體候)를 살피고 약에 대해 아뢰는 절차를 갑자

42 권도를 따르실 것 : 상황에 따라 상중(喪中)에 주육(酒肉)을 먹는 것을 말한다.

43 세월이……이루어지고 : 1757년(영조33) 3월 26일에 인원왕후(仁元王后) 김씨가 승하하였다. 찬빈(欑殯)은 빈전(殯殿) 안에 관(棺)을 안치한 방을 가리킨다.

44 나라……수복(受服)하였으니 : 수복은 망자와의 관계나 신분에 따라 어떤 상복(喪服)을 입을 것인지 지침을 정하는 것이다. 《영조실록》 33년 4월 1일의 기사를 보면, 임금 이하 왕세자를 비롯한 왕실 구성원・종친・문무백관・서인(庶人)・노비에 이르기까지 조선의 모든 구성원들의 상복(喪服)에 대한 규정이 발표된 것을 볼 수 있다.

기 중지시키고 멀건 죽 같은 것도 또한 잘 드시지 않고 계십니다. 비록 효성이 망극하여 그것이 혈기를 크게 손상시키는 것임을 자각하지 못하신다 하더라도 신등은 어전(御前)에 끼어 앉아 시커멓게 변한 용안(龍顔)을 우러러 뵈면서 마음이 타들어가는 것 같아 차라리 죽고만 싶사옵니다.

아! 부모의 상에 자식의 도리를 다하는 것은 소소한 의절(儀節)에는 관계되지 않으며, 효자가 권도(權道 상황에 따라 변하는 도)에 통하는 것은 경서(經書)의 가르침에 어긋나지 않사옵니다. 그러므로 《예(禮)》에 "60세가 되면 슬퍼하느라 몸을 훼손하지 않는다."라 하고 또 "70세가 되면 고기를 먹는다."라고 하였으며,[45] 또 "질병에 걸리면 생강과 계피와 같은 맛난 음식을 더한다."[46]라고 하였습니다. 비록 필부와 같이 미천한 몸이라 하더라도 도리어 이와 같은데 하물며 전하께서는 조종(祖宗 임금의 조상)의 의탁을 받아 귀신과 인간의 주인이 되셨음에리까. 보산(寶算 임금의 나이)이 예순이 넘으시고 옥체(玉體) 미령(靡寧)하신데 어찌 스스로 그 몸을 가벼이 여겨 마음 가는 대로 행하시다가 필시 후회하게 될 일을 끼치실 수 있겠사옵니까.

고례(古禮)에서 상고한즉 성인(聖人)께서 깊이 경계하신 바요, 국전(國典)에서 살펴본즉 선군(先君)께서 일찍이 행하신 바이니 이는 연충(淵衷 임금의 깊은 속마음)에 있어 참으로 이미 분명한 것입니다. 어찌 신등의 번거로운 진달을 기다린 후에야 크게 고민하실 바이겠습니

45 그러므로……하였으며 : 《예기》 〈곡례 상(曲禮上)〉에 나온 말로, 거상(居喪)의 예절에 대해 한 말 가운데 일부이다.

46 질병에……더한다 : 《예기》 〈단궁 상(檀弓上)〉에 나온 말이다.

까. 전하의 쇠약한 기력과 취약한 비위(脾胃)로 나물밥에 물이나 드시는 것은 결단코 하루도 견딜 수 있는 바가 아닌데, 지극한 정(情)에 가려 굳게 지키고 바꾸지 않으시다가 마침내 말로 하기 어려운 우환이 닥침에 이르기라도 한다면 어찌 제왕의 커다란 효성에 흠이 되지 않겠사옵니까.

또 전하께서는 한번 생각해보십시오. 우리 자성(慈聖)께서 전하께서 편찮으시던 때를 당하여 애가 타서 어쩔 줄 몰라 하며 근심하시던 것이 일찍이 어떠하였었는지. 전하께서 한 번 드시면 자성께서 이에 더 드시게 하셨으며 자성께서 명하시면 전하께서 감히 더 드시려 애쓰지 않을 수 없었는데, 이제 음성과 모습은 비록 뵐 수 없으나 혼령이 오르내리는 곳 멀지 않은데 혹시라도 우리 전하께서 나뭇가지처럼 앙상해져 가는 모습을 굽어보시기라도 한다면 돌아보며 가슴 아파하심이 또 마땅히 어떠하시겠사옵니까.

말이 이에 이르니 무너지는 마음 더욱 절절한데, 보잘것없는 제가 옹축(顒祝)하는 바는 전하께서 평소 자성의 마음으로 전하의 마음을 삼으시고 부디 감정을 억누르고 자신을 보호하시어 조금이나마 하늘에 계신 영령(英靈)을 위로하시기를 바랄 따름이옵니다. 그러한즉 오늘날 성상께서 우러러 유지(遺旨)를 받드시는 것은 성궁(聖躬 임금의 몸)을 아끼고 보호하는 것보다 우선하는 것이 없고, 성궁을 아끼고 보호하는 방법은 상선(常膳 평상시의 수라)으로 돌이키기에 힘쓰시는 것보다 급한 것이 없사옵니다. 엎드려 바라옵건대, 많은 이들의 뜻을 굽어살피시어 속히 권도(權道)를 따르신다면 크게 다행한 마음 이길 수 없겠나이다.

응제문 應製文

한나라에서 위관[47]을 승상에 배수한 내용을 가지고 지은 제서 문신 정시○갑자년(1744, 영조20)

漢拜衛綰丞相制 文臣庭試○甲子

승상을 선발하여 다스림을 도모하려 하는데, 뭇 신하 가운데 누가 나의 나라를 잘 다스릴 수 있을 것인가. 어진 인재 가려내기를 참으로 공교하게 하니 조정의 그 누구도 경(卿)의 충성스럽고 신중함만 같지 못하다.

대개 그대를 등용하려는 뜻은 처음 그대를 알아봤을 때부터 비롯하였다. 오직 경만은 결단코 다른 마음이 없는 머리 허연 선대의 구신(舊臣)이었으니, 기억하건대 그 옛날 연회를 사양하던 날에 경의 마음이 환히 보였었다. 그러므로 수레를 함께 탔을 때 그대를 마음에 두고

47 위관(衛綰) : ?~기원전 131. 중국 전한(前漢)의 관리로, 문제(文帝) 때 수레를 부리는 기예로 낭관이 되었다가 중랑장으로 승진하였다. 문제의 뒤를 이은 경제(景帝)는 그가 청렴하고 충성스러운 것이 다른 장수와 견줄 수 없다고 여겨 하간왕(河間王) 및 태자의 태부로 삼았다. 오초칠국(吳楚七國)의 난이 일어났을 때 장수가 되어 공을 세우면서 중위가 되고 건릉후(建陵侯)에 봉해졌으며, 이후 어사대부가 되고 승상의 자리에까지 올랐다.

있는 짐의 마음을 언뜻 보였으니, 오직 순후(醇厚)하고 신중한 그대의 일심(一心)만이 백관(百官)의 의표(儀表)가 될 수 있다.[48]

이에 경을 승상에 배수하노니, 경은 승상의 반열에 처하여 공(功)을 펼쳐 능히 화갱(和羹)[49]의 바람을 실천하고 도후(桃侯)[50]를 대신하여 왕화(王化)를 도와서 공속(公餗)을 엎었다는[51] 비난을 후대에 끼치지 말라. 돌아보건대 이미 하사한 검도 아직 훼손하지 않고 고이 간직하고

48 오직……있다 : 경제(景帝)가 태자였을 때 황제 주변의 가까운 신하들을 불러 주연을 베풀었는데, 위관은 병이 생겼다는 핑계를 대고 가지 않았다. 경제가 즉위한 후 어가를 몰고 상림원(上林苑)에 행차하면서 중랑장인 위관에게 동승하게 하고, "그대를 짐과 동승시킨 이유를 아는가?"라고 물었다. 위관이 "신은 수레 위에서 곡예를 부려 총애를 얻고, 공을 쌓아서 중랑장으로 승진되었을 뿐입니다. 폐하께서 무슨 연고로 신을 동승시켰는지 알지 못하겠습니다."라고 하였다. 경제가 "짐이 태자였을 때 그대를 주연에 초대하였으나 오지 않았는데, 무슨 사연이 있었던가?"라고 하자, 위관이 "죽을 죄를 지었습니다. 그때에 공교롭게 병이 났었습니다."라고 대답하였다. 그러나 이는 딴마음을 품고 태자를 섬기는 것으로 문제(文帝)가 오해할까 우려한 데서 비롯한 행동이었다. 《史記 卷103 萬石張叔列傳》

49 화갱(和羹) : 신하가 되어 임금의 정사를 보좌한다는 말이다. 중국 은(殷)나라의 고종(高宗)이 부열(傅說)을 정승에 임명하면서, "만약 내가 국에 간을 맞추려 하거든〔和羹〕 그대가 소금과 매실이 되어 달라."라고 한 데서 나온 말이다. 《書經 說命下》

50 도후(桃侯) : 중국 전한의 관리 유사(劉舍, ?~기원전 140)를 가리킨다. 전한의 개국공신 135위인 도안후(桃安侯) 유양(劉襄)의 아들로, 아버지의 작위를 세습하였다. 경제 중3년(기원전 147)에 승상이 되었으나, 경제 후원년(기원전 143)에 지진과 일식이 일어나 면직되었다.

51 공속(公餗)을 엎었다는 : '속(餗)'은 솥에 담은 음식으로, 《주역》 〈정괘(鼎卦) 구사(九四)〉에 "솥의 다리가 부러져서 나라의 음식을 엎지른다.〔鼎折足, 覆公餗.〕"라고 한 데서 나온 말이다. 재능 없는 사람이 재상의 자리에 앉아 소임을 감당하지 못함을 이르는 말이다.

있는데[52] 하물며 짐의 명(命)이야 어찌 감히 게을리하고 저버리겠는가. 이에 제서(制書)를 선포하여 그대의 원대한 계책에 힘입을 것을 기다리노라.

52 이미……있는데 : 경제가 위관에게 보검 한 자루를 하사하자 위관이 "선제(先帝)께서 일찍이 신에게 하사하신 보검이 모두 여섯 자루가 있는데, 또다시 폐하에게 감히 검을 하사받을 수는 없습니다."라고 하였다. 경제가 "보검은 사람들이 좋아하는 것으로 선물도 할 수 있고 다른 물건과 교환도 할 수 있는데, 설마 지금까지 남아있는 보검이 있는가."라고 물었다. 위관이 모두 남아 있다고 하자 경제가 가져와 보라고 하였는데, 여섯 자루의 보검이 모두 온전한 상태로 칼집에 담겨 잘 보존되어 있었다. 《史記 卷103 萬石張叔列傳》

사대문에서 영제를 지낼 때의 제문[53]

四門禜祭文

조심조심 경건한 나의 마음	洞洞予心
백성들을 먹일 것을 근심하는데	憂在粒民
전에는 가물다가 지금은 장마가 지니	昔暵今澇
곡식을 병들게 함은 매한가지라네	病稼則均
곡식이 없으면 어찌 백성이 있을 것이며	無稼胡民
백성이 없으면 어찌 나라가 있으리오	匪民曷國
하늘을 우러러봄에	瞻仰昊天
진귀한 음식을 먹을 겨를이 없네	靡遑玉食
아! 비가 내리던 처음에는	緊雨之初
참으로 신명의 은사에 힘입어	寔賴神賜
촉촉하게 젖고 무럭무럭 자라나	既潤既滋
거의 농사가 이루어졌다네	庶幾穡事
그런데 어찌하여 장마가 계속되어	云胡寖霪
기쁨이 괴로움으로 바뀌었단 말인가	轉甘爲苦
장마 빗줄기는 한 달이 다 되도록	淋浪浹月
물꼬가 터진 듯 물을 들이붓는 듯하네	如決如注

53 사대문에서……제문 : 영제(禜祭)는 비가 개기를 비는 제사로, 오래도록 비가 내리면 사대문인 숭례문(崇禮門)・흥인문(興仁門)・돈의문(敦義門)・숙정문(肅靖門)에 나가서 영제를 거행하였다.

높은 밭두둑은 모래에 뒤덮이고　　高塍沙覆
평평한 이랑은 물속에 잠기며　　平疇波墊
모를 내면 곧바로 둥둥 떠다니고　　秧移卽漂
이삭이 패면 바로 잠겨버리네　　穗發旋浸
농부는 호미질을 멈추고　　田夫輟鋤
밭두둑을 빙빙 돌며 발을 구르면서　　繞壟躑躅
말하기를 오늘 비가 개지 않으면　　曰今不晴
들판엔 장차 수확이 없을 것이라고 하네　　野將無穫
신명께 기도하나 응답하지 않으시니　　冥禱莫應
덕이 부족한 것이 부끄럽네　　所愧諒德
피폐해진 바를 소생시킴에　　回瘵爲蘇
신명을 놓아두고 누구를 번거롭게 하리　　舍神何瀆
비가 오고 날이 개는 것은　　一雨一晴
신명께서 참으로 주관하는 것이니　　神實司權
불쌍히 여기고 불쌍히 여기지 않음에　　其哀不哀
백성들의 목숨이 달려 있네　　民命攸懸
저의 변변찮은 정성을 기울여　　罄我菲誠
거듭 희생과 단술을 바치나니　　申薦牲醴
바라옵건대 신명께서는 도우시어　　尙冀冥佑
날이 활짝 개게 하여주소서　　劃賜開霽

종묘에서 기청제를 지낼 때의 제문

宗廟祈晴祭文

보잘것없는 제가 부덕한 몸으로	眇予寡德
외람되이 위대한 왕업을 이어받음에	叨承丕緒
선왕의 마음으로	以先王心
우리 백성들을 위로하였습니다	勞我烝庶
백성들에게 오늘날이 있음은	民之有今
참으로 선왕의 영령에 힘입은 것	寔賴先靈
무릇 아픔과 고통이 있는데	凡有疾痛
어찌 감히 호소를 늦추겠습니까	曷敢緩聲
아! 올해에는	吁嗟玆歲
비 오고 개는 것이 순조롭지 않아	雨暘弗若
가뭄의 상해에서 겨우 회복되자마자	暵傷乍蘇
장마의 손해가 곧이어 극심합니다	潦損旋酷
이랑을 무너트리고 도랑을 터뜨려	崩疇決澮
이삭이 사방으로 떠내려가는데	漂穗縱橫
하루 해가 나면 아흐레 장마가 지다가	一曦九霪
마침내 삼복이 다 되었습니다	遂浹三庚
사람과 가축은 이미 물에 빠지고	人畜旣淬
집과 담 또한 무너져 내려	室堵亦圮
당장 저녁을 도모할 겨를도 없는데	不遑謀夕
하물며 감히 풍년이 들기를 바라겠습니까	矧敢望歲

그 허물을 곰곰이 생각하노라니 靜思厥咎
산해진미도 맛있는 줄 모르겠는데 靡甘玉食
영제를 지내 기원해도 효과가 없고 禜祈罔效
빗줄기가 어제와 똑같습니다 淋浪猶昨
넘실거리는 빗물을 굽어봄에 洋洋降監
생각 또한 서글픔이 일어나시리니 想亦興悽
어찌 소자를 말하리까 豈曰小子
애처로운 바는 유민들인데 可哀遺黎
비가 오고 날이 개는 것은 其雨其晴
신명의 도움에 의지하나니 冥佑是賴
감히 전에 빌었던 것을 잊었겠습니까마는 敢忘前祝
부디 은혜를 끝까지 내려 주시기를 바라나이다 尙冀終惠

건원릉 친제문 계유년(1753, 영조29)

健元陵親祭文 癸酉

우리 선조께서 천명을 받으신 것이	我祖受命
명 태조 임신년이니[54]	明祖壬申
천명이 환히 드러나지 않았습니까	命之不顯
참으로 우리 문인[55]이셨습니다	展我文人
드높은 공렬과	巍乎功烈
찬란한 이장[56]이라	燦厥彛章
후손을 편안케 할 계책 두시어	燕翼有謨
계도하고 보우하심 가없으셨습니다	啓佑無疆
보잘것없는 저 소자는	藐予小子
자나 깨나 전전긍긍하며	寤寐淵氷
늘 원대한 계획을 가슴에 품고 있으나	永懷丕圖
무슨 덕인들 능히 계승하겠습니까	何德克承
조금이나마 안정된 세상을 어루만지는 것은	撫玆少康
남겨주신 음덕에 힘입은 바입니다	式藉餘庥
이에 용이 비상한 이후로	粵自龍飛

54 우리……임신년이니 : 명 태조(明太祖) 임신년은 1392년으로, 이 해에 이성계가 조선을 건국하였다는 말이다.

55 문인(文人) : 선조 중에 문덕(文德)이 있는 이를 지칭하는 말이다.

56 이장(彛章) : 사람으로서 항상 지켜야 하는, 언제나 변하지 않는 법도를 이른다.

구갑이 여섯 바퀴를 돌았습니다[57] 舊甲六周

작년 가을[58]에 감회가 일었는데 昨秋興感

하물며 제가 늘그막에 이르렀음에리까 矧予暯境

숙연하게 영정을 우러러보노라니 眞幀肅瞻

보잘것없는 저의 정성을 어떻게 다하겠습니까 寸忱曷罄

소나무와 가래나무[59]를 돌아보니 睠言松梓

서리와 이슬이 또 내리기에[60] 霜露又零

남전[61]에서 뵙고 남은 그리움에 南殿餘慕

동산의 무덤에 찾아와 절 드립니다 來拜園塋

산은 굽이지고 물은 길어 山紆水長

상서로운 기운 성대하고 맑은데 佳氣葱鬱

영령이 오르내리시기 멀지 않으니 陟降不遐

한마음으로 공경히 대합니다 一心對越

나라를 세우는 것은 어렵고 刱業維艱

지켜 나아가는 것도 쉽지 않으니 守成弗易

57 이에……돌았습니다. : '구갑(舊甲)'은 '환갑(還甲)'과 같은 말로, 조선을 건국한 1392년으로부터 360년이 지났다는 말이다.

58 작년 가을 : 이 시를 지은 시점으로부터 작년 가을인 1752년 7월 17일은 조선을 건국한 지 360주년이 되는 날이었다.

59 소나무와 가래나무 : 무덤 주위에 많이 심는 나무로, 전하여 선영(先塋)을 가리키는 말로 쓰인다.

60 서리와……내리기에 : 《예기》 〈제의(祭義)〉에 나온 말로, 돌아가신 조상이 생각난다는 말이다.

61 남전(南殿) : 남별전(南別殿)을 줄여서 부르던 말로, 영희전(永禧殿)을 가리킨다.

지나온 세월이 점점 오래됨에	歷年滋多
아름다움과 근심[62]이 여기에 있습니다	休恤在是
무릇 우리 남겨진 백성들은	凡我遺黎
옛날에 어루만지고 돌보시던 바이니	昔所撫字
어찌 아픔과 고통이 없겠습니까	豈無疾苦
부디 하늘에서 보우하여 주시기를 바라나이다	尙冀陰庇
백대 후에도 그리워하며	百世之思
공경스레 희생과 단술을 올리나니	敬將牲醴
이에 이르시고 이에 편안히 여기시어	假斯綏斯
천지간에 어렴풋이 보이는 듯합니다	俯仰有僾

62 아름다움과 근심 : 《서경》 〈소고(召誥)〉에서 나온 말로, 임금이 천명을 받고 나라를 다스릴 때의 보람과 어려움을 의미한다.

인현왕후에게 존호를 가상하는 옥책문
仁顯王后加上尊號玉冊文

삼가 아뢰옵니다. 후손에게 덕행을 드리우심에 선대의 공렬을 찬양하여 공손하게 현책(顯冊)을 올리고, 성인(聖人 임금)의 배필이 되심에 남기신 미덕을 추모하여 경건하게 아름다운 칭호를 바칩니다. 문채 나는 예물을 이에 진설하니, 정리(情理)와 예문(禮文)이 참으로 들어맞습니다.

삼가 생각건대 황비(皇妣) 효경의열정목인현 왕후(孝敬懿烈貞穆仁顯王后)께서는 타고난 성품이 깊고 아름다우며 지니신 덕이 온화하고 곧으셨습니다. 훌륭한 가르침은 안팎의 법도 있는 가문[63]에서 물려받으셨으니 육궁(六宮)의 칭송이 일찌감치 퍼졌고, 아름다운 법도는 옛날의 명철한 왕비에게 짝할 만하셨으니 이남(二南)의 교화[64]가 골고루 미쳤습니다. 현명한 며느리라는 태모(太母)[65]의 칭찬을 등에 업고 비로소 종묘(宗廟)에 알현하는 예를 거행하였으며, 어진 보좌가 되라는 영고(寧考)[66]의 가르침을 받들어 다시 중궁(中宮)의 법도를 바로잡으

63 안팎의……가문 : 인현왕후의 아버지는 여흥(驪興) 민씨 가문의 민유중(閔維重)이며, 어머니는 은진 송씨(恩津宋氏)로 송준길(宋浚吉)의 딸이다.

64 이남(二南)의 교화 : 이남은 《시경》의 주남(周南)과 소남(昭南)으로, 여기에 실린 시들은 주로 주나라 문왕(文王)과 후비(后妃)의 덕화(德化)를 읊은 시이다.

65 태모(太母) : 당시 대비였던 숙종의 어머니 명성왕후(明聖王后) 김씨를 가리킨다.

66 영고(寧考) : 임금의 돌아가신 아버지를 가리키는 말로, 여기서는 현종(顯宗)을 가리킨다.

셨습니다.[67] 왕비의 교화가 궁궐 내전에 길이 드리워져 후세에 끼칠 공렬을 이루도록 도우셨고, 어진 명성이 온 나라에 널리 무젖어 면면(綿綿)한 국가의 복(福)을 이르게 하셨습니다.

아! 소자가 옛날에 곁에서 모신 적이 있었는데 아름다운 음성이 지금도 어렴풋이 들리는 듯합니다. 어려서 즐거운 낯빛으로 머리를 쓰다듬어주시는 사랑을 몇 번이나 입었던지요. 늘그막에 감회가 어리니 귓가에 맴도는 가르침을 잊기 어렵습니다. 묘역을 같이 한 능침[68]을 바라보노라니 아이처럼 어버이를 그리워하는 마음 갱장(羹墻)[69]보다 배(倍)나 간절하고, 가지런한 아름다움이 담긴 기록을 우러러보며 자모(慈母)의 의범(儀範)을 완염(琬琰)[70]에 천명할 것을 생각합니다.

'숙(淑)'은 온갖 미덕의 근본이니 모사(母姒)[71]의 유순한 법도를 징험할 만하고, '성(聖)'은 위대한 덕을 일컫기에 걸맞으니 여중요순(女

67 다시……바로잡으셨습니다 : 인현왕후가 인경왕후(仁敬王后)의 뒤를 이어 숙종의 계비(繼妃)가 된 것을 표현한 말이다.

68 묘역을……능침 : 숙종의 능인 명릉(明陵)은 숙종과 인현왕후의 능이 쌍릉(雙陵)으로 나란히 놓여 있고, 다른 언덕에 인원왕후(仁元王后)의 능이 단릉(單陵)으로 놓여 있다.

69 갱장(羹墻) : '국과 담장'이라는 뜻으로, 죽은 사람을 사모하고 그리워하는 마음을 말한다. 옛날에 요(堯) 임금이 죽자 순(舜) 임금이 3년 동안 그리워하였는데, 앉아 있을 때면 요 임금의 모습이 담장에 나타나고 밥을 먹을 때면 국그릇에 나타났다고 한 데서 온 말이다. 《後漢書 卷63 李固列傳》

70 완염(琬琰) : 중국 주(周)나라의 성왕(成王)이 간직한 보옥 중의 하나로, 책문을 새길 옥(玉)을 미화하여 표현한 것이다.

71 모사(母姒) : 중국 주나라 문왕(文王)의 아내이자 무왕(武王)의 어머니인 태사(太姒)를 가리킨다. 문왕의 어머니 태임(太任)과 함께 현숙한 후비(后妃)를 상징한다.

中堯舜)이 남긴 공렬이 더욱 환히 드러납니다. 이에 전례를 상고하여 정성을 펼쳐서 삼가 신(臣) 의정부 영의정 김재로(金在魯)로 하여금 옥책(玉冊)과 금보(金寶)를 받들어 존호(尊號)를 가상(加上)하기를 '숙성(淑聖)'이라고 하옵니다.

엎드려 생각건대, 이에 밝으신 임어(臨御)를 드리우고 굽어 융성한 찬미에 응하소서. 이러한 이름〔名〕에 이러한 실상〔實〕이 있어 천지와 함께 가없으리니, 복을 내리고 상서로움을 내려 본손(本孫)과 지손(支孫) 및 먼 후대의 자손들에게까지 넘치게 하여주소서.

영희전 친제문 갑술년(1754, 영조30)

永禧殿親祭文 甲戌

어진을 모신 궁전 크고 우뚝하며	眞宮奕奕
보배로운 영정 휘황하게 빛나는데	寶幀煌煌
네 분의 성인[72]께서 나를 굽어보심에	四聖臨予
보불(黼黻)을 수놓은 의상 엄연하도다	有儼黼裳
숙연히 빛나는 모습 우러러봄에	肅瞻容光
완연히 가르치신 말씀 받드는 듯하네	宛承謦欬
길이 지극하신 덕 품고 있으나	永懷至德
어찌 빠짐없이 다 베껴 그렸으랴	曷罄摹繪
문조[73]께서는 대운에 응하여	文祖應運
왕업을 세움이 웅대하셨으며	樹業宏達
광묘께서는 나라를 안정시켜	光廟靖邦
천명 다지기를 주밀하게 하셨네[74]	基命宥密
아 거룩하신 장릉[75]께서는	於休章陵

72 네 분의 성인(聖人) : 당시 영희전에는 태조·세조·원종(元宗)·숙종의 어진이 봉안되어 있었다.

73 문조(文祖) : 문덕(文德)이 있는 선조(先祖)라는 뜻으로, 태조(太祖)를 일컫는 말로 쓰인다.

74 광묘께서는……하셨네 : 광묘, 즉 세조가 선왕의 뒤를 이어 나라의 기틀을 다졌다는 것으로, 세조가 조카인 단종을 몰아내고 왕위에 오른 일을 미화하여 표현한 것이기도 하다.

성명을 열어 국운을 이으셨으며[76]	啓聖綿祚
크게 드러나신 영고[77]께서는	丕顯寧考
선조를 빛내고 후손에게 복 주셨네	光前裕後
진인 되어 떠나신 곳 아득히 머나	眞遊云邈
아름다운 명성은 다함이 없고	令聞無竟
감실이 나란히 늘어서	寶龕聯序
수연한[78] 광채 서로 비추네	睟彩交暎
우러러보고 의지함에 매우 가까워	瞻依孔邇
오르내리시는 혼령 옆에 있는 듯	陟降如在
전배와 작헌[79]을 때에 맞게 함에	展獻維時
정성을 다하고 해이함이 없네	有恪靡懈
하물며 올해를 만나	況遘玆歲
사모하는 마음 더욱 깊음에랴	攀慕罙深
새해 아침에 공경히 알현하며	元朝祗覲
부족하나마 슬픈 정성을 폈네[80]	少伸愴忱

75 장릉(章陵) : 조선 시대의 추존왕인 원종(元宗)의 묘호(墓號)로, 원종은 인조(仁祖)의 생부이다.

76 성명(聖明)을……이으셨으며 : 인조를 낳아 폐위된 광해군의 뒤를 잇게 하였다는 말이다.

77 영고(寧考) : 천명(天命)을 받아서 천하를 편안하게 한 선왕(先王)이라는 뜻으로, 여기서는 숙종(肅宗)을 가리킨다.

78 수연(睟然)한 : 군자의 내면에 축적된 덕이 저절로 드러났을 때, 그 모습이 청화(淸和)하고 윤택함을 형용한 말이다. 《맹자》 〈진심 상(盡心上)〉에서 나온 말이다.

79 전배(展拜)와 작헌(酌獻) : 전배는 임금이 종묘(宗廟)나 능침 등에 참배하는 것이고, 작헌은 참배하면서 술잔을 올리는 것이다.

절기가 천중에 이르러	節屆天中
조촐한 제수를 이에 받드니	蠲饎斯將
어찌 대행이 없겠는가마는	豈其無攝
내가 직접 하는 것만 같지 못하네[81]	莫如我躬
훈호[82]가 이에 오르니	焄蒿載升
국그릇과 술잔이 이미 벌여 있네	鉶爵旣班
국그릇과 담장에서도 보이는데[83]	羹墻猶覩
하물며 위엄 어린 용안[84]을 가까이서 뵘에랴	矧邇威顔
아 밝히 하늘에 계시니	於昭在上
정성이 있으면 반드시 통하리	有誠必通
부디 바라건대 밝게 임하시어	尙冀明臨
굽어 미약한 정성에 이르시기를	俯格微衷

80 하물며……폈네 : 《영조실록》 30년(1754) 1월 1일의 기사에, "임금이 태묘(太廟)와 영희전에 전알(展謁)하고 이어서 영수각(靈壽閣)에 전배(展拜)하였다.……금상(今上) 20년인 갑자년에 고사(故事)에 따라 뒤이어 기사(耆社)에 들어갔는데, 올해는 성상의 주갑(周甲)이고 또 태조가 기사에 들어간 해에 해당하므로, 특별히 원일(元日)에 전배하고 이어서 어첩에 손수 소지(小識)를 써서 추모하는 뜻을 붙였다."라는 말이 보인다.

81 절기가……못하네 : 천중절(天中節)은 단오를 가리킨다. 《영조실록》 30년(1754) 5월 5일의 기사에, "임금이 면복(冕服)을 갖추고 영희전의 단오제를 행하고, 오시(午時)에 환궁하였다. 임금이 재전(齋殿)에 있을 때 전관(殿官)으로 하여금 전내(殿內)를 봉심(奉審)하게 하고, 곧 또 친히 가서 봉심하였다."라는 말이 보인다.

82 훈호(焄蒿) : 《예기》 〈제의(祭義)〉에서 나온 말로, 위로 올라가는 귀신의 기(氣)를 가리킨다.

83 국그릇과 담장에서도 보이는데 : 고인(故人)을 사무치게 그리워한 나머지, 모든 곳에서 보이는 듯하다는 말이다.

84 위엄 어린 용안 : 영희전에 걸려있는 어진(御眞)들을 가리킨다.

영유현에 있는 무후의 사당에 악왕과 신공을 추배한 사적을 기록한 비[85]

永柔縣武侯廟 追配鄂王信公紀事碑

성상 26년(1750) 경오년 봄에 성상께서 경연에 참석하여 하교하여 말씀하시기를,

"영청현(永淸縣)에 무후(武侯 제갈량(諸葛亮))의 사당을 세운 것은 그 산의 이름이 와룡(臥龍)이기 때문이니, 성조(聖祖)께서 산의 이름으로 인하여 그 사람을 생각하신 것이다.[86] 악왕(鄂王)[87]을 영청의 사당에 배향한 것은 그의 충성이 무후와 비슷하기 때문이니, 성고(聖考)[88]께서 세상을 면려하기 위하신 것이었다. 내가 생각건대 신국(信國) 문공(文公)[89]은 황실의 사직(社稷)이 장차 무너질 것을 애

85 영유현에……비 : 영유현(永柔縣)은 평안남도 평원(平原)의 옛 이름이다. 임진왜란 때 선조가 영유현에서 한동안 머물렀는데, 그때 꿈속에서 제갈량(諸葛亮)을 보았다. 그 후 왜란의 극복이 제갈량의 음덕(陰德)에 힘입었다고 생각하여 그의 공덕을 기리는 사당을 세우게 하였으며, 1661년(현종2)에 '와룡사'라는 어필 현판과 비석을 내려주었다. 1695년(숙종21) 숙종이 《송사(宋史)》를 읽다가 충신 악비(岳飛)의 충절에 감동해 함께 배향하도록 하였으며, 1750년(영조26) 송나라 말기의 충신 문천상(文天祥)을 함께 배향하도록 하면서 '삼충사(三忠祠)'라는 사액을 내렸다.

86 영청현(永淸縣)에……것이다 : 영청현은 영유현의 옛 이름 가운데 하나이다. 제갈량의 별호가 '와룡(臥龍)'인데, 영유현의 서쪽에 와룡산(臥龍山)이 있었으므로 그 이름을 따라 사당을 짓도록 하였다는 것이다.

87 악왕(鄂王) : 중국 남송의 명장 악비(岳飛, 1103~1141)를 가리킨다.

88 성고(聖考) : 여기서는 숙종을 가리킨다.

통히 여겨 의병을 거느리고 홀로 떨쳐 일어났고 죽음 앞에 더욱 꿋꿋하게 처하며 나라와 더불어 운명을 함께하였으니, 지모(智謀)와 역량이 하늘에 닿지 못하였을 따름이지 그의 마음은 무후나 악왕의 마음과 똑같았다. 신공을 악왕의 아래에 배향하는 것은 법에 있어 참람한 것이 아닐뿐더러, 또 선왕(先王)의 사업을 계술(繼述)하는 것이다."

하셨습니다. 이에 예신(禮臣 의례를 담당한 신하)과 도신(道臣 지방관찰사)이 명을 받들고 공경히 따라 좋은 날을 점쳐서 이미 제사를 올렸는데, 무후와 악왕은 원래 사당에 유상(遺像 고인의 초상화)이 있었고 이때에 이르러 또 신공의 초상을 모사하여 나란히 걸어놓고 성상께서 직접 지으신 글을 근신(近臣)이 가지고 가서 읽었습니다.[90]

이에 서쪽 땅[91]의 선비들이 서로 전하며 뛸 듯이 기뻐하면서 말하기를,

"위대한 충신의 사당이 천하에 있는데 우리 서쪽 땅에서 그중의 셋을 섬기게 되었다. 성상께서 우리 서쪽 땅을 비루하게 여기지 않으시고

89 신국(信國) 문공(文公) : 중국 남송(南宋) 말기의 재상 문천상(文天祥, 1236~1283)을 가리킨다.

90 이때에……읽었습니다 : 《영조실록》에 실린 영조의 행장에 이때의 상황이 다음과 같이 기록되어 있다. "(26년 경오년) 2월에 연경에 사신 갔다가 돌아온 자가 송나라 승상 문천상의 초상을 바쳤다. 왕께서 육진(六鎭)의 오국성(五國城)에 송제릉(宋帝陵)이 있다 하여 그 아래에 사당을 세워서 문천상·육수부(陸秀夫)를 아울러 향사하고자 하여 대신에게 물으셨으나 대신이 불편하다 하니, 드디어 명하여 그 초상을 와룡사(臥龍祠)에 배향하고 승지를 보내어 치제하게 하셨다."

91 서쪽 땅 : 영유현 주변의 지역을 포괄하여 지칭하는 것이다.

권면하심에 도(道)가 있으니 감히 힘쓰지 않을 수 있겠는가."

하였습니다. 얼마 있다가 성상께서 또 하교하여 말씀하시기를,

"무후의 사당을 세운 까닭은 이미 비(碑)에 적혀 있다. 오직 악왕의 사적은 비석은 갖추어져 있으나 아직 비문이 없으니, 아마도 오늘을 기다린 것일 것이로다."

하시고 사신(詞臣)에게 명하여 신공을 배향하게 된 까닭까지 아울러 찬차(撰次)하여서 비석에 새겨 후손에게 보이도록 하시고 이에 이것을 신(臣) 유용(有容)에게 명하셨습니다.

신이 남몰래 엎드려 생각건대, 임금이 나라를 다스릴 때 풍속을 교화하는 것을 무엇보다 우선으로 삼으니 거룩하고 신령스러운 임금이 서로 계승하면서 이 도를 따르고 바꾸지 않았습니다. 이에 충성에 대하여 갚지 않음이 없고 의리에 대하여 정려(旌閭)하지 않음이 없었으며, 이를 다른 세대의 신하에게까지 미루어 지금으로부터 수백 수천 년 전의 인물이지만 나라 안에서 제사를 받는 경우가 대개 한둘이 아닙니다. 그러나 지금과 같은 일은 성상의 뜻이 깃든 바가 더욱 깊고 멀어 쉽게 말로 다 할 수 없는 것이 있다고 생각합니다. 신은 그러므로 다음과 같이 말합니다.

"이 사당에 들어가 우러러 그 모습을 바라보고 고개를 숙여 그가 처했던 세상과 그가 지닌 뜻과 그가 견지한 의리를 생각함에 펄쩍 뛰어오르듯 마음에서 일어나고 기(氣)에서 일어남이 있은 연후에야 비로소 성인(聖人)이 교화한 자취를 엿볼 수 있을 것입니다. 무릇 그러한즉 어찌 서쪽 지역 사람들만 권면할 따름이겠습니까. 장차 온 나라를 권면하고 또 장차 온 천하를 권면하게 될 것을 청컨대 두 손 모아 기다립니다."

명(銘)은 다음과 같습니다.

우뚝한 사궁이	有跂祠宮
와룡의 언덕에 있네	臥龍之丘
누구를 제향하였나	云誰之享
한나라의 무후라네	維漢武侯
누구를 배향하였나	孰其配之
악왕과 신공이니	鄂王信公
배향함은 어째서인가	配之維何
참으로 그 충성 짝할 만해서라네	寔配其忠
악왕이 처음 일어났을 때	鄂王初起
송나라 사직이 이미 남천하였는데	宋社旣南
군주의 치욕에 원통함이 사무쳐	痛深主辱
목숨을 바칠 것을 결심하였네	志決身殲
드높은 위엄에 밖에서는 벌벌 떠는데	威靈外讋
육도삼략이 나라 안에서 스러져	韜畫內殫
중원의 땅이 날로 열리고 있었는데	中土日闢
북쪽을 향하던 수레 소환되었네[92]	北轅將還

92 드높은……소환되었네 : 악비는 금(金)나라와 화의하려는 고종(高宗)과 재상 진회(秦檜) 등의 실질적 항복에 반대하며 북벌 계획을 세웠다. 그러나 조정은 이를 취소하였고, 악비는 고종과 진회의 미움을 사게 되었다. 1140년에 약속을 어기고 금군이 쳐들어오자 조정은 하는 수 없이 각 군에 저항을 명령하였는데, 악비는 북상하여 정주(鄭州)와 서경 하남부 등지를 공격하는 한편 장수 양흥(梁興) 등을 보내 금군의 후방을 교란시켰다. 이에 금의 왕자이자 도원수인 완안종필(完顏宗弼)이 대군을 이끌고 반격해왔으

삼자옥[93]이 이루어짐에　三字獄成
만 리의 장성 무너졌으니　萬里城壞
누가 저 참소한 자들을 잡아다가　孰執彼讒
범과 승냥이에게 먹이로 줄 것인가　豺虎以餧
신공의 세상에는　信公之世
황제가 배 안에서 살았는데[94]　帝在舟中
조서를 받들고 눈물을 뿌리며　捧詔霅涕
마음으로 하늘에 맹세하였네[95]　矢心皇穹

나, 적은 군사로 이를 대파하는 등 승승장구하였다. 그런데 조정에서는 갑자기 악비에게 군대를 이끌고 임안으로 돌아오라는 소환 명령을 내렸고, 이어 선무사에서 파직하여 추밀부사로 좌천시켰다. 악비는 여전히 금나라와의 화의에 반대하며 북벌을 주장하다가 진회 세력에게 탄핵받아 완전히 파직되었다.

93 삼자옥(三字獄) : '막수유(莫須有)'라는 세 글자의 죄명을 말한다. 진회 일당은 악비에게 '막수유', 즉 '혹 있을지도 모른다.'라는 죄명을 씌워 그를 옥에 가두고 결국 모반죄로 처형하였다.

94 신공(信公)의……살았는데 : 문천상 등 일부 남송의 유신(遺臣)들이 남송의 황자를 황제로 추대하고 원나라에 대한 저항운동을 계속하였으나, 결국 배를 타고 해상을 표류하는 지경에 이르게 되었다. 이에 남송의 제8대 황제인 단종(端宗)과 그 뒤를 이은 마지막 황제인 소제(少帝)는 배에서 살다가 배에서 짧은 생애를 마감하였다.

95 조서를……맹세하였네 : 덕우(德祐) 연간 초에 원(元)나라 군대가 도성 바로 앞까지 쳐들어오자, 당시 4살이었던 공종(恭宗) 대신 할머니 사태후(謝太后)가 근왕병을 모집하는 조서를 내렸다. 문천상은 황제의 조서를 들고 대성통곡하다가 즉시 가산(家産) 전부를 팔아 호걸들을 동원하고, 산으로 들어가 소수민족 두령들을 설득해 1만여 명을 조직한 후 도성으로 출발할 준비를 하였다. 그의 친구 하나가 "1만 명도 안 되는 오합지졸로 원나라 대군을 어떻게 대적할 것인가."라며 만류하였으나, "나라가 위급해 천하에 군사를 모집하고 있는데 어떻게 응하지 않겠는가. 내 비록 목숨을 잃는다 해도 이로써 천하의 충신과 의사들을 불러 모을 수 있다면 족하다네."라고 하며 달려갔다고

일려의 군사로 왕을 호위하였으나[96]	一旅勤王
성패는 오직 하늘에 달린 것이니	成敗維天
산 넘고 바다 건너 신산고초를 겪다	間關海嶠
오랑캐의 적진에 무릅쓰고 나아갔네[97]	衝冒穹氈
삼 년 동안 눈 쌓인 움막에 억류되었다	三年雪窖
죽어야 할 곳에서 죽었으니[98]	一死有地
배운 것이 무엇이었던가	所學何事
의를 다하면 인이 지극해진다네[99]	義盡仁至
순정한 충성을 생각하건대	相維純忠

한다.《宋史 卷418 文天祥列傳》

96 일려의……호위하였으나 : 일려(一旅)는 원래 500명의 군대로, 아주 작은 군대를 의미한다. 황제의 조서가 각지로 내려갔으나 이를 보고 달려온 이는 공주(贛州)의 주관(州官) 문천상(文天祥)과 영주(郢州)의 수성장 장세걸(張世杰)뿐이었다고 한다.

97 산……나아갔네 : 1276년 문천상은 황제의 명을 받고 원나라와 강화를 맺기 위해 적진으로 갔다. 그러나 그 자리에서 구류되었고, 그 사이 남송은 멸망해 버렸다. 이에 문천상은 북으로 압송되던 도중 탈출하여 복주(福州)로 가서 도종(度宗)의 장자 익왕(益王)을 받들고 잔병을 모아 싸웠다. 그러나 1278년 오파령(五坡玲) 전투에서 원나라 장수 장홍범(張弘範)에게 체포되었고, 결국 대도(大都), 즉 북경으로 이송되어 3년간 토굴에 갇히게 되었다.

98 삼 년……죽었으니 : 문천상은 3년 동안 대도의 토굴에 갇혀 있다가 결국 참수(斬首)당하였다.

99 배운……지극해진다네 : 문천상의 〈자서(自序)〉에서 나온 말이다. 이는 원나라에 포로로 잡혀가 절개를 지키다 죽기 직전 감옥에서 지은 시로, "공자는 인을 이룬다 하고 맹자는 의를 취한다 하였네. 의를 다하면 인이 지극해진다네. 성현의 글을 읽었으니 배운 것이 무엇이었던가. 지금에 와서야 부끄러움이 없게 되었도다.〔孔曰成仁, 孟曰取義. 惟其義盡, 所以仁至. 讀聖賢書, 所學何事. 而今而後, 庶幾無愧.〕"라고 하였다.《山堂肆考 卷135》

누가 두 신하만 하겠는가 孰如二臣
세대를 논하고 행적을 고찰함에 論世考履
오직 제갈량만이 짝이 될 수 있다네 維葛與倫
화의를 배척한 표문[100] 있고 斥和有表
기개를 바로잡은 시[101]가 있어 正氣有詩
백대토록 전해 내려오니 流傳百世
마치 〈출사표〉를 읽는 듯하네 如讀出師
이에 우리 선고께서 肆我文考
역사를 보고 탄식하셨으며[102] 覽史興咨
또한 성후께서도 亦粤聖后
초상을 어루만지며 생각에 잠기셨네 撫像紆思
거듭 애도의 글을 들어서 申擧愍章
제물을 갖추어 제사 올리니 饗以籩俎
어느 곳인들 신이 없으랴 何所無神
반드시 이곳 서쪽 땅에 있으리 必玆西土
세 사람이 하나의 마음이라 三人一心
세대는 다르나 한 곳으로 귀결하니 異世同歸

100 화의를 배척한 표문 : 1138년 악비가 남양(南陽)을 지나는 길에 제갈량을 모신 무후사(武侯祠)에 잠시 들른 적이 있다. 여기서 제갈량의 〈출사표(出師表)〉를 베껴 썼으니, 이를 가리키는 것이다.

101 기개를 바로잡은 시 : 문천상은 원나라의 끊임없는 회유에도 굴하지 않고, 〈정기가(正氣歌)〉를 지어 자신의 충절을 보이고 죽었다.

102 이에……탄식하셨으며 : 숙종이 《송사(宋史)》를 읽다가 충신 악비(岳飛)의 충절에 감동해 와룡사에 함께 배향하도록 한 사실을 가리킨다.

영령이 서로 감응하여	英靈相感
약속이나 한 듯 감통하네	肹蠁如期
훌륭한 명성 미치는 곳에	風聲攸曁
곱사등이와 앉은뱅이도 벌떡 일어나니	癃躄亦起
산이 닳고 물이 마른들	山磨水竭
흠모하는 마음 어찌 다하랴	曠慕何已
말하기를 병이라 하는 것은	曰此秉彛
오직 성의 뿌리로	維性之根
부여하는 것은 하늘이요	賦予者天
부지하는 것은 임금이라 하네	扶植者君
이미 부여하고 이미 부지하였으니	旣賦旣植
어찌 충성을 권면하지 않으리오	曷不勸忠
나라의 모든 군자들이여	百爾君子
여기에 새겨진 명을 볼지어다	視此刻銘

《천의소감》 발문 을해년(1755, 영조31)
闡義昭鑑跋 乙亥

이 책은 무엇 때문에 지었는가. 난적(亂賊)을 징계하고 윤리와 기강을 바로잡기 위하여 지은 것이다. 죄인을 잡아들이고 천토(天討)를 이미 행하여 마땅히 이 책을 기다릴 것이 없을 듯하나, 이 난적들의 하늘에 사무치는 죄악은 전적으로 흉악한 말로 기만하고 재앙의 조짐을 얽어 놓은 데에 있다. 능히 흉악한 말로 기만한 자취와 재앙의 조짐을 얽어 놓은 정황을 규명하여 지류를 따라 근원으로 거슬러 오르고 희미한 것을 더듬어 드러난 것을 궁구하여서 천하의 사람들로 하여금 난적은 도망갈 데가 없고 윤강은 끝내 민멸하지 않음을 모두 다 알게 할 수 있다면, 서책(書冊)의 공(功)이 실로 부월(斧鉞)[103]과 더불어 나란히 행해질 것이니 참으로 기록하기를 그만둘 수가 없는 것이다.

책은 모두 4편(編)으로 신축년(1721, 경종1)에서 을해년(1755, 영조31)에 이르기까지 거의 40년에 걸쳐있는데, 중간에 난역(亂逆)이 일어난 것이 모두 예닐곱 번이다. 올빼미들이 흉악한 소리로 서로 응하되 숨 쉬는 것은 하나의 배〔腸肚〕였으며, 도깨비들이 음산한 기운으로 서로 모였으되 불러낸 곳은 하나의 와굴(窩窟)이었다. 두려워할 만한 것이 하늘이 아니겠는가마는 욕보일 수 있다고 여겼으며, 사랑할 만한 것이 임금이 아니겠는가마는 속일 수 있다고 여겼다.[104] 이미

103 부월(鈇鉞) : 작은 도끼와 큰 도끼를 아울러 이르는 말로, 여기서는 처벌을 의미한다.

우리 성궁(聖躬 영조(英祖))을 속이고 우리 동조(東朝 인원대비(仁元大妃)) 및 경묘(景廟 경종(景宗))에게까지 미쳐서 남몰래 서로 전술(傳述)하여 이에 이르렀으니, 와언(訛言)을 일으킴이 갈수록 참혹하고 혼란을 선동함이 더욱 심해져 하늘의 법과 백성의 도리가 거의 땅에 떨어지게 되었다.

아! 우리 세 성인(聖人)[105]의 깊은 인(仁)과 지극한 덕(德)을 억조창생이 다 우러러 받들었는데, 유독 이 난적들에게 무슨 빚을 졌기에 서슴없이 무함과 핍박을 자행하여 기필코 그 흉악한 계획을 이루고자 하였으니 이것이 어찌 하루아침 하룻저녁에 일어난 일이겠는가. 대개 이 의리를 어그러뜨리는 일종(一種)의 무리가 선대 조정에서부터 뜻을 잃고 원한을 쌓아 화심(禍心 남을 해치려는 마음)을 한바탕 풀고자 한 것이 오래되었다.

대저 경묘가 선왕의 유지(遺旨)를 따르고 대비의 자교(慈敎)를 받들어 저위(儲位 왕세자의 자리)가 한번 정하여지고 국세(國勢)가 길이 공고하여진즉 위태로이 흔들려고 도모한 것이 그 방도가 한두 가지가 아니었다. 그러나 대위(大位 왕위)를 주고받음이 광명(光明)하여 틈을 탈 수가 없게 된즉 이에 감히 지극히 부도(不道)한 말을 날조하여 뭇 불량한 무리들을 미혹시켰으니, 저절로 가지와 잎사귀가 생겨나서 지금까지도 화란(禍亂)의 계제가 되고 있다. 아아, 애통하도다! 이것이 어찌

104 두려워할……여겼다 : "사랑할 만한 것은 임금이 아니겠으며, 두려워할 만한 것은 백성이 아니겠는가.〔可愛非君, 可畏非民.〕"라는 말이 《서경》 〈대우모(大禹謨)〉에 나온다.

105 세 성인(聖人) : 영조와 인원대비, 경종을 가리킨다.

한 나라 신민(臣民)의 원수일 뿐이겠는가. 참으로 만세에 걸쳐 함께 토벌해야 할 역적인 것이다.

다행히 우리 성상의 효성스럽고 우애로운 덕이 하늘에 이르고 오르내리며 돌보시는 조종(祖宗)의 영령(英靈)이 굽어살피심에 힘입어 은밀한 모의가 싹트는 바를 귀신이 알아채고 추잡한 무리가 모이는 바를 하늘이 찾아냈다. 옛 역적과 새 흉도(凶徒)가 모두 법에 따라 처벌을 받았고 이제 또 그 형명(刑名 형벌의 이름)을 드러내 서책에 새겨서 천하 후세의 사람들로 하여금 주벌하게 하였으니, 신하의 기강이 이로 말미암아 더욱 밝게 드러나고 나라의 명(命)이 이로 말미암아 더욱 공고해졌다. 아, 아름답도다! 하늘의 도를 속일 수 없음이 이와 같도다.

책이 이미 완성된 후에 신이 일찍이 관각(館閣)에 몸담았다는 이유로 발미(跋尾)의 글을 짓게 하셨다. 신이 사양하였으나 허락받지 못하여 감히 위와 같이 말하였다. 찬집하는 의례는 모두 다 성상께 재결을 여쭈었으며 번잡한 것은 제거하고 간략함을 지향하여 역률(逆律)로 처단된 자 외의 적들은 모두 다 쓰지 않았다.

문정공 송시열을 문묘에 종사하는 교서[106]

文正公宋時烈從祀文廟教書

왕은 말하노라. 임금이 사학(斯學 유학(儒學))을 표장(表章)하는 것은 선비들의 추향(趨向)을 바로잡기 위해서요, 성묘(聖廟 문묘(文廟))에 선현(先賢)을 배향하는 것은 도통(道通)을 밝히기 위해서이니, 세상을 교화하는 데 어찌 도움이 적다고 말할 수 있겠는가. 하물며 국론이 모두 대동일치하였음에랴.

생각건대 경(卿)은 현자(賢者)를 얻어 스승으로 삼아 도(道)를 믿고 미혹되지 않았으며, 연원이 깊었으므로 학문의 길이 발랐다. 위로 석담(石潭 이이(李珥))의 적전(嫡傳)을 접하여[107] 호걸(豪傑)의 자질을 가지고 임리(臨履)[108]의 공부를 하였으며, 한결같이 고정(考亭 주희(朱熹))의 모범을 준거로 삼고 힘써 민락(閩洛)[109]의 은미하고 심오함을 탐구하였다. 대도(大道)의 근원을 환히 꿰뚫어 보고 요순(堯舜)의 태평성

106 문정공……교서 : 1756년(영조32) 2월 1일에 영조가 송시열(宋時烈)과 송준길(宋浚吉)을 문묘(文廟)에 종사(從祀)하라고 명하였다.

107 위로……접하여 : 송시열이 이이(李珥)의 적전(嫡傳)인 김장생(金長生)에게서 수학한 사실을 가리킨다. 이이의 학문은 그 적통이 김장생 · 송시열 · 권상하(權尙夏) · 한원진(韓元震)에게로 이어졌다.

108 임리(臨履) : 매사 두려워하는 자세로 조심하는 것을 뜻한다. 《시경》 〈소민(小旻)〉에서 나온 말로, "매우 두려워하고 조심하여 깊은 못에 임한 듯 얇은 얼음을 밟는 듯이 한다.〔戰戰兢兢, 如臨深淵, 如履薄冰.〕"라고 하였다.

109 민락(閩洛) : 정주학(程朱學)을 일컫는 말이다. 정호(程顥)와 정이(程頤)는 낙양(洛陽) 사람이고, 주희(朱熹)는 민(閩) 땅에서 우거한 데서 나온 말이다.

대를 만회하는 데 뜻을 두어, 대개 성인(聖人 임금)의 맡기심을 얻게 되었다. 그러므로 물고기가 물을 만난[110] 듯한 성대함이 잠저에서 처음 만났을 때부터 시작되었다.[111] 이르기를 강상(綱常)을 바로 세우는 것은 존주(尊周)의 의리를 밝히는 것만 한 것이 없고, 내치(內治)를 닦고 외적(外賊)을 물리치는 것은 반드시 임금의 잘못을 바로잡는 마음을 우선으로 해야 한다고 하였다. 갖옷 내리며 요동(遼東)과 계주(薊州)의 추위를 헤아리시자 도리어 떨쳐 일어나는 원대한 뜻을 생각하였으며, 봉조(鳳詔 임금의 조서(詔書))에 우로(雨露)와 같은 은택 담으시니 은연중 주밀한 계책과 부합하였다.[112]

오백 년마다 반드시 왕자(王者)가 일어나는 때[113]를 만나 정치와 교화가 백성들의 이칙(彝則)에 크게 드러났으며 비록 천만 명이 있어도

110 물고기가 물을 만난 : 물고기와 물의 관계처럼 임금과 신하 사이가 매우 친밀함을 표현하는 말이다.

111 잠저에서……시작되었다 : 효종이 봉림대군(鳳林大君)이던 1635년에 송시열이 사부(師傅)로 임명되어 처음 만났으며, 이후 약 1년간 스승과 제자로서 깊은 유대관계를 맺게 되었다.

112 갖옷……부합하였다 : 효종은 즉위하자마자 재야에 있던 송시열을 불러들였는데, 《효종실록》 〈행장〉에 의하면 "징벽(徵辟)에 부지런하여 가교(駕轎)를 타라고 명하셨고 따뜻하게 해주기 위해서 갖옷을 벗어주기에 이르렀으니, 지우(知遇)의 융숭함이 옛 시대에도 보기 드문 것이었다."라고 하였다. 이에 송시열이 〈갖모자를 사양하는 차자〔辭貂帽箚〕〉와 〈갖옷을 사양하는 차자〔辭貂裘箚〕〉를 거듭 올렸는데, 효종은 요동(遼東) 벌판의 추위를 이기기 위해서라는 의미심장한 하교와 함께 갖옷을 내렸다고 한다.

113 오백……때 : 세상을 울릴 만한 큰 인재는 오백 년마다 태어난다는 말이다. 《맹자》 〈공손추 하(公孫丑下)〉에서 나온 말로, "오백 년마다 반드시 왕자가 나오니, 그 사이에는 반드시 세상에 이름을 떨칠 만한 자가 있다."라고 하였다.

내가 가서 대적하겠다는 용기가 있어 지조와 행실이 상황에 따라 변하지 않았으니, 해와 별이 도성의 어둠을 비추는 듯 태산북두가 사해(四海)의 우러름을 고르게 받는 듯하였다. 편파적인 말을 물리쳐 나라의 예법을 바로잡되 옛것에서 질정하여 의심할 것이 없었으며, 사도(師道)를 추존하여 선비의 기풍을 가다듬음에 지금에 이르기까지 혜택을 입고 있다. 나이가 들수록 덕도 따라서 높아져 삼조(三朝)[114]의 전형(典刑)을 홀로 간직하였으며, 물러나는 것은 쉽고 나아가는 것은 어렵게 여겨 일세(一世)의 성쇠를 이를 통해 점쳤다. 영재 기르는 것을 즐거워하여 대유(大儒)가 문하에서 뒤를 이어 일어났으며 훌륭한 모범이 밝게 드리워져 후학이 모두 그의 가르침에 귀의하였으니, 어찌 한 나라에서만 그의 말을 외고 따르랴. 참으로 백대(百代)의 종사(宗師)가 되기에 마땅하도다.

서원(書院)의 편액을 특별히 화양(華陽)에 거니 어필(御筆)이 찬란한 빛을 발하였는데[115] 문묘 배향을 당시에 할 겨를이 없어 사림(士林)들의 억울한 마음이 거세졌다. 처음 삼십여 년 동안의 소청에 유음(兪音)을 아낀 것은 대개 신중한 뜻에서 연유한 것이나 지금 팔도의 논의가 바른 데로 돌아갔으니 어찌 숭보(崇報)의 표장(表章)[116]을 지체하

114 삼조(三朝) : 삼대의 조정을 가리킨다. 송시열은 효종·현종·숙종 삼대의 임금을 모셨다.

115 서원(書院)의……발하였는데 : 1696년(숙종22)에 송시열을 제향하기 위해 충청북도 괴산군 화양리에 화양서원(華陽書院)을 창건하고 사액을 내렸으며, 1716년(숙종42)에 어필(御筆)로 쓴 편액을 달았다.

116 숭보(崇報)의 표장(表章) : 문묘(文廟)에 배향하는 것을 가리킨다. 숭보는 덕을 추숭하고 공에 보답한다는 뜻이며, 표장은 드러내어 밝히는 것이다.

라. 이런 것을 일러, 나라 사람들이 어질다고 하면 결국 대덕(大德)을 갖춘 사람은 반드시 향사(享祀)를 얻는다고 하는 것이다.

이에 경(卿)을 문묘(文廟)에 종사(從祀)하노니 반열에 질서가 있어 학통이 더욱 분명하여졌다. 동덕(同德)[117]과 함께 나란히 올랐으니 흡사 난실(蘭室)의 향기를 맡는 듯하고,[118] 어진 스승 뵙기를 매우 가까이 하게 되었으니[119] 마치 행단(杏壇)의 나들이를 모시는 듯하다.[120]

고산대로(高山大路)와 같은 덕행을 우러름에 감회가 일어나니 다시 살아 돌아오지 못하는 것 너무도 한스럽구나. 개인 사당에 나아가 제사를 내리고 이어서 영세토록 불천(不遷)[121]하라 명하노라. 크고 훌륭한 덕이 아니라면 어찌 이 자리에 낄 수 있겠는가. 성대한 의식이 마치 오늘을 기다린 듯하도다.

아! 이로써 일국(一國)의 원기(元氣)를 북돋아 선비들로 하여금 발

117 동덕(同德) : 같은 마음으로 같은 목표를 추구한다는 뜻으로, 여기서는 송준길(宋浚吉)을 가리킨다.

118 흡사……듯하고 : 《공자가어(孔子家語)》에서 나온 말로, 어진 벗과 함께 거처하며 그의 덕에 동화되는 것을 가리킨다. 송시열은 6살 때부터 친척인 송준길의 집에서 함께 기거하며 공부하였고, 이후로 평생을 함께 어울렸다.

119 어진……되었으니 : 송시열이 스승인 김장생(金長生)과 가까운 자리에 배향된 사실을 가리킨다.

120 마치……듯하다 : 송시열과 송준길이 스승인 김장생과 함께 문묘에 배향된 것이 흡사 공자(孔子)가 제자들과 함께 나들이를 간 것 같다는 말이다. 행단(杏壇)은 공자가 학문을 강론하던 곳으로, 《장자(莊子)》 〈어부(漁父)〉에 "공자가 치유(緇帷)의 숲에서 노닐고 행단의 위에 앉아 쉴 적에, 제자들은 글을 읽고 공자는 노래하며 거문고를 탔다."라는 말이 보인다.

121 불천(不遷) : 나라에 큰 공훈이 있는 사람의 신위(神位)는 시간이 지나도 치우지 않고 영구히 사당에서 제사 지내게 하는 것이다.

돋움을 하고 보게 하노라. 전례(典禮)는 제사보다 성대한 것이 없으니 어찌 공경하여 본받으려는 뜻이 없겠는가. 전형과 모범이 학통을 이은 후학들 덕에 민멸되지 않으리니 백성들을 새롭게 진작시키는 경사가 있기를 고대하노라. 그러므로 이와 같이 교시(敎示)하나니, 마땅히 모두 잘 알도록 하라.

문정공 송준길을 문묘에 종사하는 교서
文正公宋浚吉從祀文廟敎書

왕은 말하노라. 하늘이 진유(眞儒)를 태어나게 하여 휴명(休明)한 교화를 돕도록 하였으니, 대덕(大德)을 갖춘 이는 반드시 상사(常祀)[122]를 얻는 법인지라 숭보(崇報)의 표장(表章)을 거행하노라. 이에 모두 하나로 동의한 의론을 따름으로써 존경하고 숭상하는 뜻을 보이노라.

우러러 생각건대 역대 선조(先祖)들께서는 더욱 사문(斯文 유학(儒學))을 중히 여기셨다. 선현(先賢)을 기리고 숭상하여 선비들이 외우고 본받을만한 바탕을 만드셨고 정학(正學)을 현양(顯揚)하여 일세(一世)의 백성들을 새롭게 진작시키는 방도를 극진히 하셨으니, 아! 문교(文敎)가 사방으로 넘쳐흘러 철인(哲人)이 배출되었다.

경(卿)은 어린 나이에 도(道)에 뜻을 두어 대현(大賢)을 스승으로 삼았다. 타고난 성품이 최고의 경지라 성대하게 천리(天理)가 밝아지고 인욕(人慾)이 사라졌으며, 학문의 길이 이미 올발라 우뚝하게 대본(大本)이 서고 묘용(妙用)이 행하여졌다. 공맹(孔孟)과 정주(程朱)가 남기신 학문을 깊이 탐색함에 선현(先賢)들이 미처 발언하지 않았던 것이 많았고, 천인성명(天人性命)의 은미하고 오묘함을 분석함에 전대의 성인(聖人)에게 질정해도 의심할 것이 없었다.

성조(聖祖)께서 자리를 비워두고 기다리시자 향리의 동산에서 속백

122 상사(常祀) : 어떤 사람을 위해 고정적으로 지내는 제사, 혹은 그 제사를 지내기 위해 세운 사당을 의미한다.

(束帛)의 예에 응하였다.[123] 강설(講說)은 누차 성조를 감동시켰으니 온화하기가 범순부(范淳夫)가 경전을 해석하듯 하였고,[124] 계책은 자주 시의(時宜)에 부합하였으니 간곡하기가 육 내상(陸內相)이 국사를 논하듯 하였다.[125] 국가의 치욕은 갈(葛)을 섬기는[126] 수치를 씻지 못해 하루도 차마 원통함을 잊은 날이 없고, 학문은 오로지 존주(尊周)의 의리에 있어 비록 만 마디 말이라 하더라도 내수외양(內修外攘)에서 나오지 않음이 없었다. 예학(禮學)은 족히 세상의 모범이 되고 후세에 드리울 만하였으니 반드시 수신(修身)으로부터 시작하였으며, 정도(正道)는 족히 지나친 말과 편파적인 행동을 물리칠 만하였으니 어찌 변론하기를 좋아한 것이라 하겠는가.

123 향리의……응하였다 : 송준길(宋浚吉)이 향리에 은거하고 있다가 발탁되어 관직에 나간 것을 가리킨다. 향리의 동산은 처사가 은둔하는 곳이고 속백은 제왕이 현자를 만날 때 사용하는 예물이다.

124 온화하기가……하였고 : 범순부(范淳夫)는 중국 송나라의 명신 범조우(范祖禹)를 가리킨다. 철종(哲宗) 때 당시 숭정전 설서였던 정이(程頤)가 경연에 범순부를 데려왔으면 좋겠다고 하였다. 사마광(司馬光)이 그 이유를 묻자, "나 자신을 헤아려보매 온화한 기상이 부족한데, 순부는 낯빛이 온화하고 기가 화평한지라 시비를 개진하여 임금의 뜻을 인도하기에 더욱 알맞습니다."라고 하였다. 그 후 범조우를 시강(侍講)에 제수하였다. 《宋名臣言行錄 後集 卷13》

125 간곡하기가……하였다 : 육 내상(陸內相)은 중국 당나라의 명신인 육지(陸贄)를 이르는 것으로, 그가 한림학사로 있을 때 국가의 계책이 대부분 그에게서 나왔기 때문에 사람들이 그를 '내상'이라고 불렀다. 육지는 모든 주달을 간곡하고 정성스럽게 하여, 임금을 허물없는 데로 인도하는 의리에 조금도 소홀한 적이 없다는 평을 들었다.

126 갈(葛)을 섬기는 : '갈'은 오랑캐 국가를 지칭하는 것으로, 제(齊)나라의 선왕(宣王)이 사대교린의 도리에 대하여 묻자 맹자가 "탕왕(湯王)은 갈을 섬겼고, 문왕(文王)은 곤이(昆夷)를 섬겼다."라고 한 데서 나온 표현이다. 《孟子 梁惠王下》

도(道)의 영향을 받은 곳이 넓었으며, 또한 세상을 떠난 후에도 없어지지 않고 남아있다. 하늘이 만약 수명(壽命)을 빌려주었다면 거의 공명(孔明)의 예악(禮樂)을 부흥시켰을 것이요,[127] 그의 훈도를 입은 선비 많은데 누가 자양(紫陽)의 의서(衣書)를 전할[128] 것인가.

조정에서 내리는 추증(追贈)이 비록 융성하나 오히려 그의 학문을 밝히기에 미진하고, 향사(鄉社)의 제사를 거의 두루 하였으나 도리어 그의 덕을 드러내기에 부족한 면이 있다. 이에 문묘(文廟)에 배향하자는 논의가 곧 온 나라의 공공의 의견이 되었다. 삼십여 년간 올라온 소청에 윤허를 아낀 것이 비록 신중히 하려는 생각에서 연유하였으나, 팔도의 백성들이 한목소리로 호소하니 어찌 앙망(仰望)하는 뜻을 저버리겠는가. 홍암서원(興岩書院)에 걸린 어필을 우러러보노라니 기리고 숭상함이 선대 조정에서 시작되었으며,[129] 성균관에 화려한 제기(祭器)를 진설하노라니 높이고 받들기를 마치 이날을 기다렸던 것처럼 하였다. 예의상 마땅히 그러해야 하는 것이니, 제사가 예서 행하여지도다.

127 하늘이……것이요 : 중국 남송의 관리이자 학자인 진량(陳亮)이 〈제갈공명론(諸葛孔明論)〉에서 "제갈공명이 죽지 않았다면 예악을 부흥시킬 수 있었을 것이다."라고 한 데서 나온 말이다. 송준길을 제갈공명에 비견하여, 그가 더 오래 살았다면 예악을 부흥시킬 수 있었을 것임을 안타까워한 것이다.

128 자양(紫陽)의 의서(衣書)를 전할 : 전도(傳道)를 의미하는 것이다. 자양, 즉 주자(朱子)가 그의 제자 황간(黃榦)에게 자신의 옷과 책을 전한 데서 나온 말이다.

129 홍암서원(興岩書院)에……시작되었으며 : 홍암서원은 1702년(숙종28)에 송준길의 학문과 덕행을 추모하기 위해 창건되었다. 1705년에 사액(賜額)을 받았으며, 1716년에 숙종의 어필 사액이 내려졌다.

이에 경(卿)을 문묘(文廟)의 동무(東廡)에 종사(從祀)하나니 자리는 어진 스승의 다음이요,[130] 제부(躋祔 신주(神主)를 종묘에 올려 모심)하기를 도우(道友)와 함께 하도다.[131] 우러러봄에 매우 가까우니 마치 음풍농월(吟風弄月)의 흉회(胸懷)를 접하고 있는 듯하고,[132] 덕(德) 있는 사람은 반드시 이웃이 있으니[133] 흡사 입설(立雪)의 기상을 대하는 듯하다.[134] 세교(世敎)를 바로 세울 것을 생각하면서 같은 시대에 태어나지 못하였다는 한탄 얼마나 절실했던가. 가묘(家廟)의 제사를 성대하게 지내고 이에 불천위(不遷位)의 예를 따르도록 하라.

아! 선비들의 풍속이 그에 힘입어 크게 진작될 것이며, 나라의 명맥이 이로 말미암아 더욱 면면하여질 것이다. 남기고 간 여운이 아직도 남아있으니 어찌 보고 느끼는 뜻이 없겠는가. 고산대로(高山大路)와 같은 덕을 이에 우러르며 백성들을 진작하고 흥기시키는 경사가 있기

130 자리는……다음이요 : 스승인 김장생(金長生)의 다음 자리에 배향되었다는 말이다.

131 제부(躋祔)하기를……하도다 : 송시열(宋時烈)과 동시에 문묘에 배향된 사실을 가리킨다.

132 우러러봄에……듯하고 : 세속을 떠나 자연의 경지에 유유자적하는 스승 김장생(金長生)의 호연(浩然)한 기상을 바로 옆에서 접하고 있는 듯하다는 말이다. 정이(程頤)・정호(程顥) 형제가 스승인 주돈이(周敦頤)에 대해서 한 말 가운데 하나이다.《宋史 卷427 道學列傳》

133 덕(德)……있으니 :《논어》〈이인(里仁)〉에 나온 말로, 송준길이 송시열과 함께 배향된 것을 이렇게 표현한 것이다.

134 흡사……듯하다 : 입설(立雪)은 제자로서의 예를 갖추고 스승의 문하에 나아가 가르침을 받는다는 말로, 정문입설(程門立雪)의 줄임말이다. 송시열과 송준길이 김장생을 스승으로 모시고 배웠는데 그들이 모두 문묘에 나란히 배향되어 있으니, 그 모습이 흡사 송시열과 송준길이 여전히 김장생을 스승으로 모시고 있는 것 같다는 말이다.

를 고대하노라. 그러므로 이와 같이 교시하나니 마땅히 잘 알았으리라고 생각하노라.

선정신 문정공 송시열과 문정공 송준길을 문묘에 종사하는 반교문
先正臣文正公宋時烈文正公宋浚吉從祀文廟頒教文

왕은 말하노라. 많은 선비들이 나와 문왕(文王)을 편안케 하였으니[135] 무성한 인재들이 누대(累代) 조정의 교화에 부응하였다. 양현(兩賢)을 높여 부자(夫子 공자(孔子))의 뒤에 종사(從祀)하니 그들의 제향은 온 나라의 논의를 채택한 것이다. 이에 열 줄의 사륜(絲綸)을 반포하여 사방에서 보고 듣게 하노라. 생각건대 세교(世教)를 바로 세우는 것은 참으로 우리 유도(儒道)를 표장(表章 드러내어 밝힘)하는 데에 있다. 성인(聖人)의 학문을 계승하고 후학을 열어준 선철(先哲)의 공을 드러내 융숭히 포상하는 은전을 극진히 하고, 후학이 본보기로 삼을 여지를 열어 백성들을 진작시킬 미덕을 크게 천명하노라.

아! 성조(聖祖)께서 문덕(文德)의 정치를 크게 펼치심에 대현(大賢)이 나란히 한 세상에 태어났다. 선정(先正)인 문정공(文正公) 송시열(宋時烈)로 말하자면, 벼랑처럼 우뚝한 기상과 바다처럼 넓은 흉회(胸懷)를 지녔다. 학문의 길은 바르고 연원은 깊었으니 지극한 가르침을 일찍이 스승에게서 이어받았으며, 규모는 크고 문리(文理)는 정밀하였으니 성법(成法)을 한결같이 고정(考亭 주희(朱熹)의 호)을 기준으로 삼았다. 음양(陰陽)이 소멸하고 자라나는 기미를 보면서 평소의

135 많은……하였으니 : 《시경》 〈문왕(文王)〉에 나온 말로, 훌륭한 선비가 많이 배출되어 문왕이 국정을 운영하기에 편안하였다는 내용이다.

행실이 상황에 따라 변하지 않았으며, 《춘추(春秋)》의 존왕양이(尊王攘夷)의 의리를 자임(自任)하여 일편단심이 홀로 강상(綱常)에 빛났다. 명철한 임금과 어진 신하의 계합(契合)[136]에 의탁하여서는 요순(堯舜) 시대의 임금과 백성을 만들고자 하였고, 빈사(賓師)의 존귀한 자리에 처하여서는[137] 이윤(伊尹)·여상(呂尙)[138]과 백중(伯仲)을 다툴 만하였다. 경륜은 사학(斯學 유학(儒學))에서 벗어나지 않아 왕도(王道)와 패도(覇道)의 분별에 환하였고, 전례(典禮)는 제가(諸家)에게서 중도(中道)를 취하여 편파적이고 지나친 것을 물리치는 데 거침이 없었다. 가르침은 후학을 깨우치는 것을 게을리하지 않아 대유(大儒)가 심의(深衣)를 전수받았고,[139] 학통은 선현을 계승하는 데서 더욱 빛나 온 세상이 높은 산처럼 우러러보았다. 그리하여 재주는 왕을 보좌할 만하고, 학문은 성인(聖人)의 무리가 될 만하였다.

또한 선정(先正)인 문정공(文正公) 송준길(宋浚吉)은 누추한 골목

136 명철한……계합(契合) : 효종과 송시열의 만남을 말한 것이다.

137 빈사(賓師)의……처하여서는 : 빈사는 뛰어난 학문과 덕행을 갖추어, 임금에게 신하가 아닌 손님이나 스승으로서의 대우를 받는 사람을 가리킨다. 송시열은 효종이 대군이었을 때부터 스승이었다.

138 이윤(伊尹)·여상(呂尙) : 이윤은 은(殷)나라 탕왕(湯王)을 보필한 명재상이고, 여상은 주(周)나라 문왕을 보필한 명재상이다.

139 가르침은……전수받았고 : 심의(深衣)를 전수받았다는 것은 수제자로서 도통(道統)을 전해 받았다는 뜻이다. 주자(朱子)가 병이 들어 위독해졌을 때 그의 문인이자 사위인 황간(黃榦)에게 심의(深衣)와 저서를 주면서, "우리 도(道)를 부탁할 데가 여기에 있으니 이제 나는 아무런 유감이 없다."라고 한 데서 나온 말이다. 송시열은 김장생(金長生)에게 전해 받은 이이(李珥)의 《경연일기(經筵日記)》 친필 초본을 권상하(權尙夏)에게 주면서 학통을 전하였다.

에 봄기운이 피어난 듯하고 맑은 시내에 달이 활짝 갠 듯하였다. 타고난 자질이 정련한 금이나 빛나는 옥과 같아 사림(士林)이 모두 스승으로 추대하였고, 출처(出處)는 기린이나 봉황이 나타나고 숨는 것과 같아[140] 부녀자나 아이들도 그것이 상서로운 줄을 알았다. 복수설치(復讎雪恥)를 스스로 가문의 계책으로 삼았으니 집안에서 동덕(同德)의 현인(賢人)을 얻었으며,[141] 강설(講說)은 마치 자신의 말을 외우듯 하였으니 빈석(賓席)에서 계옥(啓沃)[142]의 책무를 다하였다. 환하게 한 덩이의 기운이 온화하게 어리었으니[143] 참으로 구분(九分)의 경지에 이르렀다. 예(禮)를 도타이 하여 풍속에 모범을 보인 것은 참으로 수신제가(修身齊家)에 뿌리를 두었으니 은택이 후세에까지 미쳤으며, 사특함을 막아 도(道)를 보위한 것은 격물궁리(格物窮理)를 바탕으로 하였으니 공적이 사문(斯文)에 위대하였다. 안정(安定 호원(胡瑗))의 네 가

140 출처(出處)는……같아 : 기린과 봉황은 전설 속의 영물로, 세상에 도(道)가 있으면 나타났다가 도가 없어지면 떠나서 숨는다고 한다. 송준길(宋浚吉)이 세상에 도를 행할 가망이 있으면 나왔다가 가망이 없으면 떠난 것을 기린과 봉황에 비유한 것이다.

141 집안에서……얻었으며 : 송시열을 가리킨다. '동덕(同德)'은 생각과 행동이 완전히 일치하는 이를 일컫는다. 《서경》 〈태서 중(泰誓中)〉에서 나온 말로, "나에게는 정치를 잘 보좌하여 다스리는 신하 열 명이 있는데, 그들과 나는 마음이 같고 덕이 같다."라고 하였다.

142 계옥(啓沃) : 임금의 마음을 바르게 인도하여 보좌하는 것을 말한다. 은(殷)나라 고종(高宗)이 재상 부열(傅說)에게 "그대 마음속의 물줄기를 터서 나의 마음속으로 흘려보내 적시라.〔啓乃心, 沃朕心.〕"라고 한 데서 나온 말이다. 《書經 說命上》

143 환하게……어리었으니 : 중국 송나라의 유학자 사양좌(謝良佐)가 스승인 정호(程顥)의 용모를 표현하면서, "가만히 앉아 계실 때엔 진흙으로 빚은 소상 같다가도 사람을 접할 때에는 온통 한 덩이의 온화한 기운이었다."라고 한 데서 나온 말이다. 《近思錄 卷14》

지 과조(科條)로 사람을 가르쳤으니 재주가 각각 성취를 이루었으며,[144] 속수(涑水 사마광(司馬光))의 한결같은 성(誠)으로 자신을 단속하였으니[145] 쓰임이 평생토록 다할 날이 없었다. 이러한 것을 일러 명세(命世)[146]의 자질이라고 하니 승당(升堂)[147]의 반열에 부끄러울 것이 없도다.

아! 하남(河南)의 양정(兩程)이 출현한 것은 송(宋)나라의 덕이 아름답고 밝을 때였으며,[148] 낙민(洛閩) 일파가 전승된 것은 주돈이(周敦

144 안정(安定)의……이루었으며 : 안정은 중국 송나라의 학자 호원(胡瑗, 993~1059)의 호이다. 경술에 널리 통하여 범중엄(范仲淹)의 천거로 교서랑이 되었다. 후에 소주(蘇州)와 호주(湖州)의 교수가 되었는데, 학생을 가르치는 데 있어 과조(科條)를 자세하게 구비하였으며 경의재(經義齋)와 치사재(治事齋)를 두어 육경(六經)과 사무 처리 능력 등 과목을 구분하여 가르쳤다. 이후 태학(太學)의 교수가 되자 학생들이 사방에서 모여들어 학교에 모두 수용할 수가 없을 정도였다고 한다.

145 속수(涑水)의……단속하였으니 : 속수는 중국 송나라의 정치가이자 사학자인 사마광(司馬光, 1019~1086)을 가리킨다. 유안세(劉安世)가 사마광에게 처신의 요점으로 평생토록 행할 만한 것이 무엇이냐고 묻자, 사마광이 '성(誠)'이라고 대답한 것을 가리킨다.

146 명세(命世) : 명세(名世)와 같은 말로, 고요(皐陶)·이윤(伊尹)·태공망(太公望)처럼 임금을 보좌할 수 있는, 세상에 이름난 인물을 의미한다. 맹자가 "500년에 한 번씩 반드시 성왕(聖王)이 나오니, 그 사이에 반드시 세상에 이름난〔名世〕 이가 있다."라고 한 데서 나온 말이다. 《孟子 公孫丑下》

147 승당(升堂) : 현인(賢人)의 경지에 이른 것을 지칭하는 말이다. 공자가 《논어》 〈선진(先進)〉에서 자로(子路)의 학문을 평가하며 "자로는 당에는 올랐으나〔升堂〕 방에는 들어가지〔入室〕 못하였다."라고 한 데서 나온 말로, 승당은 현인의 단계이고 입실은 성인(聖人)의 경지를 의미한다.

148 하남(河南)의……때였으며 : 하남 양정(兩程)은 중국 송나라의 학자 정호(程顥)·정이(程頤) 형제를 일컫는 것으로, 주희(朱熹)는 〈대학장구서(大學章句序)〉에서

頤)의 학문이 진실하고 분명한 데 힘입었다.[149] 그 글을 외고 그 세상을 논함에 고금(古今)이 서로 부합함을 알겠으니, 같은 시대에 태어나 같은 스승에게서 도를 배운 것 또한 하늘의 뜻이 우연이 아니었다. 대개 그들의 충실하고 빛나는 아름다움은 언어나 문자로 다 표현할 수 없는 바가 있다. 조예(造詣)가 함께 고명(高明)함의 극에 달하여 글로써 널리 배우고 예(禮)로써 단속하였으며, 공적과 교화가 오랜 세월에도 민멸되지 않아 살아서는 영화롭고 죽어서는 애도를 받았다.

조정의 추증(追贈)이 비록 융숭하다 하더라도 현자(賢者)를 포장(褒奬)하는 통상적인 은전에 지나지 않고, 향사(鄕社)의 제사가 많은 곳에서 두루 행하여지고 있으나 어찌 대덕(大德)을 흠모하는 깊은 정성에 걸맞겠는가. 이에 성균관에서 연장(連章)을 올려 성묘(聖廟)에 제향(躋享)할 것을 청하였다. 유음(兪音)을 아낀 채로 이미 삼십여 년이 지났으니 애초에 신중한 생각에서 나온 것이요, 공의(公議)가 정하여지는 데 백 년이 채 걸리지 않았으니 오늘날 한목소리로 호소하는 것을 보게 되었다.

보배로운 어필(御筆)이 서원(書院)의 게판(揭板)에 찬란하니 높이고 숭상함이 선대 조정에서부터 비롯되었고,[150] 화려한 제기가 상무(庠

"천운이 순환하여 가면 돌아오지 않음이 없기에 송나라의 덕이 융성하여 정치와 교화가 아름답고 밝았다. 이에 하남 정씨 양 선생이 나와서 맹자의 전함을 이어 진실로 이 책을 존신(尊信)하고 표장(表章)하셨다."라고 한 바 있다. 여기서는 송시열・송준길을 정호・정이에 비유한 것이다.

149 낙민(洛閩)……힘입었다 : 낙민 일파는 낙양(洛陽)의 정호・정이와 민중(閩中)의 주희를 가리킨다. 여기서는 송시열・송준길을 양정(兩程)・주희에, 김장생을 주돈이에 비유한 것이다.

廡)에 베풀어짐이 엄연하니 숭앙하고 받드는 것이 마치 이날을 기다린 듯하다. 한 나라를 고무시킴이 이로부터 말미암고, 사도(斯道 유도(儒道))를 주장함이 나에게 달려있다. 이에 이번 달 14일에 문정공(文正公) 송시열과 문정공(文正公) 송준길을 문묘(文廟)의 동무(東廡)·서무(西廡)에 종사(從祀)하노라.

아! 예의가 성대하니 달과 별처럼 밝게 빛나고 반서(班序)가 질서정연하니 선비와 벼슬아치들이 발돋움하며 바라보도다. 대덕(大德)은 반드시 제사를 받게 마련이니 어찌 보고 느끼는 마음이 없겠는가. 유풍(流風)이 아직도 남아있으니 백성들을 새롭게 진작시키는 교화를 볼 수 있으리라. 그러므로 이와 같이 교시(教示)하나니 마땅히 모두 잘 알도록 하라.

150 보배로운……비롯되었고 : 송시열의 학문과 덕행을 추모하기 위해 1696년(숙종22)에 화양서원(華陽書院)이 창건되었는데, 그해에 사액(賜額)을 받고 1716년에 숙종의 어필(御筆) 사액이 내려졌다. 또한 1702년(숙종28)에 송준길을 추모하기 위해 흥암서원(興岩書院)이 창건되었는데, 1705년에 사액을 받고 1716년에 숙종의 어필 사액이 내려졌다.

종묘 하향 친제문[151]

宗廟夏享親祭文

종묘가 아 심원하니	淸廟於穆
조고(祖考)께서 자리하신 곳이라	祖考攸位
그 덕을 대대로 볼 수 있거니와[152]	德以世觀
그 정신이 실로 모여 있습니다	精以孚萃
소자가 왕업을 계승하여	小子忝嗣
나라의 큰일은 제례에 있으니	大事在祭
나타나고 보존하는 것[153]이 있다고 감히 말하겠습니까	敢曰著存
온 정성을 들여 게을리하지 않을 뿐입니다	一誠匪懈
계절이 흘러 여름이 되어	徂序維夏
희생에 복형[154]을 대라 이미 명하니	旣戒楅衡

151 종묘 하향 친제문 : 이 글은 1756년(영조32) 4월 9일에 하향대제를 지내면서 사용한 것이다.《承政院日記 英祖 32年 4月 4日》

152 그 덕을……있거니와 :《서경(書經)》〈함유일덕(咸有一德)〉에 "일곱 대의 사당을 통해 임금님의 덕을 볼 수 있고, 만 사람의 우두머리를 통해 나라의 정사를 알 수가 있다.〔七世之廟, 可以觀德, 萬夫之長, 可以觀政.〕"라는 말을 인용한 것이다.

153 나타나고 ……것 :《예기》〈제의(祭義)〉에 "선왕의 효도는 부모님의 안색을 눈에 잊지 못하며, 소리가 귀에 끊이지 않으며, 마음과 좋아하시던 것을 마음에 잊지 못하니, 사랑을 지극히 하면 보존되고 정성을 지극히 하면 나타나듯이 된다. 나타나고 보존하는 것을 마음에 잊지 않는데, 어찌 공경하지 않을 수 있겠는가.〔先王之孝也, 色不忘乎目, 聲不絶乎耳, 心志嗜欲, 不忘乎心, 致愛則存, 致慤則著. 著存不忘乎心矣, 夫安得不敬乎?〕"라고 하였다.

노심초사하는 이내 마음　憧憧我心
자나 깨나 종묘의 뜰을 생각했습니다　寤寐祠庭
면류관과 곤룡포를 성대히 갖추고　盛我冕黼
제수를 정갈히 갖추고서　潔我豆籩
저의 정성에 강림하길 바라며[155]　綏厥思成
법도에 맞게 예를 갖추었습니다　式禮罔愆
제사를 돕는 백관들이　百爾顯相
어찌 공경하고 화락하지 않겠습니까[156]　曷不肅雝
아, 위에서 밝게 내려다보시니　於昭在上
이 정성 필시 통할 것입니다　有誠必通
이미 우측에서 흠향하시니[157]　旣右享之
오르내리며 복을 내리실 터　陟降寧止
편안함이 백성에 미치리니　燕及群黎
정결히 지은 술밥을 받들어 올립니다　承我饎饎

154 복형(福衡) : 소가 사람을 해치는 것을 막기 위해 소뿔 위에 가로댄 나무이다. 《시경(詩經)》〈노송(魯頌) 비궁(閟宮)〉에 "가을에 상제(嘗祭)를 올려야 하는지라 여름에는 소뿔에 가로댄 나무를 대네〔秋而載嘗, 夏而楅衡〕"라고 하였다.

155 정성에……바라며 : 제사를 지낼 때 간절한 마음으로 고인을 그리면 신명이 나타나는 것을 뜻한다. 《시경》〈상송(商頌) 나(那)〉에 "탕의 후손이 연주하여 조상께 이르니, 나를 편히 생각하여 신명이 와서 이른다.〔湯孫奏假, 綏我思成.〕"라고 하였다

156 어찌……않겠습니까 : 《시경》〈청묘(淸廟)〉에 "아, 심원하도다. 이 청정한 사당이여, 제사를 돕는 공후(公侯)들이 공경하고 화락하도다.〔於穆淸廟, 肅雝顯相.〕"라고 한 말을 인용한 것이다.

157 이미……흠향하시니 : 《시경》〈아장(我將)〉에 "복을 내리는 문왕이 이미 우측에 계셔 흠향하리라.〔伊嘏文王, 旣右享之.〕"라고 하였다.

재앙을 막고	屛其菑沴
풍년을 내려 주시길 바라노니	釐以豐年
감히 복을 구하는 것이 아니옵고	匪敢徼福
저 궁핍한 백성을 불쌍히 여겨서입니다	哀此顚連
숙여 보면 마치 이르시는 듯하고	俛焉如企
우러러보면 마치 임하시는 듯합니다	瞻言若臨
한 조각 마음으로 공경히 대하니	寸心對越
바라옵건대 흠향하소서	庶幾顧歆

창릉 정자각 중건 상량문[158]

昌陵丁字閣重建上樑文

사관(司爟)[159]이 변고를 고하여 비전(秘殿)이 화기(火氣)에 휩싼 것에 깜짝 놀랐었는데 장작감(將作監)이 공인(工人)을 소집함에 새로 지어진 웅장한 건물을 금세 보게 되었으니, 하루도 못 되어 정자각이 완성된 것[160]은 하늘이 보살핀 덕분이로다.

삼가 생각건대 예종 양도대왕(睿宗襄悼大王)께서는, 지극한 덕은 이름하기 어렵고 대효(大孝)는 천성으로 타고 나신 것이었다. 다스림은 우임금의 공적을 이었으니[161] 나라의 명운(命運)을 새롭게 한 것을 경하하였건만, 선왕을 잃은 슬픔이 병이 되어 예종께서 일찍 세상을 떠나셨으니 비통하도다.[162] 일 년간 남기신 은택에 온 나라 사람들이

158 창릉……상량문 : 창릉은 예종(睿宗)과 그의 비 안순왕후(安順王后) 한(韓)씨의 능으로 1756년 4월 25일 정자각에 화재가 발생하여 그해 6월 2일에 중건하였다. 《承政院日記 英祖 32年 4月 25日, 6月 2日》

159 사관(司爟) : 주(周)나라 하관(夏官)에 속한 관직명으로, 불을 관장한다. 《周禮 夏官司馬 司爟》

160 하루도……완성한 것 : 《시경》 〈영대(靈臺)〉에 "영대를 짓기 시작하여 공사를 벌이니 서민들이 와서 일하는지라 하루도 못 되어 완공하였도다.〔經始靈臺, 經之營之, 庶民攻之, 不日成之.〕" 한 데서 온 말이다.

161 다스림은……이었으니 : 예종이 재위 중 직전수조법(職田收租法)을 제정하여 둔전(屯田)의 민경(民耕)을 허락한 것을 의미한다.

162 선왕을……비통하도다 : 원문의 "등려(滕廬)"는 부왕(父王)의 상(喪)을 의미한다. 등 문공(滕文公)이 세자로 있을 때에 맹자에게 아버지 정공(定公)의 상(喪)에 대한

여전히 그리워하며 만세토록 우뚝한 능묘에 텅 빈 전각을 오래도록 바라보니, 이에 규악(嬀幄)[163]의 부묘(祔廟)를 융성하게 하고 한묘(漢廟)[164]의 법식을 따랐다.

한식(寒食)에 문을 여니 제수(祭需) 향기로워 신이 내려와 계신 듯하고, 보배로운 옷을 침전(寢殿)에 간직하니 갱장(羹墻)[165]의 사모하는 마음이 의지할 데가 있게 되었다. 빗장과 지도리 가지런하여 실로 밤낮으로 경위(警衛)를 엄숙하게 하였고, 건물은 아름답고도 웅장하였으니 비바람에 꺾이고 기울 근심을 어찌하였겠는가.

그런데 생각지도 않게 필방(畢方)[166]이 재이를 고하여 순식간에 늘어선 건물이 연이어 타오르는 것을 보게 되었는데, 비록 하늘이 묵묵히 도우시어 화염이 왕릉 가까이까지 뻗치지 않았지만 화마(火魔)가 지나가는 곳에 그을음이 벽돌과 주춧돌에 두루 앉게 되었다.

예(禮)를 물어 5개월 동안 상려에 거처하며 예법을 다한 데서 유래한 것이다. 예종이 부왕 세조가 훙한 뒤 예제(禮制)를 어길 정도로 슬퍼한 때문으로 병이 나, 스무 살의 나이에 요절한 것을 표현한 것이다.

163 규악(嬀幄) : 규(嬀)는 순(舜) 임금이 필부(匹夫)일 때 살던 곳으로, 요(堯) 임금이 이곳에 살고 있던 순에게 자신의 두 딸을 시집보내 자신의 사업을 돕도록 하였다. 본문에서 '규악'은 예종과 그의 비를 합사한 것을 의미한다. 《書經 堯典》

164 한묘(漢廟) : 한 대(漢代)에 능묘 옆에 침전(寢殿)을 만들고 죽은 제왕을 산 사람으로 간주해서 그가 생전에 착용했던 의관 등을 비치하였다. 《後漢書 祭祀志》

165 갱장(羹墻) : 《후한서(後漢書)》 〈이고전(李固傳)〉에 "옛날 요(堯) 임금이 죽은 뒤에 순(舜) 임금이 3년 동안이나 앙모하면서 앉아 있을 때에는 요 임금이 담장〔墻〕 곁에 서 있는 듯하고 먹을 때에는 국물〔羹〕 속에 비취는 듯 여겼었다." 한 말을 인용한 것이다.

166 필방(畢方) : 전설상의 괴이한 새로 세상에 나타나면 항상 화재가 난다고 한다. 《山海經 西山經》

우리 성상께서 두려워하고 근심하시어 이에 공사를 시작하시니, 몸소 편안히 거처하실 겨를 없이 정전(正殿)을 피하셨고[167] 예는 개수(改修)에 마땅하게 하시어 서둘러 길일을 점쳤다. 깊은 정성으로 선왕을 받드니 국고를 조금 덜어내는 것 그리 아까워할 것이 있겠으며, 일관되게 옛 법도를 따르니 민력을 심히 번거롭게 하는 데에 이르지는 않았다. 백성들이 자식처럼 와서 돕는 공사[168]가 막 끝나자 정자각의 제도가 이미 우뚝해졌다. 봉분을 지키는 용호(龍虎 문무석(文武石))가 더욱 장대하니 우뚝하게 서까래와 높이를 뽐내고 경릉(敬陵)[169]의 기린말 서로 바라보니 예전처럼 형제 같은 누각[170]이 함께 나란하였다.

때맞춰 제사를 올리니 소쇄(掃灑)의 의례가 새로워지고, 달마다 의관을 꺼내니 사모하고 의지할 바가 예전처럼 있게 되었다. 삼가 아름다운 송축을 올려 대들보를 올리는 것을 도우리라.

어기영차 들보 동쪽으로 떡을 던지세　兒郎偉抛樑東
장식한 용마루가 붉은 아침 햇살을 먼저 맞이하네　繡棟先迎朝旭紅

167 정전(正殿)을 피하셨고 : 국가에 천재지변이 있으면 군주는 관례적으로 정전을 피하여 스스로를 자책하는 뜻을 보이며 재이가 극복되기를 기다렸다.

168 자식처럼……공사 : 《시경》 〈영대(靈臺)〉에 "서민이 일하는지라 하루가 못 되어 완공하였도다. 일을 시작할 때 빨리 하지 말라 하셨으나 서민들이 자식처럼 와서 일하였도다.〔庶民攻之, 不日成之, 經始勿亟, 庶民子來.〕"라고 한 말을 인용한 것이다.

169 경릉(敬陵) : 예종의 형인 덕종(德宗)과 소혜왕후(昭惠王后)의 능으로 창릉 근처에 조성되어 있다.

170 형제 같은 누각 : 원문의 '악루(萼樓)'는 아가위꽃을 받치는 꽃받침, 즉 형제간의 우애를 뜻하는 체악(棣萼)에서 유래한 것으로 여기서는 예종과 덕종의 침전을 의미한다.

태양 아래 오색 빛으로 물든 구름을 늘 바라보니　日下常瞻雲五色
한궁(漢宮 서울의 궁궐)의 아름다운 기운 푸른 숲과 맞닿아 있구나
漢宮佳氣接慈蘢

어기영차 들보 서쪽으로 떡을 던지세　兒郎偉抛樑西
들판의 경치 광활하여 멀리서도 뚜렷하네　野色蒼茫望不迷
밤이 되자 영롱하게 엷은 그림자 생기니　向夜玲瓏生薄影
들창 고요한데 달이 막 기우는구나　簾櫳寂寂月初低

어기영차 들보 남쪽으로 떡을 던지세　兒郎偉抛樑南
점점이 아득한 봉우리 푸른 안개 품어내네　點點遙岑露翠嵐
맑은 강 한줄기 끝없이 흐르니　澄江一帶流無極
당시의 깊은 은택 함께 하리라　應共當年睿澤涵

어기영차 들보 북쪽으로 떡을 던지세　兒郎偉抛樑北
추녀마루 금작[171] 북극성과 이어지네　金爵觚稜連斗極
뭇별들이 어지러이 늘어서 신거(宸居 임금이 거처하는 곳)를 감싸니
衆星錯落繞宸居
정자각 천년토록 공경히 우러러보리라　廟貌千秋瞻翼翼

어기영차 들보 위쪽으로 떡을 던지세　兒郎偉抛樑上

171 금작(金爵) : 집 추녀마루 위에다 금으로 장식하여 만들어 덧붙인 새나 봉 따위를 말한다.

옥난간에 꽃이 피어올라 신선의 의장(儀仗) 머물러 있네

王欄花發駐仙仗

아득하게 먼 곳으로 떠나심을 따를 수가 없어 汗漫眞遊不可攀

한결같은 정성으로 대하니 신께서는 와서 흠향하소서

一誠對越神來饗

어기영차 들보 아래로 떡을 던지세 兒郎偉抛樑下

동산의 나무에 촉촉이 감로(甘露) 내리네 苑樹溥溥甘露瀉

효성에 감응하여 상서로운 까마귀 이르렀다 하더니[172] 曾聞孝感致祥烏

수풀의 까옥까옥 울음소리 차마 들을 수 없네 不忍林間聽啞啞

삼가 바라옵건대 상량한 뒤에 伏願上樑之後

지령은 은근히 돕고 地靈陰扶

천복은 더욱 내려져 天休滋至

효손은 경사를 누려 만세토록 장수하기를 孝孫有慶介眉壽於萬年

선왕께서는 잊지 말고 백세토록 제사를 누리소서

前王不忘綿血食於百世

172 상서로운……하더니 : 예종 때 흰 까마귀가 금원(禁苑)으로 날아들자, 배신(陪臣)들이 지성이 종묘를 감동시킨 까닭이라고 하니, 예종이 "내가 덕이 적은데 어찌 이러한 상서를 얻게 되겠는가? 경들은 다만 나의 부족함을 도와서 길이 성세를 맞도록 하라."라고 한 일화가 전한다. 《睿宗實錄 1年 12月 11日》

자전께 친히 하례드리는 전문[173]

慈殿親賀箋

동조(東朝 대비가 거처하는 궁)에서 기쁨을 받들어 보산(寶算 성수(聖壽))이 칠순을 채우심을 경하하옵고 남극(南極)[174]이 광채를 발하니 천세를 외치며 큰 복을 송축합니다. 기쁘고도 두려운 날,[175] 춤추며 경하하는 것을 어이 그치겠습니까.

삼가 생각건대 자성(慈聖) 전하께서는 덕은 사씨(姒氏) 부인[176]보다 뛰어나시고 성스러움은 여요(女堯)[177]에 부합하십니다. 음화(陰化 왕비의 덕화)를 자애로운 하늘로 펼쳐 해옥(海屋)[178]의 많은 수를 마침내

173 자전께……전문 : 영조 32년인 1756년 인원왕후(仁元王后)의 칠순을 기념하며 지은 전문이다.

174 남극(南極) : 인간의 수명을 관장한다는 별로, 남극노인성(南極老人星)이라고도 한다. 장수의 상징이다.

175 기쁘고도 두려운 날 : 《논어》 〈이인(里仁)〉에 "어버이의 연세를 자식들은 알지 않아서는 안 되니, 한편으로는 기쁘고 한편으로는 두렵다."라고 한 말에서 나왔다.

176 사씨(姒氏) 부인 : 주(周)나라 문왕(文王)의 아내 태사씨(太姒氏)를 말한다. 《시경》 〈관저(關雎)〉에서 문왕과 후비의 훌륭한 덕을 읊으며, 부부간 금슬이 좋아 그 교화가 백성에게 미친 것을 찬미하였다.

177 여요(女堯) : 송(宋)나라 철종(哲宗)의 모후(母后)인 선인태후(宣仁太后)이다. 철종이 어려서 선인태후가 섭정할 때 왕안석(王安石)을 물리치고 사마광(司馬光)을 등용하여 원우(元祐)의 치(治)를 이루었으므로, 여자 중의 요순(堯舜)이라고 세상 사람들의 칭송을 받았다. 《宋史 卷242 后妃列傳》

178 해옥(海屋) : 해상(海上)의 선인(仙人)이 사는 곳을 이른다. 선인이 자신의 나이에 대해 말하며, "해수(海水)가 상전(桑田)으로 바뀔 때마다 내가 산가지 하나씩을

누리셨고 날을 아끼려는[179] 미천한 정성을 잘 헤아리시어 금니(金泥)로 옥첩(玉牒)에 쓴 휘호[180]를 거듭 받으셨습니다.

이에 노인을 접대하는 깊은 사랑을 미루어 넓히시고 하례드리는 간절한 마음을 특별히 따르셨습니다. 칠순에 이르심에 장수에 대한 축원을 올리니 어찌 다만 군신 간에만 함께 기뻐할 일이겠으며, 자전을 이순(耳順 60세)이 넘은 나이에 받드니[181] 이 또한 제왕가에 드문 일입니다. 장락궁(長樂宮)[182]을 바라보며 손뼉을 치고, 지나간 역사를 살피며 더욱 영광스레 생각합니다.

삼가 생각건대 신은 뜻으로써 어버이를 봉양하고 말할 적에 스스로를 늙었다 칭하지 않습니다. 가르침을 받든 사기(四紀)[183] 동안 보살펴 주시는 사랑을 얼마나 많이 입었습니까. 하루 세 번 문안을 여쭙고[184] 화락하게 어버이를 받드는 즐거움을 다하고자 합니다.

내려놓았는데, 지금 산가지 열 개가 딱 찼다."라고 하였다고 한다.

179 날을 아끼려는 : 원문의 '애일(愛日)'은 날을 아낀다는 뜻으로 어버이가 살아 계시는 기간이 한정되어 있으므로 하루가 가는 것이 아깝다는 것이다. 《法言 孝至》

180 금니(金泥)……휘호 : 옥첩은 즉 옥책(玉冊)을 뜻한다. 금니(金泥)는 수은을 섞은 금가루로 서함 등을 꾸미는 것으로, 왕이나 왕후에게 시호(諡號)나 존호(尊號)를 올릴 때 쓴다.

181 이순이……받드니 : 당시 영조 나이 63세이므로 이렇게 말한 것이다.

182 장락궁(長樂宮) : 자전이 거처하는 궁전을 말한다. 중국 한(漢)나라 때에 태후(太后)가 장락궁에 거처하던 데에서 유래한 말이다.

183 사기(四紀) : 1기(紀)는 여기서는 10년을 뜻하는 말로, 영조가 왕세제로 책봉된 1721년부터 이 글이 지어진 1756년까지 대략 40년이 되었으므로 한 말이다.

184 하루……여쭙고 : 원문의 '삼조(三朝)'는 삼조봉양(三朝奉養)의 약칭으로 하루에 세 차례 조현(朝見)하는 것을 말한다. 문왕이 세자로 있을 적에 왕계(王季)에게 매일 세 차례 조현하였다고 한다. 《禮記 文王世子》

왕세자가 천연두에서 회복되어 내린 반교문[185]

王世子痘候平復頒教文

제학에서 체차되어 이 글을 사용하지는 못했다.

왕은 이르노라. 온 나라에서 울창주를 올리는 중임(重任)[186]을 추대하였으니 내 걱정이 없었고 왕세자가 약을 쓰지 않고도 쾌차하였다[187]고 아뢰니 두후(痘候) 또한 가벼이 지나간 것이라 이에 반교문을 내려 기뻐하며 경축하는 마음을 펼치노라.

생각건대 덕이 부족하고 어리석은 내가 뒤늦게 원량(元良 세자)을 얻었는데 어질고 효성스러워 일찍이 아름다운 명성을 드러내었다. 지난해부터 국정을 대리하게 한지라 어린 나이에 피로가 누적됨을 매번 염려하였고 게다가 장년의 나이에 아직 천연두를 겪지 않았기에 내심 걱정을 얼마나 했던가.

지난번 혈기가 상하여 마침내 완두(豌豆)의 모양[188]이 나타났다. 궁

185 왕세자가……반교문 : 1756년 11월 17일에 사도세자에게 천연두 증세가 나타났고 같은 해 12월 19일에 왕세자의 쾌차를 알리는 반교문을 내렸다.

186 울창주를……중임(重任) : 울창주(鬱鬯酒)를 맡았다는 뜻으로, 울창주는 종묘(宗廟)에 제사 지낼 때 태자(太子)가 올리게 되어 있음. 곧 세자를 의미하거나 임금의 후사(後嗣)를 이었음을 뜻함.

187 약을……쾌차하였다 : 원문의 '물약(勿藥)'은 《주역》 〈무망괘(无妄卦) 구오(九五)〉에 "구오는 잘못이 없는 병이니 약을 쓰지 않아도 기쁜 일이 있으리라.〔九五, 无妄之疾, 勿藥有喜.〕"라는 말에서 나온 것으로 크게 치료하지 않았음에도 쾌차하였음을 의미한다.

188 완두(豌豆)의 모양 : 천연두는 피부에 완두와 같은 부스럼이 생기기에 완두창(豌

위(宮闈)가 삼엄하지 않은 것이 아니로되 이미 천연두가 유행하는 것을 막기 어려웠고, 질병을 조심하지 않은 것이 아니로되 무심결에 병마가 닥치는 것을 어찌 막을 수 있으랴. 비록 천지신명이 보살펴 만전(萬全)을 보장할 수 있었더라도 밤낮으로 경계하고 두려워하여 열 번을 잠자리에서 일어나며[189] 편안히 잠들지 못하였다. 그런데 매우 다행스럽게도 하늘이 복을 내리심에 얼마 되지 않아 회복하는 것을 드디어 보게 되었다.

처음부터 끝까지 두창의 빛깔이 길하여 겨우 열흘 만에 차도가 있었고, 차례대로 고름이 별 탈 없이 나오는 것이 마치 사시(四時)가 순서대로 교체하는 것과 같았도다. 식사도 여전하여 모든 절차가 며칠 안에 안정되었고, 약물을 쓰지도 않았는데 의원들이 의방(醫方)을 살피고는 기쁜 조짐을 점쳤으니, 이는 거의 처음에는 생각하지 못했던 바로 음으로 도와주는 자가 있는 듯하였도다. 칠묘(七廟)[190]가 가만히 도우심이 매우 밝아 억만년 동안 누릴 큰 복을 다시 맞았고 삼전(三殿)[191]께서 기뻐하시는 낯빛을 대하여 20여 년간[192]의 근심을 풀 수 있게 되었

豆瘡)이라고도 부른다.

189 열 번을……일어나며 : 자식이 병들어 노심초사하는 모습을 가리킨다. 후한 명신 제오륜(第五倫)이 형의 아들이 병이 들자 하룻밤에 열 번을 일어났으나 물러와서는 편안히 잠을 잤고, 자기 자식이 병들어서는 살펴보지는 않았으나 밤새도록 잠을 자지 못했다는 일화가 전한다. 《後漢書 卷41 第五倫列傳》

190 칠묘(七廟) : 《예기》 〈왕제(王制)〉에 "천자(天子)는 칠묘이니, 삼소(三昭), 삼목(三穆)과 태조(太祖)의 묘이다."라고 하였는데, 여기서는 종묘(宗廟)를 일컬은 것이다.

191 삼전(三殿) : 왕대비전(王大妃殿), 대전(大殿), 중궁전(中宮殿)을 가리킨다.

192 20여 년간 : 이때 사도세자의 나이가 21세였으므로 하는 말이다.

다. 육려(六沴)[193]가 제거되었으니 시기는 정확히 자반(子半 동지)[194]의 절기에 속한 것이고, 사체가 가볍고 건강하니 다시금 날마다 세 번 조현(朝見)하는 것을 보게 되리로다. 그러므로 이에 교시하니 의당 잘 알리라 생각하노라.

193 육려(六沴) : 재화(災禍)나 병마(病魔)를 가져오는 여섯 가지의 악한 기운을 말하기도 하며, 또는 음(陰)・양(陽)・풍(風)・우(雨)・회(晦)・명(明)의 여섯 가지 기운이 화합(和合)하지 못한 상태를 이르기도 한다.

194 자반(子半) : 자시(子時)의 반으로 동지를 뜻한다. 동짓날 자시 반에 일양(一陽)이 처음으로 움직여 양기가 태동하기 시작한다고 한다.

구장명 서문을 아우르다
鳩杖銘 幷序

계미년(1763, 영조39)은 곧 우리 성상께서 칠순이 되는 해이다. 임오년(1762) 12월 22일 입춘에 상의원(尙衣院)이 구장(鳩杖)을 올리자, 이날 상께서 친히 장명(杖銘)[195]을 짓고, 신하들에게 화답하여 글을 올리라고 명하였다.

계미년 정월은	昭陽維正
성수가 칠순이 되는지라	聖壽伊耋
조정에 임하여 구장을 짚으시니	中朝而杖
기거에 절도가 있으시네	起居用節
비둘기는 옛 장식이나[196]	鳩猶古飾

195 장명(杖銘) : 해당 작품은 《영종대왕어제(英宗大王御製) 하(下)》에 보인다. 전문은 다음과 같다. "청대에 봄을 알리자 올해 나이 칠순이라. 상의원에서 구장을 올리니 삼척 길이에 여덟 마디가 있네. 쓸고 갈고자 할지에는 먼저 자르고 쪼아야 할지니 성인이 되고 현인이 되려면 덕성을 높이고 배움을 구하여야 하리. 노년에 스스로 힘써 초를 잡 듯하고 온 마음으로 추모하여 조심조심 신중하게 하리. 그 요점을 묻는다면 방책에 벌어져 있고, 구장이 옆에 있으니 아침저녁으로 가슴에 품으리〔靑臺報春, 年今七耋, 尙方進杖, 三尺八節, 欲磋欲磨, 先切先琢, 爲聖爲賢, 德性問學, 暮年自强, 其若秉燭, 一心追慕, 洞洞屬屬, 若問其要, 布在方冊, 鳩杖在傍, 服膺朝夕.〕"

196 비둘기는 옛 장식이나 : 한(漢)나라 때 나이 70이 되면 옥장(玉杖)을 주고 그 손잡이 끝에 비둘기 모양의 장식을 하였는데, 이는 비둘기가 체하는 법이 없기 때문에 노인도 체증(滯症)이 없기를 바라는 뜻이었다고 한다. 《後漢書 卷15 禮儀志中》

제도가 어찌 조탁하는 데 그치랴	制豈文琢
무덕이 더욱 높아지심에	武德彌卲
명을 쓰시어 배움을 일깨워 주셨네	銘以喩學
연로하다고 스스로 편히 계시지 못하고	靡老自逸
촛불을 밝히는 데 뜻을 두어[197]	志存炳燭
품으시고 짚으시며	在抱在曳
배우신 대로 삼가고 조심하시네	隨問兢屬
선왕께서 행하시는 바를	先王攸行
간책 살펴 계승코자 하심에	嗣美簡冊
신이 의계[198]를 바치노니	臣獻懿戒
밤낮으로 경계하소서	庸儆昕夕

197 촛불을……두어 : 영조의 장명(杖銘) 중 “만년에 스스로 힘써 초를 잡 듯하고”를 언급한 것이다. 진(晉)나라 사광(師曠)이 “어려서 학문을 좋아하는 것은 솟아오를 때의 햇빛과 같고, 장성하여 학문을 좋아하는 것은 중천에 오를 때의 햇빛과 같으며, 늙어서 학문을 좋아하는 것은 촛불을 밝게 밝히는 것과 같다.”〔少而好學, 如日出之陽, 長而好學, 如日中之光, 老而好學, 如炳燭之明.〕”라고 한 말에서 유래한 것이다. 《說苑 建本》

198 의계 : 스스로를 경계한다는 뜻으로 《시경(詩經)》의 억편(抑篇)에서 유래한 것이다. 의(懿)와 억(抑)은 삼간다는 뜻으로 통한다. 억편의 작자는 주(周)나라의 제후(諸侯) 위 무공(衛武公)으로 나이 95세가 되었는데도 수신(修身)과 치국(治國)을 잘하기 위해 이 시를 스스로 경계하였다. 《詩經 大雅 抑》

하교를 받들어 본부의 백성들이 겪는 고충을 글로 지어 올리다 계미년(1763, 영조39)

奉教撰進本府民隱文 癸未

성천 부사 때 쓴 글이다.

아름다운 군왕께서 나라를 다스리심에	辟王爲邦
주례를 지키시고[199]	周禮是秉
일정한 생업을 세우는 데 힘써	懋樹恒產
백성이 잘 살기를 기원하시네	爲民祈命
한 번 굶주리고 한 번 추위에 떨 적마다	一飢一寒
마치 당신 몸처럼 아파하시며	若恫在躬
너희들을 고무시켜	鼓汝舞汝
빈풍[200]을 이루기를 기약하네	期躋豳風
비록 성천은 작은 고을이지만	雖玆下邑
그만하면 또한 충분히 갖추어져 있으니	亦苟完保
이미 백성이 많으면 뭘 더할 것인가[201]	旣庶何加

199 주례를 지키시고 : 제 환공(齊桓公)이 노(魯)나라를 취하려 하자, 대부 중손추(仲孫湫)가 "불가능합니다. 노나라는 그래도 주례(周禮)를 지키고 있으니, 주례(周禮)는 나라를 존립시키는 근본입니다."라고 한 말에서 나온 것이다. 《春秋左氏傳 閔公元年》

200 빈풍 : 후직(后稷)과 그의 증손 공류(公劉)가 빈(豳) 땅을 농정(農政)으로 잘 다스려 백성을 부유하게 하였다. 성왕(成王) 때 주공(周公)이 〈빈풍(豳風)〉시를 지어 백성들에게 농사를 장려했던 일을 설명하며 성왕을 권면시켰다.

201 이미……것인가 : 《논어》 〈자로(子路)〉에 "염유가 '이미 백성들이 많으면 또 무

무엇보다 급한 것은 교화일세	所急在教
크나큰 도시와 인접하고	壤接通都
장사치가 끊임없이 이어져	商旅絡續
사고파는 것을 업으로 삼으니	貿遷爲業
재화로 먹고 살기가 쉽네	用貨易食
선비는 학문을 게을리하고	士乏磨漸
병사는 태평시절에 익숙해	兵狃昇平
사치로 서로 물들어	浮靡相染
농민을 천시하네	奴視田氓
피폐한 백성은	惟有疲惸
저 남쪽 이랑에 의지해 사는데	緣彼南畝
홍수나 가뭄을 잠깐 만나기만 하면	薄值澇暵
가벼이 고향땅을 버리고 떠나네	輕去鄉土
풍속이 이미 경박하니	習尙已婾
위급할 때 어찌 믿을 수 있으리오	緩急奚恃
사리만 추구하는 싹이 점차 자라	利萌滋長
예속이 차츰 무너지네	禮俗寖圮
윤음을 내려 인덕을 베푸시니	綸音施仁
궁벽한 마을까지 날로 퍼지네	日播窮閭

엇을 더하여야 합니까?'라고 하자, 공자께서 '부유하게 해 주어야 한다.'라고 하셨다. 염유가 '이미 부유해지면 또 무엇을 더하여야 합니까?'라고 하자, 공자께서 '가르쳐야 한다.'라고 하셨다.〔子適衛, 冉有僕. 子曰：庶矣哉! 冉有曰：旣庶矣, 又何加焉? 曰：富之. 曰：旣富矣, 又何加焉? 曰：敎之.〕"라고 한 말을 인용한 것이다.

비유컨대 가랑비가 내리면 譬猶霡霂
어딘들 무젖지 않겠는가 何地不霑
만약 미지치 못한 곳이 있다면 厥有未浹
그 잘못은 수령에게 있으니 咎在守臣
지도하고 고무할 적에 정성을 다하지 않아 導揚罔忱
은택이 막혀버린 것이리라 膏澤猶屯
성상은 관대하신 마음으로 聖惟寬大
꾸짖지 아니하고 권면하시어 弗呵而勉
시로 근심스러운 마음을 붙여 援詩寓惕
백성의 고충을 아뢰라 하시네 俾陳民隱
신이 엎드려 절하고 臣拜稽首
두려워 눈물을 흘리니 以悚以泣
비록 노둔하지만 雖其駑劣
감히 보답을 잊을쏘냐 敢忘報答
생각건대 빈땅의 교화는 維玆豳化
육관[202]을 기본으로 하여 六官爲本
주(周)나라 800년간 八百姬籙
한결같이 정성으로 하였네 一誠以貫
어찌 곳집만 채우리오 豈維倉廩
가르치고 인도함을 우선해야 하니 敎道宜先

202 육관 : 주(周)나라 육경(六卿)의 관직으로 천관 총재(天官冢宰), 지관 사도(地官司徒), 춘관 종백(春官宗伯), 하관 사마(夏官司馬), 추관 사구(秋官司寇), 동관 사공(冬官司空)을 말한다.

미천한 백성의 풍교는	圭竇之風
실로 대궐에서 내려오고	實自廈氈
성인의 백성은	聖人之氓
필시 학교의 가르침에서 나온다네	必出庠序
하늘이 만물을 조화롭게 하는 것과 같으니	如天化物
누가 권면하고 누가 막을 수 있겠는가	孰勸孰沮
조금씩 적셔주고 데워주어	涵煦以漸
쉬지 않고 발육시키니	發育無息
이 신묘한 공덕으로	式此神功
우리 백성에게 복을 내리시네	錫我民福
존경하고 기대하는 백성들이	愛戴期望
팔역에서 목을 빼고 바라보니	八域引領
감히 비천한 말을 올려	敢貢邇言
민심을 살피시는 데 보태노라	庸備澄省

《경현당 선마록》[203]에 대한 발문 정해년(1767, 영조42)

景賢堂宣麻錄跋 丁亥

삼가 생각건대 우리 성왕께서는 하늘같이 높은 곳에 앉아 계시면서 가르치려는 생각이 끝이 없어[204] 군신들을 예우하시고 청렴과 절개로 기르셨다. 나이가 들어 물러나 쉬기를 요청하는 자들이 있으면 비록 그들이 떠남을 애석하게 여기면서도 또한 그 소원을 들어주셨다. 이는 경훈(經訓)을 받들고 노신(老臣)을 우대함으로써 조정의 진신(搢紳)을 권면하신 것이니, 한 가지 일로 세 가지 선(善)을 구비하신 것이다.

금상(영조) 41년인 병술년(1766), 신 박성원(朴聖源)[205]은 나이 칠십이고, 내년 정해년에는 신 남유용과 김상익(金尙翼)[206] 또한 나이

203 경현당 선마록 : 선마는 벼슬을 영구히 그만두고 물러나는 봉조하(奉朝賀)에게 임금이 내려 주는 교서(敎書)로 마지(麻紙)에 쓴다. 1767년(영조43) 1월, 봉조하(奉朝賀) 남유용(南有容)·김상익(金尙翼)·박성원(朴聖源) 3인에게 영조가 궤장(几杖)과 함께 수서(手書) 어제(御製)를 하사하였는데 이때 내린 글 및 교서(敎書), 그리고 남유용 이하 3인이 올린 사전(謝箋)을《경현당 선마록》에 함께 수록하여 간행하였다.

204 가르치려는……없어 : 원문의 '敎思无窮'은《주역》〈임괘(臨卦) 상(象)〉의 "못 위에 땅이 있는 것이 임괘이니, 군자가 보고서 가르치려는 생각이 다함이 없으며 백성을 용납하여 보존함이 끝이 없다.〔澤上有地臨, 君子以, 敎思无窮, 容保民无疆.〕"를 인용한 것이다.

205 박성원(朴聖源) : 1697~1757. 본관은 밀양(密陽), 자는 사수(士洙), 호는 겸재(謙齋)이다. 이재(李縡)의 제자이며 사헌부 감찰(司憲府監察)을 역임하였다.《예의유집(禮疑類輯)》을 편찬하였다.

206 김상익(金尙翼) : 1699~1771. 본관은 강릉(江陵), 자는 사필(士弼)이다. 대사간, 경기도 관찰사·대사헌 등을 역임하였다. 1757년에는 사은부사가 되어 청나라에

칠십이 된다. 예전(禮典)을 상고해 보니 모두 치사(致仕)하는 데 합당하므로[207] 감히 차례대로 소장을 올려 늙었다는 이유로 물러나기를 청하였다. 상이 그 뜻을 가상히 여겨 은혜로운 교지를 내려 간절한 요청을 특별히 윤허하시고 이에 정해년 정월 무인일(13일)에 상이 곤복을 입고 경현당에 나가 마지(麻紙)에 쓴 교서를 나누어 주셨다. 신 남유용, 김상익, 박성원은 삼가 전(箋)을 올려 사례하였다.

다음날인 기묘일 침전(寢殿)에서 소견(召見)하여 친히 필묵을 들고 4언 8구의 글을 모두 3장을 쓰시어 직접 신들에게 주셨는데 사조(詞藻)가 온화하고 순정하며 필획이 찬란하여 마치 봄의 양기가 만물에 불듯, 규성(奎星)의 광채가 하늘에 빛나듯 하였다. 신 남유용, 김상익, 박성원이 머리를 조아려 공손히 받고는 감격에 복받쳐 눈물을 흘렸다. 다시 성상의 용안을 가까이 뵙고 보배스러운 글을 소매 속에 품을 줄은 생각지 못한 일이었다.

상이 또 교서관에 명하시기를, "성교(聖教)와 성제(聖製 어제) 및 고(誥), 전(箋) 문자를 간행하여 양궁(兩宮 대내와 동궁)에 들이고 세 신하에게 나누어 주며, 사고(史庫)에 두루 보관하여 영원토록 전하게 하라." 하시고 신 남유용에게 권말에 발문을 쓰라고 고하셨다. 신은 절하며 다음과 같이 아뢴다.

아, 하늘이 만물에 은택을 널리 베푸니 그 지극함을 말하자면 '각각 그 성(性)을 이루게 한다.'는 데 불과한데, 성인께서 이를 본받아 만백

다녀왔다.

207 예전(禮典)을……합당하므로 : 《예기》 〈내칙(內則)〉과 〈곡례 상(曲禮上)〉에 70세가 되면 치사한다는 내용이 보인다.

성에게 은혜를 베풀면서도 또한 "각각 하고자 하는 바를 얻게 한다."라고 하셨습니다. 신들은 다행히도 태평성대를 만나 외람되이 경(卿)의 반열에 끼었는데, 쓸모없는 재주로 직임을 제대로 감당하지 못하고 허약한 체질로 일찍 쇠하고 말았습니다. 보잘것없는 소원은 오직 성상의 총애에 기대어 노년을 잘 수습하여 위로는 융성한 지우(知遇)에 누를 끼치지 않고 아래로는 초복(初服)[208]에 부끄러움이 없게 하는 것뿐이었습니다. 자애로운 성상께서 헤아려주심을 삼가 입어, 아울러 비추는 광채를 받들고 균등하게 내리는 은택에 적셔졌습니다. 윤음이 선포되자 관료들이 모두 고무되었으니, 이 어찌 신들의 미천한 정성과 졸렬한 문사로 성상을 감격시킨 바가 있어서이겠습니까. 진실로 하늘이 만물을 이루어주는 인(仁)으로 한 명의 미천한 자도 빠뜨리시지 않으셨기 때문입니다.

생각건대 우리 성상께서는 하늘이 내리신 복을 성대히 받아, 보산(寶算)이 무강(無疆)하시고 나라에 장수한 노인들이 많아 송축하는 노래가 성대합니다. 신들은 이러한 때에 먼저 은전(恩典)을 받은 데다가 또 한날 성상의 고(誥)와 글씨를 받들게 되었으니, 이는 실로 성지(聖旨) 가운데 말씀하신, '군신(君臣)에게 드물게 있는 일'로 특별히 은전을 두터이 내리시어 돌아가는 자를 총애하시려고 한 것입니다.

지나간 역사를 상고해 보면 한나라 신하 소광(疏廣)[209]이 돌아갈 적

208 초복(初服) : 처음에 입던 옷으로 곧 벼슬을 떠나 처음 은거하던 상황으로 돌아가는 것을 말한다. 굴원(屈原)의 《이소(離騷)》에 "물러가 다시 나의 초복을 손질하리.〔退將復修吾初服〕"라고 하였다.

209 소광(疏廣) : 소광은 전한(前漢) 선제(宣帝) 때 황태자의 태부(太傅)로 있으면서 관직과 명성이 점차 높아지자 떠나지 않으면 후회할 일이 생긴다고 하며, 소부(少傅)

에 그의 행적을 그림으로 그려 후세에 전하기까지 하였으니 성대한 일이라고 할 만합니다만 당시에 어제를 하사하였다는 말은 듣지 못하였습니다. 당나라 신하 하지장(賀知章)[210]이 떠날 적에 천자가 시를 주어 그를 총애함을 보였으니 특별한 은혜라 이를 만하지만 그 시의 부본(副本)을 사실(史室)에 보관하여 불후하게 하도록 도모하였다는 것은 들어보지 못했습니다.

지금 신들이 입은 은혜는 실로 전철(前哲)들이 얻지 못한 것이니 은혜가 구산(丘山)처럼 무거워 몸이 백 개라도 감당할 수가 없고, 감격이 골수에 사무치는데 하나의 입으로 어찌 칭술할 수 있겠습니까. 완염(琬琰)[211]을 품에 안고 북극성을 바라보니 이 생에서 어떻게 크나큰 은혜에 보답할지 모르겠습니다.

전하께서는 여전히 정사에 부지런하신데다[212] 항상 조섭(調攝)의 공

로 있던 조카 소수(疏受)와 함께 낙향하였다.《漢書 卷71 雋疏于薛平彭傳》 이때 그림을 그려주었다는 사실은 중국 문헌에서 확인할 수 없는데, 다만 〈이소걸해도(二疏乞骸圖)〉에 대한 신흠(申欽)의 제시(題詩)가 전하나 상고할 수 없다.《象村集 卷4 題二疏乞骸圖》

210 하지장(賀知章) : 하지장은 당(唐) 나라 때 비서감(祕書監)을 거쳐 예부시랑(禮部侍郎) 겸 집현원학사(集賢院學士)를 지내었는데 벼슬에서 물러나자 현종이 어제시를 내린 일을 말한다.《舊唐書 卷140 賀知章列傳》

211 완염(琬琰) : 주(周)나라 묘당(廟堂)의 서쪽 행랑에 비치했던 보옥(寶玉)을 말하는데, 여기서는《경현당 선마록》을 의미한다.

212 여전히……부지런하신데다 : 원문은 '堯勤未倦'인데, 원래《서경》〈대우모〉에 순임금이 "짐이 제위에 오른 지가 33년이니 늙어서 부지런히 해야 할 정사에 게으르게 되었다.〔朕宅帝位, 三十有三載, 耄期倦于勤.〕"라고 한 말에서 나온 것으로 원문의 '堯'는 '舜'의 착오로 보인다.

을 더하시고 문치(文治)가 이미 드러났는데도 편안함을 자손에게 물려줄 방법을 더욱 생각하시어 만세의 기틀을 길이 공고하게 하셨습니다. 신들은 초야에 물러나 강변과 들판에 사는 늙은이와 서로 화답하며 노래하여 〈격양가(擊壤歌)〉[213]의 남은 곡조를 이어 나가리니 태평성세에 하사받는 것이 어찌 오늘날 영광에 그칠 뿐이겠습니까.

213 격양가(擊壤歌) : 태평성대의 노래로, 요 임금 때 강구 땅의 노인이 태평한 세상을 즐거워하여 흙덩이를 치면서 노래를 불렀다고 한다. 《列子 仲尼》

명성왕후[214]에게 존호를 추상하는 옥책문 임진년(1722, 영조48)

明聖王后追上尊號玉冊文 壬辰

삼가 생각건대 아름다운 명성 끝이 없어 성인의 배필로 베푸신 음공(陰功)을 오래도록 우러러보고 현호(顯號)를 올려 선조(先祖)를 빛내는 성대한 예를 거행합니다. 이 의식은 실로 추모하는 마음에서 우러나온 것이요 광전(曠典 오래도록 거행하지 않은 전례)은 진실로 여러 사람의 마음과 부합합니다.

삼가 생각건대 현열정헌문덕명성 왕후(顯烈貞獻文德明聖王后)께서는 명문가에서 덕을 길러 왕실에 빈(嬪)이 되셨습니다. 한(漢)나라의 명운(命運)은 사록(沙麓)[215]에서부터 시작하였는데 신이한 새가 옥을 떨어뜨리는 상서로움을 일찍 받았고[216] 주나라 시에는 오이덩굴처럼

214 명성왕후 : 1642~1683. 현종(顯宗)의 비로, 본관은 청풍(淸風)이며, 청풍부원군 김우명(金佑明)의 딸이다. 1651년 세자빈에 책봉되었고, 1659년 왕비에 책립되었다. 능은 경기도 구리의 숭릉(崇陵)이다. 1722년 10월에 현종 대왕(顯宗大王)의 존호(尊號)를 소휴 연경 돈덕 수성(昭休衍慶敦德綏成)이라 가상(加上)하고 명성왕후(明聖王后) 김씨(金氏)의 존호를 희인(禧仁)이라 가상하였다.

215 사록(沙麓) : 한(漢)나라 원제(元帝)의 비(妃)인 원후(元后)가 태어난 곳이다. 춘추시대 진(晋)나라 때 사록이 무너져 사관(史官)이 점을 쳐보고 말하기를, "음(陰)이 양(陽)이 되고, 토화(土火)와 상승(相乘)해서 사록이 무너진 것이니, 이후 645년 만에 성녀(聖女)가 날 것이다."라고 한 말이 전한다. 《漢書・元后傳》

216 신이한……받았고 : 대비(大妃) 김씨(金氏)의 모친 송씨(宋氏)가 임신 8개월에 새가 옥을 물고 침실을 지나가다가 떨어뜨리는 일이 있었다. 조부가 기이하게 여겨

아름답게 왕실이 이어짐을 칭송하였는데[217] 노선(老仙)이 아이를 안는 그림이 과연 징험되었습니다.[218]

수신제가의 근본에서 왕화(王化)를 도우시니 규범(閨範)이 점점 드러나고 기쁨과 근심의 기미[219]에서 국운을 안정시켰으니 모의(母儀 국모의 위의)가 바르게 섰습니다. 아름다운 덕은 동관(彤管 여인의 역사 기록)에 실려 다하지 않고, 길이 그리는 마음은 청구(靑丘 우리나라)에 가득하여 끝이 없을 것입니다.

다만 임금이 차례로 바뀌는 것을 생각하면 곤범(坤範 왕비의 법도)이 갈수록 멀어질까 두렵습니다. 일곱 대의 덕을 볼 수 있는 종묘[220]를 우러러보면서 휘호를 미처 올리지 못함을 얼마나 탄식하였는지요. 당시에 국운(國運)을 도우신 공을 생각하면 전대의 아름다움을 펼치는

점을 쳐 어진 이를 낳아 기른다는 길조를 얻었는데, 다음 날 대비가 탄생하였다 한다. 《息庵遺稿 卷19 顯烈明聖王大妃行狀》

217 주나라……칭송하였는데 : 《시경》 〈면(緜)〉에 "면면히 이어지는 외 넝쿨이여, 주나라에 사람이 처음 산 것이, 저수(沮水)와 칠수(漆水) 강가로부터였네.〔緜緜瓜瓞, 民之初生, 自土沮漆.〕"라고 하였는데 왕실이 영구히 이어지기를 기원하는 뜻을 담고 있는 것으로 해석된다.

218 노선(老仙)이……징험되었습니다. : 효종이 백발 신선이 남자아이를 안고 가는 그림을 명성왕후에게 주면서 득남을 기원한 일을 말한다. 《宋子大全 卷181 明聖王后誌文》

219 기쁨과……기미 : 원문은 '休恤'인데, 《서경》 〈소고(召誥)〉에 "아, 황천의 상제가 그 원자와 이 대국인 은나라의 명을 바꾸셨으니, 왕께서 천명(天命)을 받은 것이 끝없는 기쁨이나 또한 끝없는 근심이니, 아, 어찌해야 합니까. 어찌 공경하지 않을 수 있겠습니까.〔嗚呼! 皇天上帝改厥元子玆大國殷之命, 惟王受命, 無疆惟休, 亦無疆惟恤, 嗚呼曷其? 奈何弗敬?〕"라고 한 데서 온 말이다.

220 일곱……종묘 : 284쪽 주152 참조.

것을 어찌 늦추겠습니까. 지금 문조(文祖)[221]에 존호를 가상할 때를 만나 실로 왕후를 함께 높여야 마땅할 것입니다.

큰 복록이 멀리까지 뻗었으니 이미 후손들에게 복을 길이 주셨고 지극한 인이 하늘에 미쳤으니 대대로 제사를 무척 밝게 받으심이 마땅합니다. 비록 태양에 짝할 만한 빛은 두 글자로 능히 형용할 수 없지만 하늘에 비할 만한 열(烈)[222]은 만년토록 징험할 수 있습니다.

마치 오늘을 기다린 것 같은 일인데 예는 실로 옛것을 상고하여 삼가 신 의정부 영의정 김상복(金相福)을 보내어 책보(冊寶)를 올려 존호를 '희인(禧仁)'으로 추상합니다. 삼가 바라건대 미천한 정성을 굽어살피어 보장(寶章)을 크게 받으시고 종묘에서 큰 복을 더 크게 하시어 더 번성하게 하소서. 죽백(竹帛)에 좋은 명성 밝게 실으니 드러나지 아니할까, 받들지 아니할까[223] 합니다.

221 문조(文祖) : 훌륭한 선조(先祖)를 뜻하는 말로 여기서는 현종을 이른다.

222 하늘에……열(烈) : 원문은 '俔天之烈'인데 부덕(婦德)을 갖춘 부인을 뜻하는 말이다. 《시경》 〈대아(大雅) 대명(大明)〉에, "큰 나라에서 따님을 두셨으니, 하늘에 비할 만한 여인이로다.〔大邦有子, 俔天之妹.〕"라고 하였는데, 부덕을 갖춘 태사(太姒)가 문왕(文王)의 배필이 되기에 충분하다는 뜻을 담고 있다.

223 드러나지……아니할까 : 원문은 '不顯不承'으로 《시경》 〈주송(周頌)〉에 주공이 문왕에게 제사를 지내는 장면을 인용한 것이다. "아, 깊고 그윽한 맑은 사당에 엄숙하면서 부드러우며 밝은 재상과 많은 선비들이 문왕의 덕을 받들어 하늘에 계신 이를 마주 대하고 매우 분주히 사당에 모였으니, 나타나지 아니할까, 받들지 아니할까, 사람들에게 미움을 삼이 없으셨다.〔於穆淸廟, 肅雝顯相. 濟濟多士, 秉文之德. 對越在天, 駿奔走在廟. 不顯不承, 無射於人斯.〕"라고 하였다.

서 序

진생에게 주는 서문 무술년(1718, 숙종44)

贈陳生序 戊戌

동학(東學)의 유생 진군(陳君)이 나에게 글을 청하며 말하기를,

"처음 내가 명경과(明經科)에 응시하러 서울에 갈 적에 노모(老母)가 나를 위해 이웃 마을에서 빌려서 식량을 꾸려 주며 문 앞에서 전송하며 말씀하시길, '힘쓰거라. 훗날 돌아올 적에는 나를 기쁘게 해 주어야 한단다.'라고 하셨소. 그런데 합격하지 못하고 돌아오니 노모는 식음을 전폐하고 눈물로 밤을 지새우며 잠들지 못하셨소. 또 내가 거업(擧業)을 익힌 지 이십 년인데 전일하고도 정미하게 하지 않은 것이 아니로되 늘 낙방하여 뜻을 펼치지 못하니, 이는 내가 거업에 불리한 것이오. 지금 그 학문을 다 버리고 다른 기예에 종사하여 만에 하나라도 성공하길 바라니, 그대는 부디 한 마디 가르쳐 주시오."

라고 하였다.

나는 다음과 같이 답하였다. 알았네. 이는 때가 있는 법이지. 그대가 과거 공부하는 것이 전일하고도 정미하였는데도 여전히 낙방만 하고 있는데 하물며 다른 기예를 처음 배우면서 뜻을 펼치기를 기대할 수

있겠는가.

진밀(陳密)이 한문공(韓文公 한유(韓愈))에게 말하기를,

"저는 명경과에 수년 동안 응시하여 합격하지 못해 지금 거업을 바꾸어 삼례(三禮)[224]를 익히고자 하니, 선생께서 격려해주시길 바랍니다."

라고 하니, 한자(韓子)가 말하기를,

"그대가 거업을 진실로 익혔다면 의용(儀容)이 실로 예에 꼭 들어맞을 것이오. 그러나 내가 보는 것은 외면이니, 외면으로 내면을 믿기는 부족하오. 그대가 그 글을 읽을 적에 그 뜻을 생각하고 그 의법(儀法)을 익힐 적에 그 도를 행한다면 그대를 군자라고 할 수 있을 것이오. 그렇다면 작록(爵祿)이 오는 것을 사양할 수 없을 터인데 과거에 어찌 유리하고 불리함이 있겠소."[225]

라고 하였네. 내 일찍이 그 말을 좋아하여 지금 그대의 질문에 답을 하면서 내키는 대로 다시 그 글을 읊조리니 그대는 힘쓰게나.

소진(蘇秦)의 변론으로도 곤경에 처한 이후에야 그의 설이 행해지게 되었고,[226] 맹명(孟明)의 용맹으로도 패하고 난 뒤에야 그 승리를 잡을 수 있었네.[227] 만약 두 사람이 한 번의 굴복에 좌절하여 그 변론과 용맹

224 삼례(三禮) : 《주례(周禮)》, 《의례(儀禮)》, 《예기(禮記)》를 가리킨다.

225 진밀(陳密)이……있겠소 : 인용한 글은 한유의 〈송진밀서(送陳密序)〉의 전문이다. 《全唐文 卷555》

226 소진(蘇秦)……되었고 : 소진이 진(秦)나라에 가서 유세를 하였으나 실패하고 집으로 돌아오니, 가족들이 박대하였는데, 이후 소진이 여섯 나라의 상인(相印)을 차고 금의환향하자 평소 자신을 업신여기던 가족이 감히 쳐다보지 못하였다고 한다. 《戰國策 秦策1》

227 맹명(孟明)의……있었네 : 맹명이 진(秦)나라의 장수가 되어 네 번 패전했는데

을 버리고 다른 기예를 배우고자 하였다면, 그 이후 능히 명성을 이루리라고 어찌 보장하겠는가. 그러므로 군자는 곤액을 당했다고 하여 자기의 뜻을 바꾸지 않는다네. 그대는 힘쓰게나.

도 진 목공(秦穆公)이 오히려 다시 등용해 주었다. 이에 맹명은 사력을 다해 진(晉)나라와 싸워 진 목공을 패자(霸者)가 되게 하였다.《春秋左氏傳 文公2年》

승려 의천을 전송하는 서문
送浮屠義天序

곡운자(谷雲子)[228]가 늙고 난 뒤로 산인(山人)과 노닐기를 좋아하였는데, 그중 승려 의천이라는 자와 더욱 친하게 지내기를 도연명(陶淵明)이 혜원(慧遠)을 만난 것[229]처럼 하였다. 곡운자가 세상을 떠난 뒤로 의천은 그 승도들을 떠나보내고 사방을 떠돌아다니기를 마치 비연(秘演)이 만경(曼卿)을 잃은 것[230]처럼 하였다.

선사(禪師)는 경전에 통달하고 담론을 잘하였으며 모습은 아이 같았다. 내가 그와 3일 동안 함께 거처하였는데 그가 화식(火食)하는 것을 보지 못하였다. 괴이하게 여겨 그 까닭을 물으니,

"저는 가난해서 끼니를 잇지 못해 소나무 껍질을 빻아 입에 풀칠을 하였습니다. 그렇게 하니 일 년 내도록 밭 갈고 밥 짓는 수고가 없어지고 흉년에도 굶주릴 근심을 면하게 되었습니다."

228 곡운자(谷雲子) : 김수증(金壽增, 1624~1701)의 호이다. 1689년(숙종15) 기사환국으로 우암과 아우 김수항(金壽恒) 등이 죽자, 벼슬을 그만두고 화음동(華陰洞)에 들어가 정사를 짓고 살았다. 1694년 갑술옥사 후 다시 벼슬을 모두 사양하고, 화악산(華嶽山) 골짜기로 들어가 은둔하였다.

229 도연명(陶淵明)이……것 : 동진(東晉) 때 도연명은 여산(廬山) 동림사(東林寺)의 고승(高僧) 혜원 법사(慧遠法師)와 각별하게 교유하였다.

230 비연(秘演)이……듯 : 비연은 남송 때 승려이자 시인으로 평소 석만경(石曼卿)과 절친한 시우(詩友)로 지냈다. 석만경이 죽자 비연이 막연하여 향할 곳이 없었으며, 동남쪽에 산수가 좋다는 얘기를 들어도 노쇠하여 가보지 못하고 슬퍼했다고 한다. 《文忠集 卷41》

라고 하였다. 장차 호관(湖關)으로 떠나려 하면서 나에게 한마디 해주기를 부탁하였다.

도가 같지 않으면 더불어 도를 도모하지 못한다.[231] 그러나 선사가 도로 삼는 것은 그 경지가 실로 높다. 나라 안에 300여 고을에 사관(寺觀)의 개수가 천으로 헤아려지고, 그 승려의 수도 수만으로 헤아리고도 남지만 그 도의 경지가 선사와 나란하다고 말할 수 있는 자는 얼마나 되겠는가. 선사에게 내 말을 하지 않는다면, 이는 그 불도 수만 명과 더불어 선사까지 이단시하는 것이니 군자의 의(義)가 아니다.

선사는 저 짹짹거리는 참새를 아는가. 그것이 태어날 적에는 실로 작고 나약하지만 또한 어찌 썩은 흙과 문드러진 풀에서 난 것이라 하겠는가. 반드시 그 아비와 어미가 있는 것이다. 깃털이 아직 돋아나지 않았을 적에 부모가 보호하고 먹이며, 조금 날 수 있을 적에 그 부모를 따라다니며 먹여주기를 기다린다. 날개깃이 다 자라서는 날아올라 사방으로 갔다가 쑥대와 상수리나무에 모여 사방을 돌아보며 먹이를 구하는데, 자기 부모가 지나가면 제 부모인 줄을 모르고 화를 낸다.

선사는 저 너울너울 나는 고니를 아는가. 굶주려도 곡식을 쪼아 먹지 않고 목이 말라도 고인 물은 마시지 않는다. 훌쩍 높이 날아올라 세상과 단절하니, 그 동물을 어찌 참새와 같은 선상에서 말할 수 있겠는가. 비록 그러나 그 부모를 알지 못하는 것은 같으니 그러므로 금수(禽獸)

231 도가……못한다 : 《논어(論語)》 〈위령공(衛靈公)〉에서 공자가 "군자는 도(道)를 도모하지 먹고 사는 문제는 도모하지 않는다.〔君子謀道, 不謀食.〕"라고 하였고, "도가 같지 않으면 그와 더불어 도를 도모하지 못한다.〔道不同, 不相爲謀.〕"라고 한 말을 인용한 것이다.

인 것은 매한가지이다.

지금 선사는 승려 중에서도 훌륭한 자이니 뭇 승려들이 바란다고 미칠 수 있는 자가 아니다. 그러나 그 모친을 떠나 봉양하지 않고 낳아 주시고 길러주신 은혜를 저버리고 보답하지 않으니 이러한 점에서는 뭇 승려들과 다른 것이 얼마나 되겠는가. 선사가 곡운자(谷雲子)를 섬김에 있어서는 곡은자의 곁에 사람이 없으면 선사는 편안히 여기지 못할 정도였는데, 선사가 모친을 섬김에 있어서는 동해안에 살면서도 3년 동안 돌아가 살피지 않았다. 선사가 곡운자를 섬긴 것은 뜻이 서로 맞았기 때문인데 뜻이 서로 맞는 것은 어버이에게 터럭을 이어받은 것과는 분명 차이가 있다.

옛날 위무공(衛武公)이 나이 구십에 억계(抑戒)[232]를 짓자 우리 부자께서 《시경》에 기록하시어 찬미하셨는데 선사가 비록 늙었지만 내 말을 들으면 마음에 움직이는 바가 있을 터이니 청컨대 잘 궁구해보고 바꿀 것을 생각하고 내가 어리다고 해서 내 말을 가벼이 버리지 말길 바란다.

232 억계(抑戒) : 298쪽 주198 참조.

박생 사걸 이 충주로 돌아가는 것을 전송하는 서문
경자년(1720, 경종 즉위년)

送朴生 師傑 歸忠州序 庚子

우리 당에 박생이란 자가 있는데 그 사람됨이 강개하고 옛것을 좋아하였다. 박생에게는 이생이라는 벗이 있는데 그 사람됨 또한 강개하고 옛것을 좋아하였다. 두 사람이 서로 대화할 적에 박생이 "옛 사람아."라고 하면 이생 또한 "옛 사람아."라고 하고, 이생이 "그렇지."라고 하면, 박생 또한 "그렇군." 하여 끝내 서로 다른 사람인 것을 알지 못하였다.

박생은 우리 집에 객으로 머물며 독서하였는데, 이생이 한양에 왔다는 소리를 듣고는 그 즉시 나에게 인사를 하고 떠났다. 다음날에 또 와서 고하길, "이군이 나더러 충원(忠原 충주(忠州))에 은거하겠다고 하였는데 충원은 내가 좋아하는 곳이오. 이군은 현자이니 내 그와 수년 동안 함께 거처하면 우리의 도(道)를 충분히 닦을 수 있겠소. 오늘 떠나는 길에 그대는 응당 나를 축하해주어야 하오."라고 하였다.

나는 다음과 같이 말하였다. 좋소. 붕우의 도가 사라진 지가 오래인데 그대 두 사람에게서 직접 보게 되다니 매우 다행이오. 충원은 토양이 비옥하고 샘물이 달아 산림에서 새, 물고기와 노니는 즐거움이 있소. 또 듣건대 이군은 행실이 고고하고 말이 방정하여 소보(巢父)와 허유(許由)가 아니면 따르지 않고 백이(伯夷)와 숙제(叔齊)가 아니면 칭하지 않으며[233] 그 벗을 반드시 선으로 인도하고 자기만 못한 자를 벗으로 삼는 것을 부끄러워한다고 하니[234] 비록 그대가 나에게 축하해달라고 하지 않더라도 내 정말로 그대를 축하할 생각이었소. 그러나 글월을 주되 경계로 하지 않는다면 충(忠)의 도가 아니라오.

그대가 사모하는 고인은 모두 군자지만 그 규모가 좁은 자라 하나의 선을 지극하게 하되 대도(大道)에 두루 미치지는 못하였소. 그대가 이들을 좋아하여 닮기를 구해 요행히 하나의 행실이라도 가깝게 된다면 그대는 반드시 "이 역시 고인일 뿐이니 고인도 나보다 더하지 않을 것이다."라고 할 것이오. 이와 같이 하고서는 도에 나아가는 것이 드물 것이니, 그대를 위해 권면하오.

나와 이군 모두 그대와 언약을 하였는데, 지금 그대가 나와의 약속을 어기고 이군과의 약속을 실천하는 것은, 이군이 그대에게 도움을 주는 것이 내가 도움을 주는 것보다 많다는 것을 그대가 분명히 알고 있기 때문이오. 남이 자기에게 기대하는 것이 많다면 그 사람에게 보답하는 것이 가벼워서는 안 되니, 거듭 이군을 위해 권면하오.

233 소보(巢父)……않으며 : 소보와 허유는 요(堯) 임금이 왕위(王位)를 물려주는 것도 뿌리친 채 기산(箕山)의 아래 영수(穎水)의 북쪽에서 숨어 살았고 백이와 숙제는 주(周)나라의 녹(祿)을 먹는 것을 부끄럽게 여기고 주나라를 떠나 수양산(首陽山)에 숨어 고사리를 캐 먹고 살다가 끝내 굶은 이다.

234 자기만……하니 : 《논어(論語)》〈학이(學而)〉의 "공자(孔子)가 말하기를, '군자가 후중하지 않으면 위엄이 없으니, 배우는 것 또한 견고하지 못하다. 충(忠)과 신(信)을 주로 하며, 자기만 못한 자를 벗으로 삼지 말며, 허물이 있으면 고치기를 꺼리지 마라.' 하셨다.〔子曰: 君子不重則不威, 學則不固, 主忠信, 無友不如己者, 過則勿憚改.〕"를 인용한 것이다.

《신편 소릉고시》에 대한 서문

新編少陵古詩序

내 기계(杞溪) 유수보(兪守父)[235]를 통해 농암(農巖)[236]이 편찬한《완계백선(浣溪百選)》이란 책을 얻어 보았는데, 수보가 공의 집에서 처가살이를 할 적에 농암이 그를 위해 두시(杜詩)를 뽑아서 가르친 것이다. 공은 자미(子美 두보)의 시에 평소 깊이 공력을 들였고 그 시를 뽑을 적에 또 읊조려 읽기를 10번을 채운 뒤에 취사선택을 하였기에 가린 것이 더욱 정밀하다고 한다. 그러나 유독 안타까운 것은 오언시(五言詩)만 오로지 취하고 칠언시(七言詩)는 빼놓은 것이었다. 어찌 기호가 오언시에 편중되어 그렇게 된 것이겠는가. 장차 차례대로 속집(續集)을 엮으려 하였는데 그럴 겨를이 없었던 것이다.

이에 스스로 헤아리지 못하고 마침내《두시전집(杜詩全集)》의 칠언시를 취하여 침잠하고 탐구하여 그 오묘한 뜻을 파악한 연후에 더 산정(刪定)하여 60편을 얻고 또 농암이 뽑은 시를 선사(繕寫)하여 도합 2편을 만들었다. 비록 취사한 시들이 공의 뜻에 다 맞지는 않더라도

235 유수보(兪守父) : 수보는 유명홍(兪命弘)의 아들이자 농암 김창협의 막내사위인 유수기(兪受基)의 자이다.

236 농암(農巖) : 김창협(金昌協, 1651~1708)의 호로, 그의 자는 중화(仲和)이다. 1682년(숙종8)에 문과에 급제하고 집의(執義)와 대사성을 지냈으나, 아버지 김수항이 기사환국 때 사사(賜死)되자 벼슬을 버리고 은거하며 성리학 연구에 몰두하였다. 당대의 문장가이며 서예에도 능하였다. 시호는 문간공(文簡公)이며, 저서로는《농암집》이 있다.

상자에 보관하여 나 홀로 외고 익힐 것이니 불가할 것이 있겠는가. 훈해(訓解)와 평비(評批)의 일은 제가(諸家)들이 상세하게 하였으니, 내 덧붙이지 않는다. 다만 시의 본뜻과 크게 어긋나는 것은 내 생각으로 바로잡았을 뿐이다.

《계악집》에 대한 서문 계묘년(1723, 경종3)

溪嶽集序 癸卯

시는 뜻을 표현한 것이니 뜻에 부득이한 것이 있는데 말로는 능히 전할 수 없는 연후에 시를 짓게 된다. 새는 봄을 노래하니 그 소리는 즐겁고, 벌레는 가을을 노래하니 그 소리는 구슬프다. 새나 벌레가 어찌 슬픔이나 즐거움에 뜻을 두었겠는가. 또한 소리를 빌어 그 뜻을 전달할 뿐이다.

대부 유공(兪公)[237]이 관찰사로 호남에 부임하니 호남이 크게 다스려져 백성들이 그가 떠나는 것을 두려워하였다. 이윽고 병으로 사직하여 돌아갔는데 중도에 그 부신을 휘하의 장수에게 주어 대궐에 바치게 하고는 홀로 견여(肩輿)를 타고 호중(湖中)으로 들어갔다. 이에 조야(朝野)의 인사들이 모두들 그의 떠남을 애석하게 여겼다. 그러나 내가 공을 보건대 뜻에 부득이한 것이 있는데 말로 능히 전할 수 없는 것이 있는 듯하였다.

호중에 산이 있는데, '사악(獅嶽)'이라 하고, 물이 있는데 그 이름이 '죽계(竹溪)'이다. 내가 초야에 은거한 뒤 공을 죽계에서 뵈었다. 또 공의 두 아들과 사악을 노닐려고 하자 공이 듣고는 즐거워하며 말 한 필로 앞장섰다. 푸른 샘물에 몸을 씻고 높은 나무에 앉았다가 산승(山僧), 야로(野老)와 더불어 이곳저곳 다니며 노닐 적에 마음에 즐거운

237 대부 유공(兪公) : 유명홍(兪命弘)을 말한다. 1720년(경종 즉위년) 11월에 전라 감사에 부임하여 1722년 5월까지 근무하였다.

바가 있으면 한결같이 시로 발하였고, 즐거움이 끝나면 근심이 이어지지 않은 적이 없었다.

내가 이에 비로소 공의 뜻을 알고 슬퍼하였다. 그러나 그 슬퍼하는 것은 내가 또 말로 전할 수 없지만 훗날 시를 읽는 자들이 아마도 자연히 알게 될 것이다. 시 40편에 죽계에서 지은 시 160편을 합쳐 총 200편이니, 이 시집이 만들어지게 된 경위이다. 아, 세상 사람들은 행적으로 그 사람을 파악하기를 좋아하는데 공은 조정에 있을 적에 지나치게 결백한 것[238]을 절개로 여기지 않고 집에 거할 적에는 편안하고 공손한 것이 처자(處子)와 같았다. 겉만 본다면 공을 진정으로 아는 자가 드물 것이다. 공의 마음을 알고 좋아하는 것은 내가 제일이라 마침내 그를 위해 서문을 짓는다.

238 지나치게 결백한 것 : 원문은 '皦皦'인데 《후한서(後漢書)》 권61 〈황경열전(黃瓊列傳)〉의 "높디높은 것은 허물어지기 쉽고, 희디흰 것은 더럽혀지기 쉽다.〔嶢嶢者易缺, 皦皦者易汚.〕"에서 유래한 것으로 지나치게 결백한 것을 뜻한다.

《민상인시집》에 대한 서문

敏上人詩集序

의양자(宜陽子 남유용)가 화산(華山)의 꼭대기에 올라 그 바위 골짝이 깊고 수려함을 사랑하여 부로(父老)에게 묻기를,

"여기에도 도를 품고 은거한 자가 있습니까?"

하니 모두 말하기를,

"성민(性敏)이라는 자가 승려로 은거하였는데, 그 사람은 이미 죽었고 이후에 온 자에 대해서는 들어보지 못했습니다."

라고 하여, 의양자가,

"내가 이곳에 온 것이 늦었도다."

라 하며 탄식하고 떠났다.

그 뒤에 호관(湖關)에 객으로 있을 적에 승려 호연(浩然)과 노닐게 되었다. 호연은 경전에 통달하고 도기(道氣)가 있었는데 그 스승을 물어보니 바로 민공(敏公)에게서 배웠다는 것을 알게 되어 이어 그를 통해 민공의 어짊을 매우 상세히 듣게 되었다. 이윽고 그 스승이 지은 시 2편을 나에게 보여주며 말하기를,

"우리 선사(禪師)께서는 외물에는 아무런 취미가 없고 오직 시를 짓는 것을 좋아하였습니다. 그러나 시를 지어 한두 번 읊고는 다 읊조리고 나면 찢어 버려서 보관하지 않았으니, 지금 남겨진 시는 약간 편 있을 뿐입니다. 장차 후대에 전할 것을 도모하노니 원컨대 그대의 한마디를 얻어 중하게 하고자 합니다."

하였다. 내가 생각건대 석씨(釋氏)의 가르침은 끝내 적멸(寂滅)을 귀

하게 여겨 사대(四大)[239]조차도 자기의 소유로 삼지 않는데 어찌 유독 구구한 언어에 대해 불후하게 만들 것을 도모하고자 하는가. 이윽고 또 생각건대 옛날 불도에 은거한 자들이 종종 시로 명성을 떨치기도 하였는데, 근세 이래로 승려가 된 자들은 도망자거나 비천한 출신이 많아 꼭 불도를 잘 안다고 할 수도 없다. 불도에 우매한 자들은 진실로 말을 잘할 수 없는데 이 때문에 시에 능한 자도 이른바 도와 아울러 민멸되어 전해지지 않게 되었다.

이로 보건대 말이 보존되면 그 도도 보존되니, 그 불도(佛徒)들이 그 말이 민멸됨을 바라지 않는 것은 실로 이상할 것이 없거늘 하물며 민공 같은 이는 그 불도들만 존경하는 것이 아니라 그가 거처한 곳 근처의 부로들이 모두 좋아하니, 그 어짊이 남을 감복시킬 수 있는 자가 아니라면 어찌 그럴 수 있었겠는가. 그는 전할 만한 자이니 마침내 글을 써서 남겨 준다.

239 사대(四大) : 불교에서 말하는 물질의 구성요소로, 지(地), 수(水), 화(火), 풍(風)의 4종류를 가리킨다. 인간의 몸을 구성하기에 사람의 육신을 뜻하기도 한다.

《성재고》[240]에 대한 서문 병오년(1726, 영조2)

省齋稿序 丙午

세상에서 창랑(滄浪) 홍군(洪君)[241]은 시만 잘할 뿐이라고들 하는데 내가 논하기를, 그의 공(功) 또한 낮게 평가할 수 없다. 처음에 창랑이 위항(委巷)에서 맨손으로 일어나 한번 노래함에 정음(正音)이 되어 명성이 사대부 사이에 자자하였고 여항의 사람들도 제각기 분발하여 오 척 동자까지 모두 책을 끼고 독서하는 것이 귀하다는 사실을 알았다. 아, 이것이 누구의 힘인가.

고군(高君)은, 내 그 사람을 만난 적은 없지만 듣건대 그가 역관으로 벼슬을 하였으니, 이국의 언어를 익혔고 교역하는 일을 업으로 삼았기에 그의 견문이 이를 넘어서지 않을 것이로되, 홀로 초탈하여 얽매이지 않고 젊은 시절부터 서적을 널리 보아 글에 뜻을 두었다고 한다. 일찍이 연경(燕京)에 다섯 번을 들어감에 그 집안이 더욱 가난해지고 그의

240 《성재고》: 고시언(高時彦, 1671~1734)의 시집이다. 자는 국미(國美), 호는 성재(省齋)이다. 경사(經史)에 통달하였고, 한시에 뛰어났다. 1687년(숙종13) 역과(譯科)에 급제하여 역관이 되었다. 여러 차례 청나라에 다녀와서 외교관으로서의 실력을 발휘하여, 그 공으로 2품의 관계에 올랐다. 1734년 다시 청나라에 가다가 도중에 병사하였다. 여항인들의 시를 모아 《소대풍요(昭代風謠)》를 편찬하였다.

241 창랑(滄浪) 홍군(洪君): 홍세태(1653~1725)로, 자는 도장(道長), 본관은 남양(南陽)이다. 1675년(숙종1) 식년시 역과(譯科)에 응시하여 한학관(漢學官)으로 뽑혀 이문학관(吏文學官)에 제수되었고, 통신사를 따라 일본에 다녀왔다. 시로 이름 나 김창협(金昌協, 1651~1708) 등 사대부들과 절친하게 지냈다. 위항인의 시를 모아 시선집 《해동유주(海東遺珠)》를 간행하였다. 저서로는 《유하집》이 있다.

글은 더욱 풍성하게 되었다 하니, 이것으로 그 사람을 살펴보면 그 사람을 알 수 있을 것이다.

하루는 그의 무리 임군(林君)이 고군이 지은 시문(詩文)을 가지고 나에게 서문을 요청하였다. 내가 받아서 그가 지은 것을 다 읽어보니 창랑과 그 경지가 거의 나란하였다. 지금 사대부들은 사람을 취할 때 지위가 서로 비슷한 자로 하고, 인재를 취한 적에도 또한 그 부류로 한다. 비록 세상에 뛰어난 재주가 있다고 하더라도 사람이 미천하고 신분이 낮다면 끝내 끌어주어 그 아름다움을 이루어주려 하지 않아 늙어 죽을 때까지 재주를 써보지 못하는 자들이 계속 이어지고 있다.

아, 이상하도다. 그러나 큰 샘이 땅에서 나올 적에는 비록 흙을 쌓아 덮더라도 위로 용솟음쳐 나와 반드시 도달하고 마는 것이니, 고군은 다만 힘쓰시게나. 오직 크게 이루지 못할 것을 근심할 것이지 달성하지 못할 것을 어찌 근심하리오.

문생 상질을 전송하는 서문
送文生尙質序

선비는 도가 행해지지 않는 것을 근심하지 않고 경(經)이 밝혀지지 않는 것을 근심한다. 경이 밝혀지면 도는 때로 행해진다. 공자가 노(魯)나라로 돌아왔을 때부터 차례를 잡고 전술하는[242] 일에 급급하여 선왕의 도를 밝히셨는데 제자들이 외고 익혀 전수하는 도가 비록 당시에 행해지지 않았지만 진실로 천하 후세를 위해 장구히 다스릴 근본을 세웠다. 하지만 이학(異學)에 대한 근심은 이때보다 절실한 적이 없기에 부딪혀 흘러 양주(楊朱)와 묵적(墨翟)이 되고 신불해(申不害)와 한비자(韓非子)가 되어 온갖 방법으로 병폐를 끼쳤다. 그렇지만 이따금씩 성인의 무리에 저지를 당하여 이학의 설이 횡행할 수 없었으니 이로써 시서(詩書)의 말이 사라지지 않아 공자의 도가 끊어지지 않으리라 여겼는데, 그러나 분서갱유의 화가 끝내 순경(荀卿)의 문인에게서 일어나고 말았다. 다행히 진(秦)나라가 곧 망하고 옛날과의 거리가 멀지 않아 선비들이 수보(修補)할 수 있었으니 그렇지 않았다면 인류가 거의 멸망하였을 것이다.

이에 천하의 선비가 마음을 분발시켜 징계하여 붙들고 유지하는 것

242 공자가……전술하는 : 《사기(史記)》 〈공자세가(孔子世家)〉에 공자가 노나라로 돌아온 후 "서경과 예기를 서술하고 시경을 산삭하고 악을 바로 잡았으며 주역의 단전, 계사전, 상전, 설괘전, 문언전을 차례로 지었다. 〔敍書傳禮記, 刪詩正樂, 序易彖繫象說卦文言.〕"라고 하였다.

이 더욱 견고해져 전문적인 학문이 일어나게 되었으니 이는 후세에 명경과(明經科)의 뿌리가 되었다. 간혹 황로(黃老)와 형명(刑名)의 술수[243]로 군주의 뜻에 부합하려는 경우도 있었으나 유술(儒術)로 부족한 부분을 잘 메워나갔다.

진(晉)과 후양(後梁)의 시대에는 몹시도 무도(無道)하였지만 유학이 아래에서 끊어지지 않고 송에까지 이어 나가 마침내 크게 밝아졌다. 아, 진에서부터 지금까지 수천여 년 동안 이학(異學)이 오늘날보다 위축된 적이 없지만 오래되면 변하고, 막히면 흐르는 법인지라 군자가 이 때문에 두려워하는 것이다.

국가가 3년에 한 번씩 경학에 밝은 선비를 시험하여 해시(解試 초시(初試))와 복시(覆試)를 치르는데 재상이 시관으로 임하고 육관(六官)이 부시관으로 돕는다. 한 사람이 사서삼경을 두루 암송하는데 한 글자라도 착오가 있다면 합격하지 못하는데 하물며 문장이나 문의(文義)에 있어서랴. 염려함이 원대하고 기대함이 무겁기에 인재를 취하는 것이 까다로우니, 명경과를 공부하는 자라면 그 뜻을 의당 알아야 한다. 그러므로 글을 써서 자네를 전송한다.

243 황로(黃老)와……술수 : 황로는 황제(黃帝)와 노자(老子)의 병칭이다. 후세에 도가(道家)들이 시조로 신봉하였다. 형명(刑名)은 명칭(名稱)과 실상(實相)이 부합(符合)하는지의 여부를 따지는 명실론(名實論)을 법(法)의 적용에 응용하려는 학문으로, 전국 시대에 신불해(申不害)·상앙(商鞅)·한비자(韓非子) 등이 제창하였다.

임생 항을 전송하는 서문
送林生沆序

처음 문헌공(文憲公)[244]이 북쪽으로 유배를 갔을 적에 대문 밖에서 기다리며 쫓아도 떠나지 않았던 자들이 뒷걸음치며 달아나 한 번도 공을 돌아보지 않았다. 그런데 한 임씨 동자(童子)가 책을 짊어지고 걸어와 공을 청해(青海)의 북쪽에서 맞아 곁에서 배우고 모셨다. 문헌공이 돌아가시자 널을 따라 한양에까지 와서 3년이 지난 후에 떠났다. 이에 동자가 학문을 좋아하고 의리를 사모함이 북방의 선비들에게 알려지게 되었다고 한다.

33년 뒤에 군이 향공(鄕貢)[245]으로 한양에 과거시험을 보러 와서 우리 집에 객으로 묵었다. 동자 때의 일을 나에게 말해주며 때때로 소매를 들어 눈물을 닦았는데, 눈에 그렁그렁 눈물이 고여 있었다.

내가 듣건대 북방의 풍속은 질박하고도 두터워 사람들이 믿음직하고 성실한데다가 고 승상 민공(閔公)[246]이 방백이 되었을 적에 또 문학

244 문헌공(文憲公) : 남용익(南龍翼, 1628~1692)으로, 본관은 의령(宜寧), 자는 운경(雲卿), 호는 호곡(壺谷)이다. 저서로 《호곡집(壺谷集)》이 있다. 1689년 소의 장씨(昭儀張氏)가 왕자를 낳아 숙종이 그를 원자로 삼으려 하자, 여기에 극언으로 반대하다가 명천(明川)으로 유배되어 그곳에서 죽었다.

245 향공(鄕貢) : 지방 장관(地方長官)이 천거(薦擧)한 사람, 즉 지방 장관의 천거로 서울에 와서 생원(生員)·진사(進士)의 시험에 응시하게 된 사람을 뜻한다.

246 민공(閔公) : 민정중(閔鼎重 1628~1692)으로, 본관은 여흥(驪興), 자는 대수(大受), 호는 노봉(老峯), 시호는 문충(文忠)이다. 1649년(인조27)에 문과에 급제하고

으로 북돋아 주어 유풍(流風)이 아직까지 남아 있는 것이 있다고 한다. 그 마음이 믿음직하고 성실한 것에 또 문학이 더해져 군자가 되지 않는 자가 드물 터이니, 군의 고향에 군과 같은 자가 얼마나 많겠는가. 문학의 성대함은 서울과 막상막하니 어찌 군만 한 자가 적으리오.

여러 요직을 거쳐 우의정과 좌의정에 올랐다. 1689년(숙종15) 기사환국(己巳換局)으로 남인이 집권하자, 노론의 중진들과 함께 관직을 삭탈당하고 벽동(碧潼)에 유배되어 그곳에서 죽었다. 1664~1667년에 함경 감사를 역임하였다.

강종훈[247]에게 주는 서문 정미년(1727, 영조3)

贈康從勳序 丁未

형초(荊楚)에는 출중한 선비가 많으나 그 풍속은 경박하여 뜻을 굳게 지키지 못하니, 부형의 가르침이 훌륭한 경우에는 쉽게 의리에 흥기되지만 부형의 가르침이 훌륭하지 못한 경우에는 불의를 감히 행하기도 한다.

강씨(康氏)의 선조는 형주 사람이다. 대대로 명나라 천자를 섬겨 5세조는 몽고를 토벌하다가 전사하였고, 고조는 양호(楊鎬)[248]를 따라 동쪽으로 와서 오랑캐를 치다가 평산(平山)에서 전사하였다. 증조는 총병 유정(劉綎)[249]를 따라 북쪽 오랑캐를 막다가 우리 장군 김응하(金應河)[250]와 같은 날 심하(深河)에서 전사하였다. 이에 강씨 3대는 명나

247 강종훈 : 병자호란 후 귀화한 강세작(康世爵, 1599~1683)의 손자이다. 강종훈의 증조 강국태(康國泰)가 심하의 전투에서 전사하자 그의 아들 강세작이 귀화하여 회령(會寧) 땅에 거주하였다. 남구만(南九萬)과 박세당(朴世堂)의 문집에 강세작의 전(傳)이 남아 있다. 이 글이 쓰인 1727년에 함경 감사 권익관(權益寬)의 청으로 그의 후손을 녹용(錄用)하게 하였다.

248 양호(楊鎬) : ?~1629. 명나라 장수로 정유재란 때 경리조선군무(經理朝鮮軍務)로 조선에 출정하였다. 울산 도산성(島山城) 전투에서 크게 패하였는데, 이를 승리로 거짓 보고했다가 탄로 나서 파면되었다.

249 유정(劉綎) : 1558~1619. 자는 성오(省吾)이다. 명나라 장수로 임진왜란 때 부총병으로 조선에 파병되었다. 1619년 조선군과 연합하여 후금(後金)과 싸우다 전사했다.

250 김응하(金應河) : 1580~1619. 자는 경의(景義), 본관은 안동(安東), 시호는 충무

라 충신이 되었으니 이른바 의리에 흥기한 자로다. 심하 전투에서 패배할 적에 그 조부가 자신의 부친을 따라 군대에 있었는데, 길이 끊겨 돌아갈 수 없자 결국 말 한 필로 동쪽으로 귀의하였다. 그 후 20년 뒤 명은 망하였다.

당시에 천하가 혼란하게 된 지 오래되어 중국의 문헌이 까마득하게 징험해 볼 길이 없게 되었으니, 때때로 눈물을 흘리며 팔을 걷어붙이며 부로, 아이들과 더불어 숭정(崇禎) 고사를 이야기하는 자는 요계(遼薊)[251] 동쪽에 오직 한 사람뿐이다. 군이 북쪽에 거처할 적에 다만 여염집의 평범한 백성일 뿐이었는데 한 번 서울에 이르자 후한 녹을 주어 은총을 내리시니, 성상의 은혜가 매우 두터웠다. 그러나 국가가 또한 어찌 호군(護軍)의 직함 하나를 내주어 구차하게 그저 군의 몸을 영예롭게 하려 한 것이겠는가. 선인(先人)의 충근(忠勤)을 미루어 후사(後嗣)를 권면한 것이다.

군은 집에서는 저처럼 가르침을 받고, 나라에서는 이처럼 장려를 받았으니 비록 오랑캐의 풍속 속에 있더라도 장차 흥기하는 점이 있을 것이다. 더구나 형초의 지방 출신이라 강개하여 의리를 좋아함이 본성에 근본한 자에 있어서랴.

예로부터 전쟁에서는 병졸이 장수보다 많이 죽고 부장(副將)이 원수(元帥)보다 많이 죽는다. 이는 지위가 낮은 자는 받은 은혜가 적어도

(忠武)이다. 경원 판관(慶源判官)·도총부 경력(都摠府經歷)·북우후(北虞候) 등을 거쳐 광해군 10년(1618) 건주위(建州衛)를 치기 위해 명나라에서 원병 요청이 있자 조방장(助防將)이 되었고, 이듬해 도원수 강홍립(姜弘立)을 따라 좌영장(左營將)이 되어 군사를 이끌고 압록강을 건너가서 싸우다가 전사하였다. 뒤에 영의정에 추증되었다.

251 요계(遼薊) : 요동(遼東)과 계주(薊州)로 만주 지방을 가리킨다.

은혜에 감사하기 쉽고, 임무가 중한 자는 그 몸이 더욱 귀해질수록 죽는 것이 더욱 어려워지기 때문이다. 또 군의 삼대 조상을 말하자면 현달한 지위에 있지 않았고, 전적인 임무를 띠고 있지 않았지만 의리를 본 것이 깊었기에 수립한 것이 이처럼 우뚝하였다.

지금 무사들 중에 이러한 의리를 아는 자가 드물기에 내 이 때문에 군에게 말하여, 돌아가 북쪽 사람들에게 다음과 같이 부르짖게 하리라. 조정에서 서북 사람을 등용하는 것을 급선무로 여겨 대정(大政 도목정사) 때 반드시 병부(兵部)에 명하여 해마다 약간 명을 수용하게 한다. 그러니 그 사람이 재능이 없는 것이지 조정에서 등용하지 않는 것이 아니요, 작록이 고르지 않아서이지 주상이 은혜를 더하지 않은 것이 아니다. 훗날 북방에 우환이 생겨 창을 메고 북을 두드려 왕사(王師)를 선도할 수 있는 자를 듣게 된다면 내 반드시 그대가 아니면 그대의 무리라고 생각하겠다.

《언해 조대가 여계 칠편》[252]에 대한 서문 기유년(1729, 영조5)

諺解曹大家女誡七篇序 己酉

사람을 가르치는 데에는 방도가 있으니, 본받기 어려운 것으로 강요한다면 행하기 어렵고, 알기 쉬운 것으로 인도하면 지키기 쉽다. 본받기 어려운 것은 옛것에 얽매인 말이요, 알기 쉬운 것은 시대에 절실한 논의이다. 비록 여교(女教)라도 또한 그러하다.

내가 《한서(漢書)》의 열전을 읽고는 조대가의 《여계》 7장을 보았으니, 이른바 시대에 절실한 논의로 쉽게 알고 쉽게 지킬 수 있는 것이다. 부인 중에서 어질면서 문장이 있는 자로는 조대가보다 뛰어난 이가 없다. 그는 시와 예의 가르침[253]을 평소 전수받은 것이 있었다. 다만 이 편에서 말하는 것은 세속의 부녀들이 행할 수 있는 것을 헤아린 것으로 너무 뛰어나 도달하기 어려운 일은 없었다. 그러므로 듣는 자들이 싫증 내지 않고 행하는 자는 순서를 건너뛰지 않는데, 그러면서도 시부모를 모시고 남편을 섬기는 일에서부터 자녀를 가르치고 종족을 화목하게 하는 데 이르기까지 그 도가 갖추어지지 않은 것이 없다.

252 언해 조대가 여계 칠편 : 조대가는 한(漢)나라 반표(班彪)의 딸이자 부풍(扶風) 조세숙(曹世叔)의 아내로, 이름은 소(昭), 자는 혜반(惠班), 다른 이름은 희(姬)이다. 대가(大家)는 여자의 존칭이다. 《여계》 7편은 시어머니와 함께 지은 여훈서이다.

253 시와 예의 가르침 : 공자의 아들 리(鯉)가 뜰에서 공자 앞을 빠른 걸음으로 지나다가 공자로부터 시례(詩禮)에 대하여 배웠느냐는 말을 듣고 그에 대한 가르침을 받은 일이 있다. 여기에서 유래하여 가정에서 부친으로부터 배우는 가학(家學)을 말할 때 쓴다. 《論語 李氏》

내 이미 그 식견이 탁월한 것을 좋아하여 한글로 다시 번역하여 누이와 조카딸에게 주어 외워 익히게 하였으니 아마도 그 말은 이해하기 쉽고 그 가르침은 귀에 들어가기 쉬울 것이다. 기유년 3월 모일에 소화거사(少華居士)는 쓴다.

《작고편》에 대한 서문

酌古編序

도가 행해지면 군자가 당세를 다스려 사업을 완수하고 도가 행해지지 않으면 군자는 옛날을 계술(繼述)하여 입언(立言)한다. 두 가지는 애초에 서로 필요로 하지 않은 적이 없으나 계술하는 것은 깊고도 원대한 일이다.

내 벗 연성(延城) 이의숙(李宜叔)[254]은 학식이 넓고 옛것을 좋아하며 문장을 지은 것은 호탕하고 우뚝한 기운이 넉넉하여 그 사람됨과 매우 닮았다. 고인의 득실을 논하기를 더욱 좋아해서 10년 동안 문을 닫고 책을 저술하여 그 힘을 전적으로 하고 그 생각을 깊이 하였으니, 내가 이른바 계술한 자가 아닌가.

그런데 어찌하여 말이 많아질수록 그 궁벽함은 더 심해지는가. 자고로 뜻있는 선비들은 궁벽한 경우가 많다. 궁벽한 이후에 능히 말할 수 있으니 그 말은 반드시 천백년이 지난 뒤에야 전해진다. 그러나 그 입언한 뜻을 따져보면 모두 발분해서 지은 것이니 당세에 뜻이 없었다고 하지는 못하겠다.

의숙은 강개하여 일을 논하기를 좋아하였다. 천하의 일을 볼 때 하나

254 이의숙(李宜叔) : 이천보(李天輔, 1698~1761)의 자가 의숙(宜叔)이다. 본관은 연안(延安), 호는 진암(晉菴), 시호는 문간(文簡)이다. 1739년(영조16) 문과에 급제해 이조와 병조 판서를 거쳐 1752년 우의정이 되고 같은 해 좌의정을 거쳐 1754년 영의정에 승진된 후 돈녕부 영사(敦寧府領事)로 전임했다. 1761년 장헌세자(莊獻世子)의 평양 원유사건(遠遊事件)에 책임을 지고 자결했다. 문집에 《진암집》이 있다.

도 자기 뜻에 맞는 것이 없었지만 또한 그리 어려울 것도 없다고 스스로 여겨, 눈썹을 치켜뜨고 한 번 흉중의 기이한 생각을 토해내려 하였으나 세속 사람들이 믿지 않는 상황에서는 아무런 도움이 되지 않기 때문에 울울하게 뜻을 얻지 못하여, 고인의 진부한 자취를 빌린 다음 일을 지적하여 입언하고 취해서 당세에 비유하여 상벌과 포폄을 마음대로 가하였다. 내 이로 의숙의 뜻이 고달프면서도 알아주는 자가 적은 것을 슬피 여기고 또 내가 슬퍼하는 까닭을 알아주는 자가 더 적어지는 것을 슬피 여겼다.

올해 9월에 내가 장차 아계(鵝溪)로 돌아가 밭 갈려 할 적에 의숙이 가릉(嘉陵 가평)의 산속에 들어가려고 하여 자신이 지은 글 몇 편을 꺼내어 나에게 읽어주고는 내 글을 구하여 서문으로 삼으려 했다. 아, 의숙은 스스로 자기 말을 귀하게 여겨 함부로 남에게 보여준 적이 없는데 지금 다 꺼내 보이면서도 그리 아까운 기색이 없으니, 도가 끝내 행해지지 않음에 의숙이 장차 은거하려는 것이 아닌가.

노장(老莊)의 도는 그 근원이 허유(許由)와 무광(務光)[255]에게서 나왔는데 허유와 무광은 글을 쓰지 않았고 노자와 장자는 글을 썼으니, 이후 노장을 존경하는 자들이 모두들 그 글을 외고 읽자 허유과 무광의 뜻 또한 이로 인하여 전해지게 되었다.

내 성품이 졸렬한 데다가 말이 어눌하여 다른 이와 떠들썩하게 이야

255 허유(許由)와 무광(務光) : 허유는 요(堯) 임금이 왕위(王位)를 물려주는 것도 뿌리친 채, 기산(箕山)의 아래 영수(潁水)의 북쪽에 숨어서 농사지으며 살았다고 한다. 《莊子 逍遙遊》 무광은 탕왕(湯王)이 하(夏)나라를 멸망시킨 뒤에 왕위를 그에게 양보하였으나 인의(仁義)에 합당한 일이 못 된다고 하면서 여수(廬水)에 투신해 자결했다고 한다. 《莊子 讓王》

기를 잘하지 못하는 데다가 문장 짓는 것을 더욱 좋아하지 않는다. 그런데 매번 의숙의 글을 얻어 보고 나면 호쾌하게 한 번 웃으며 그의 의론이 나와 합치되는 것이 열에 늘 여덟, 아홉이 되는 것을 기뻐하였다. 그러니 내 뜻은 장차 의숙으로 인하여 전해질 것이고, 또 요행히 같은 시대에 태어났으니 천백세 이후까지 기다릴 필요가 없을 것이다. 이에 말을 남긴다.

《사시사》에 대한 서문 경술년(1730, 영조6)

四時史序 庚戌

태사공(太史公 사마천(司馬遷))은 삼천 년의 일을 50만 자로 서술하였고, 반영사(班令史 반고(班固))는 이백 년의 일을 80만 자로 서술하였다. 이로써 반고가 사마천만 못하다는 것을 알 수 있다. 이 책은 사대(四代)[256]의 일을 기록하였는데 총 몇백 자 정도 된다. 그러나 이로 미루어보면 백세를 알 수 있고 백세뿐 아니라 비록 천만세의 오래 세월에 이르더라도 그 성쇠와 흥폐가 일어난 까닭을 모두 살펴 알 수가 있다.

지금 천하의 역사는 모두 오랑캐 황제의 정삭(正朔)을 쓰지만 오직 이 책은 그렇지 않다. 중용씨(仲容氏 남유용)는 어찌 기년(紀年)의 첫머리에 춘왕(春王)[257]을 크게 써서, 왕통(王統)이 비록 천하에 끊겼으나 왕의 은택이 사람의 마음에 아직 남아있기에 사람들의 마음에 잊을 수 없으므로 왕통이 여전히 끊어지지 않은 것과 마찬가지임을 밝히지 않는가. 힘쓸지어다. 소화산인(少華山人)은 쓰노라.

256 사대(四代) : 중국 남명(南明)의 1대 황제 안종(安宗)에서부터 4대 황제 소종(昭宗)까지의 시대를 뜻한다.

257 춘왕(春王) : '어느 해 봄 주(周)나라 왕이 쓰는 달력으로 정월'이라는 뜻으로, 《춘추》에 통용된 연대 표기 방식이다. 공자(孔子)가 존왕양이(尊王攘夷)의 대의(大義)를 명시하기 위하여 노(魯)나라 각 공(公)들의 연기(年期)가 시작될 적마다 '춘왕정월(春王正月)'이라는 4자를 썼다.

유생 성기에게 주는 서문 신해년(1731, 영조7)

與兪生盛基序 辛亥

나는 그래도 군의 집안의 두 상서(尙書)[258]를 뵐 수 있었는데 첫째 공은 돈후하였고 둘째 공은 단아하여 스승 삼을 만한 분이었다. 물러나 그 자제와 노니니 또한 모두 벗 삼을 만한 자였다. 아, 군의 집안에는 어쩌면 그리도 현자가 많은가. 군은 비록 어리지만 독서를 좋아하고 어른을 모시는 데 민첩하여, 내 그가 보고 들은 것이 많다는 것을 알았다. 그러나 재주로 덕을 헤아려보면, 재주가 더 많은 것 같고, 문으로 바탕을 비교하자면 바탕이 부족한 듯하니, 아마도 늦게 태어나 두 공의 풍도에 무젖는 것이 드물었던 것이리라.

두 공이 이미 돌아가심에 수보(守父), 성보(成父), 산보(山父)도 전후로 돌아가셨고 자공(子恭)과 자장(子章)[259]은 모두 쓸쓸하게 강과 골짜기 사이에 거처하고 있다. 군은 이에 막막하게 의지할 곳이 없어

258 두 상서(尙書) : 유성기와 같은 기계 유씨 집안 사람인 유명웅(兪命雄, 1653~1721)은 공조 판서를, 유명웅의 아우이자 남유용의 장인인 유명홍(兪命弘, 1655~1729)은 예조 판서를 지냈다.

259 수보(守父)……자장(子章) : 수보(守父)는 유명홍의 셋째 아들인 유수기(兪受基)의 자이다. 성보(成父)는 유명웅의 첫째 아들인 유묵기(兪默基)로, 자가 자성(子成)이다. 산보(山父)는 유명홍의 넷째 아들인 유부기(兪阜基)로 자가 군산(君山)이다. 자공(子恭)은 유명웅의 둘째 아들인 유숙기(兪肅基)의 자이다. 유숙기의 호는 겸산(兼山)으로 김창흡(金昌翕)의 문하에서 수학하였고, 교하(交河)에서 원근의 선비들을 가르쳤으며, 금구 현감 재임 시 선정으로 이름이 높았다. 자장(子章)은 유명웅의 셋째 아들인 유욱기(兪郁基)의 자이다.

자기 글을 보자기에 싸서 나를 찾아와 배우기를 구하니 그 뜻 또한 애처롭다.

옛날에는 도가 하나였는데, 지금 찢겨 셋이 되었다. 도 이외에 또 이른바 고문(古文)이라는 것이 있고, 시문(時文)이라는 것이 있다. 고문이라는 것은 그래도 도에 의거해 행하는 것인데, 시문이라는 것은 도를 속여서 해도 되니 군자가 병폐로 여긴다.

학업을 닦는 자는 뜻이 전일하지 않은 것을 싫어하는데 지금 사람들이 원하는 것은 과거보다 심한 것이 없으니, 시문을 부지런히 하면서도 또 이것에도 실패하고 저것에도 미치지 못할까 두려워하여 고문을 곁들여 익힌다. 그러므로 시문을 지을 적에는 우활하면서도 공교하기 어렵고, 고문을 지을 적에는 고루하면서도 특출한 것이 없어 끝내 성공하는 데 방해만 되고 낭패만 본 채 성공을 거두지 못하니 매우 탄식할 만하다.

다만 나는 남을 충분히 가르칠 만한 것이 없는데, 만약 나에게 묻는 자가 있으면 반드시 전일하라고 대답하곤 하니, 전일하게 하는 것은 이 세 가지 중에서 택하여 굳게 지키는 것을 말하는 것이다. 잘 택하고 잘못 택하고는 군에게 달려 있을 테지만 도를 속이고 잘 된 자는 있지 않다.

지은이 **남유용(南有容)**

1698(숙종 24)~1773(영조 49). 조선 후기의 문신. 본관은 의령(宜寧). 자는 덕재(德哉), 호는 뇌연(雷淵)·소화(小華), 시호는 문청(文淸)이다. 서울 출신으로, 증조부는 대제학 남용익(南龍翼), 조부는 대사헌 남정중(南正重), 아버지는 동지돈녕부사 남한기(南漢紀), 어머니는 청송심씨(靑松沈氏)이다. 이재(李縡)의 문인이다. 1721년(경종 1) 진사가 되고, 강릉 참봉·영춘 현감 등을 지냈으며, 1740년(영조 16) 알성문과에 급제했다. 정언으로 있을 때 간관은 의리와 시비를 명확히 밝혀야 한다는 상소를 올렸는데, 이것이 탕평책을 펴는 영조의 뜻을 거슬려 해남으로 유배당했다. 1742년 풀려나 홍문관에 등용된 뒤 오랫동안 세자시강원에 있었다. 1747년 응교로 있을 때에는 군덕10조(君德十條)를 진언하여 군주의 성실을 특히 강조했고, 1754년에는 원손보양관이 되어 뒤에 정조가 된 세손을 세살 때 무릎에 앉혀놓고 글을 가르쳤다. 양관대제학·원손사부를 거쳐 예조참판·우빈객이 되었고, 1767년 벼슬에서 물러난 뒤 봉조하가 되었다. 문장과 시에 뛰어났고 글씨에도 일가를 이루었다. 저서로는 《뇌연집》외에도 《명사정강(明史正綱)》·《천의리편(闡義理編)》 등이 있다.

옮긴이

이은영(李恩英)

1965년 충북 음성에서 태어났다. 이화여대 국어국문학과를 졸업하고 동대학원에서 〈조선 초기 제문 연구〉로 박사학위를 받았다. 민족문화추진회 국역연수원 연수부와 일반연구부 과정을 졸업하였다. 현재 이화여대 한국문화연구원 연구교수로 있다. 저서에 《제문, 양식적 슬픔의 미학》·《예와 정의 조화와 변주》, 공역서에 홍길주 문집 《현수갑고》·《표롱을첨》·《항해병함》과 《역주 점필재집》, 《강한집》, 《월곡집》, 《진암집》 등이 있다.

이주해(李珠海)

연세대학교 중어중문학과를 졸업하고 타이완국립대학에서 석사 및 박사학위를 받았다. 현재 이화여자대학교 한국문화원 연구교수로 재직 중이다. 저서로 〈펑쯔카이 만화고시사(豐子凱漫畵古詩詞)〉(공저), 〈집단감성의 계보〉(공저)가 있고, 역서로 〈육구연집〉, 〈파사집〉, 〈한유문집〉, 〈우초신지〉 등이 있다.

하지영(河志英)

이화여자대학교 국어국문학과를 졸업하고, 동 대학원에서 〈18세기 진한고문론의 전개와 실현 양상〉으로 문학박사 학위를 취득하였다. 한국고전번역원 전신인 민족문화추진회 국역연수원 연수과정과 상임연구부 과정을 마쳤다. 현재 이화여자대학교 한국문화연구원 연구교수로 재직 중이다. 저서로 《천하제일의 문장》, 역서로 《일성록》 등이 있다.

홍학희(洪學姬)

1965년 서울에서 태어났다. 이화여대 국어국문학과를 졸업하고 동대학원에서 〈율곡 이이의 시문학 연구〉로 박사학위를 받았다. 〈한국 도학시 연구의 몇 가지 문제〉, 〈18~19세기 성해응 집안 여성들의 삶〉 등을 저술하였으며 《부사산 비파호를 날듯이 건너(成大中의 日本錄)》, 《19세기 · 20세기 초 여성생활사 자료집 1》, 《강한집》, 《월곡집》, 《진암집》 등을 번역하였다.

권역별거점연구소협동번역사업 연구진

연구책임자	**김동준**(이화여자대학교 국어국문학과 교수)
공동연구원	**조혜란**(이화여자대학교 국어국문학과 교수)
교열	**김동주**(전통문화연구회 국역위원)
책임연구원	**이은영**(이화여자대학교 한국문화연구원 연구교수)
	이주해(이화여자대학교 한국문화연구원 연구교수)
선임연구원	**하지영**(이화여자대학교 한국문화연구원 연구교수)
전(前) 책임연구원	**홍학희**(전(前) 이화여자대학교 한국문화연구원 연구교수)

뇌연집 5

남유용 지음 | 이은영 · 이주해 · 하지영 · 홍학희 옮김

2023년 12월 31일 초판 1쇄 발행

편집 · 발행 학자원

등록 2011.4.6 제2011-14호

주소 (134-814) 서울시 강동구 천호대로 1121

전화 02-6403-1000 | 팩스 02-6338-1001 | 이메일 hakjaone@daum.net

값 40,000원

ISBN 979-11-6247-309-2 94810

979-11-6247-254-5 (세트)